교양으로 읽는 기독교

기독교를 바로 알기 위한 12개의 인문학적 통찰
교양으로 읽는 기독교
ⓒ손석춘, 2017

초판 1쇄 2017년 1월 23일 발행

지은이 손석춘
펴낸이 김성실
표지 디자인 채은아
제작 한영문화사

펴낸곳 시대의창　**등록** 제10-1756호(1999. 5. 11)
주소 03985 서울시 마포구 연희로 19-1
전화 02)335-6121　**팩스** 02)325-5607
전자우편 sidaebooks@daum.net
페이스북 www.facebook.com/sidaebooks
트위터 @sidaebooks

ISBN 978-89-5940-569-5 (03230)

잘못된 책은 구입하신 곳에서 바꾸어드립니다.

이 도서의 국립중앙도서관 출판시도서목록(CIP)은
서지정보유통지원시스템 홈페이지(http://seoji.nl.go.kr)와
국가자료공동목록시스템(http://www.nl.go.kr/kolisnet)에서 이용하실 수 있습니다.
(CIP제어번호: CIP2016030608)

교양으로 읽는 기독교

기독교를
바로 알기 위한
12개의
인문학적 통찰

손석춘 지음

시대의창

일러두기

1. 인명, 지명 등의 고유명사는 처음에 나올 때 병기하고, 성경 속 인명과 지명은 병기하지 않았다.
2. 성경 인용은 대한성서공회에서 제공하는 '공동번역'을 기준으로 삼되, 다른 판본도 참고하였다(33쪽 주석 참조). 또한 '하느님', '하나님' 등은 모두 '신'으로 썼다(43쪽 참조).

머리말

이 책 《교양으로 읽는 기독교》는 내가 만난 기독교, 내가 찾은 예수 이야기다. 누군가 당신이 정말 예수를 만났느냐고 묻는다면, 나는 감히 그렇다고 대답할 수 있다.

곧 자세히 논의하겠지만, 이 책은 예수를 찾은 긴 여정을 열두 마당으로 담았다. 따라서 이 책은 예수를 증언하는 나의 '간증'이기도 하다.

예수를 만난 나의 증언은 두 범주의 사람들을 염두에 두고 썼다.

첫째, 기독교를 '개독교'로 낮춰 보는 사람이다. 지하철에서 '예수 천국, 불신 지옥'을 부르대는 사람이나 망언과 성 추문으로 종종 지탄받는 목사들을 보며 기독교란 으레 그런 종교로 치부하는 사람들이 있다. 개중에는 기독교를 비롯한 모든 종교에 적대적인 사람도 있다.

둘째, 자신이 '하나님의 선택'을 받았다고 확신하는 사람이다. 더러는 모태 신앙, 더러는 기독교가 세운 중고등학교에 다니던 시절부터 교회를 나간 사람도 있고, 개중에는 방언을 하는 사람도 있다. 자신이 주님으로부터 은총을 받았거나 '하나님의 뜻'에 따라 살아왔다고 자부한다.

만일 독자가 두 범주 어디도 아니라면, 굳이 이 책을 읽을 필요가 없다. 하지만 두 범주 가운데 하나라면, 꼭 이 책을 정독하길 권한다. 전자라면 기독교를 더 넓게 이해할 필요가 있고, 후자라면 더 깊게 파고들 필요가 있어서다. 자신이 주님의 뜻을 확신하는 '얕은 예단'은 기독교를 '예수만 믿으면 천국 간다고 믿는 어리석은 사람들의 종교'라고 보는 '좁은 속단' 못지않게 잘못되고 위험한 믿음이다.

저자는 기독교 목회자도 신학자도 아니다. 다만, 기자 시절에 국내 성직자들과 로마를 비롯한 유럽, 미국, 러시아의 기독교인들을 취재하며 기사와 칼럼을 썼고, 대학으로 옮긴 뒤에도 '종교 커뮤니케이션'을 공부하고 가르치며 종교인들과의 대화를 책으로 펴내왔다.

이 책에서 상세하게 살펴보겠지만 신약성경의 뼈대인 마태, 마가, 누가, 요한 복음의 필자들을 신학자들은 '기자'라고 부른다. '복음'의 영문 또한 '좋은 뉴스Good News'다. 무릇 뉴스를 전하는 기자의 생명은 진실이다. 그런데 기자 생활을 하며 몸으로 느끼고 학자로서 확신하고 있듯이, '진실'은 결코 고정된 실체가 아니다. 끝없이 다가가는 과정이다. 실제로 4복음서의 기자들이 증언하는 예수는 조금씩 다르다. 하물며 예수 이후 그의 이름 아래 전개된 2,000년의 기독교를 바라볼 때 시각의 차이는 클 수밖에 없다.

적잖은 사람들이 10대 시절에 부모나 친구, 이성을 비롯한 가까운 사람의 권유로 교회를 가고 그곳에서 예수를 만난다. 이어 독실한 자기 신앙으로 받아들인다. 성실한 종교 생활을 하는 사람을 보면 순수하고 그만큼 아름답다.

그런데 예수를 따르는 기독교에는 참 많은 갈래가 있다는 사실, 지금 내가 믿는 기독교는 수많은 기독교들 가운데 하나라는 사실을 정확히 파악하고 있는 기독교인은 얼마나 될까? 흔히 기독교를 개신교와 동일시하고 가톨릭과 구별하지만, 개신교와 가톨릭 모두 기독교이다. 더구나 한국인에게는 낯선 '정통 교회'(정교회)도 있다.

　기독교의 다채로운 전통을, 예수의 이름으로 전개되어온 풍부한 역사를 이해하지 못하면, 자칫 자신의 신앙만이 옳다는 독선에 빠질 수 있다. 과연 그런 사람을 '부활한 예수'는 어떻게 받아들일까? 이 책은 예수 이후 기독교 2,000년을 기자의 시각, 진실을 찾아가는 자세로 톺아본 결실이다.

　기독교는 오늘의 지구촌을 주도하는 유럽 근대 문명의 뿌리다. 바로 그렇기에 다른 종교를 지닌 사람도 기독교에 대한 올바른 이해가 필요하다. 종교학을 개척한 막스 뮐러 Max Müller가 "하나의 종교만 아는 사람은 아무 종교도 모른다"고 갈파한 말도 곰곰 새겨볼 필요가 있다.

　본디 이 책의 초고는 청소년을 위해 집필했고 《10대와 통하는 기독교―청소년과 예수의 커뮤니케이션》으로 '철수와영희' 출판사에서 출간됐다. 책이 나온 직후 '시대의창' 김성실 사장은 청소년만이 아니라 기성세대가 읽으면 좋겠다고 제안해왔다. 많은 교인들이 뜻밖에도 역사적 예수와 기독교 역사를 알 기회가 없다며 적극 출판을 권했다. '철수와영희' 박정훈 사장도 김 사장의 뜻에 흔쾌히 동의해주었다. 두 분의 배려에 힘입어 표제를 새로 내걸고 원고 전반을 전면 재구성했다. 청소년들에게는 차마 쓸 수 없어 삭제했거나 표현을 완화한 대목을 고치고 '성령과 영성'을 비롯해 여러 대목을 더하면서 10장으로 구성된 초고는 열두 마당으로 늘어났다. 물론, 예수의 열두 제자를 의식했다. 원고를 다시 쓰는 중에 《10대와 통하는 기독교》는 청소년들의 사랑을 받아 재판에 들어갔다.

　이 책의 문제의식은 또렷하다. 교회 또는 성당을 나가든, 아니면 어디에도 나가지 않든, 독자에게 물음을 던지며 성찰을 권한다.

　우리는 과연 기독교를 바로보고 있을까? 부활한 예수는 오늘의 한국 기독교를 어떻게 볼까? 예수가 21세기에 살고 있다면, 어디서 무엇을 할까? 우리는 부활한 예수를 어디서 만날 수 있을까? 성령은, 영성은 과연 무엇일까?

　지상에 머물던 짧은 세월, 예수는 사람 만나기를 참 좋아했다. 상상해보라. 독자가 지금 부활한 예수를 만난다면 자신을 어떤 사람으로 소개하겠는가. 예수에게 무엇을 묻고 싶은가.

　부활한 예수와 만나 친구처럼 대화하고 생각을 나누는 '커뮤니케이션'의 상상력을 키우는 데 이 책이 조금이라도 도움이 될 수 있기를 소망한다.

차례

머리말 • 005
초대의 글 | '하나님의 뜻' 알고 싶다면 • 015

1 신의 이름: 하느님인가, 하나님인가 • 021

신이란 대체 무엇일까? • 023
사막을 배경으로 한 유일신: 야훼·갓·알라 • 028
한 뿌리에서 나온 유대교, 기독교, 이슬람교 • 031
하느님과 하나님 • 041
기독교에 영향을 준 조로아스터교는 어떤 종교인가? • 044
유대교와 기독교, 이슬람교의 신은 어떻게 다른가? • 047
유대교와 이슬람교, 기독교는 같은 성경을 쓰나? • 049
기독교, 그리스도교, 가톨릭, 개신교의 차이는 무엇인가? • 051

2 예수는 누구 아들인가 • 053

성경에 기록된 예수의 출생과 어린 시절 • 057
세 가지 유혹을 물리치고 자비를 가르치다 • 060
종교 지도자들을 '독사'라고 꾸짖다 • 064
내가 너희를 사랑한 것같이 너희도 • 068
죽음 앞둔 예수 "너희는 모두 나를 버릴 것" • 072
예수의 얼굴은 어떻게 생겼을까? • 079
역사 속의 예수는 어떤 사람이었을까? • 081

3 베드로와 바울: 처형당한 제자들 • 083

초기 기독교를 개척한 베드로 • 085
유대인 종교를 보편 종교로 만든 바울 • 091
초기 '기독교인 공동체'와 교회 • 097
기독교 확산과 로마제국의 박해 • 102

네로 황제가 기독교인을 잔인하게 죽인 까닭은? • 105
'철인 황제' 아우렐리우스는 왜 기독교를 박해했나? • 107

4 로마제국의 국교가 되다 • 109

콘스탄티누스 대제는 왜 기독교를 공인했을까 • 112
영지주의와 마르키온주의를 이단으로 내치다 • 115
신을 '아빠'로 불렀던 예수가 신이라면? • 118
삼위일체 신관과 '성호 긋기' • 125

깨달음을 강조한 영지주의는 왜 '이단'인가? • 129
삼위일체인 유일신에 가장 큰 '적'은 누구일까? • 131

5 천국의 꿈, 십자군 전쟁 • 133

아우구스티누스는 왜 '교회의 아버지'로 불릴까 • 136
로마가 무너진 뒤 유럽을 통합한 교회 • 142
교황과 황제의 '파워 게임' • 144
베드로의 후계자 '십자군 전쟁'을 일으키다 • 148

이슬람에서는 십자군을 어떻게 보나? • 153
　　여덟 차례에 걸친 십자군 전쟁은 어떻게 전개됐나 • 155
　　십자군을 일으킨 이유는 정말 '신의 뜻'이었을까? • 157

6 **교회 개혁과 근대사회의 태동** • 159

　　교황은 '그리스도의 진정한 대리자'인가? • 162
　　타락과 부패의 길을 걸은 교황들 • 165
　　루터, 교회 개혁을 부르짖다 • 170
　　개신교와 프로테스탄트의 등장 • 175
　　신부인 루터와 수녀의 결혼은 '불륜' 아닌가? • 180
　　부자는 정말 신의 선택을 받은 사람인가? • 182

7 **여러 기독교, 여러 바이블** • 185

　　'보편교회'의 길, '정통교회'의 길 • 188
　　보편교회의 분열: 가톨릭과 개신교 • 191
　　여러 종단, 여러 종파 • 194
　　'신의 말씀' 성경의 탄생 과정 • 198
　　성경 해석 다양한 교파들 • 202
　　동과 서로 교회 '대분열'이 일어난 까닭은 무엇인가? • 208
　　무교회주의인 '퀘이커교'는 어떤 기독교인가? • 210

8 누가 악마이고 누가 마녀인가 • 213

루터의 한계를 비판한 카를슈타트와 뮌처 • 215
자유롭고 평등한 '신의 나라' 갈망한 농민들 • 220
신의 이름으로 사냥한 악마와 마녀 • 226
가톨릭과 개신교 사이로 30년 흐른 '피의 강' • 230
교회 개혁을 환호한 농민들은 무엇을 요구했나? • 233
마녀사냥은 권위적인 가톨릭의 범죄인가? • 235

9 침략의 신인가, 해방의 신인가 • 237

인디언 파괴에 대한 짧은 보고서 • 240
예수를 알기엔 두개골이 작은 사람들? • 244
해방신학이 싹트다 • 250
21세기에 '사탄'과 싸운다는 '신의 군대' • 254
선교사는 '제국주의 침략의 앞잡이'였나? • 260
부시 '십자군'은 9·11 테러에 정당방위 아닌가? • 262

10 황금 송아지와 프란치스코 • 265

근본주의에 매혹되는 사람들 • 268
황금만능의 금송아지 • 271
청빈한 수도사 성 프란체스코 • 275
교황 프란치스코의 자본주의관 • 279

프란체스코의 기도, 아베 피에르의 사랑 • 283
프란치스코 교황의 어록 • 285

11 부활한 예수는 어디 있을까 • 289

새로운 독재와 '우애의 나라' • 291
사회주의 혁명과 '구세주 예수 대성당'의 부활 • 294
북유럽 사람들이 말하는 기독교 고갱이 • 300
부활한 예수는 승천했을까 • 304
유럽 신학자들은 기독교의 미래를 어떻게 보나? • 308
정교회는 21세기를 어떻게 전망할까? • 310
예수는 어떻게 기도하라고 가르쳤나? • 312

12 이 땅에 온 예수 • 315

조선왕조와 기독교의 만남 • 317
한국 기독교의 오늘과 예수 • 322
자신의 영성에 가만히 새겨볼 세 마디 • 327
방언은 성령의 증거인가? 사탄의 증거인가? • 332
성령과 영성이 '한국 교회 스타일'인가? • 335

나가는 글 | 예수가 당신에게 던지는 질문 • 339
기독교 연표 • 345
찾아보기 • 349

초대의 글

'하나님의 뜻' 알고 싶다면

하나님의 뜻.

삼성산 성지가 자리한 산 중턱의 고층 아파트 꼭대기. 이 책의 들머리를 쓰고 있는 곳에서 조용히 그 뜻을 묻는다.

서재 창문 밖 캄캄한 밤하늘 저 아래엔 빨간 네온사인 십자가들이 곳곳에서 빛난다. 한국을 찾은 유럽인이 비행기 아래로 빨간 십자가들을 보며 '공동묘지'를 떠올렸다는 실화가 서글픈 우스개로 나돌 정도다.

골골샅샅에서 반짝이는 네온사인 십자가들은 기독교가 일상생활까지 깊숙이 스며든 유럽이나 미국에서도 찾아볼 수 없는 생게망게한 풍경이다. 독특한 한국적 현상은 낮에도 있다. "예수 천국, 불신 지옥"을 부르대는 '기독교인'을 무시로 만난다.

정작 우리를 당혹스럽게 하는 것은 네온사인 십자가도 지하철 선교사도 아니다. 대한민국을 이끌어가는 사람들이 가르치고 있는 '하나님의 뜻'이다. 가령 오늘을 살아가는 한국인이라면 잊지 못할 '세월호 참사'와 '문창극 참극'에도 '하나님의 뜻'은 어김없이 거론되었다.

잔잔한 바다에서 대형 여객선 세월호가 100분에 걸쳐 시나브로 침몰했는데 수학여행길에 오른 10대 청소년 300여 명이 '생 수장' 당하는 참사 앞에서 대다수 국민은 가슴앓이를 하며 미안해했다. 청소년들에게 '가만히 있으라' 해놓고 탈출한 선장, 노후 선박 규제를 완화해준 정부, 황금만능주의에 매몰된 세상 때문에 생때같은 10대들이 생 수장당했다는 슬픔과 분노가 감돌았기 때문이다. 더 많은 이윤을 얻기 위해 세월호를 불법으로 증축하고 기준 이상으로 화물을 선적함으로써 사고를 일으킨 청해진해운의 회장은 '구원파'로 불리는 유병언 목사였다.†

그럼에도 한국 교회를 대표하는 대형 교회 가운데 하나인 명성교회 김삼환 목사가 "하나님이 공연히 이렇게 (세월호를) 침몰시킨 게 아니다. 나라가 침몰하려고 하니 하나님께서 대한민국 그래도 안 되지, 이 어린 학생들, 꽃다운 애들을 침몰시키면서 국민들에게 기회를 주는 것"이라고 설교했다. 그는 또 선박 규제 완화와 긴급 구조 실패의 책임을 묻는 국민을 되레 비판하며 "세월호는 우리나라의, 우리 국민의 모습을 보여주는 것이다. 우리 전체 국민의 수준이 이런 거다"라고 말했다. 심지어 사랑제일교회 전광훈 목사는 주일예배에서 "세월호 사고 난 건 좌파, 종북자들만 좋아하더라. 추도식 한다고 나와서 막 기뻐 뛰고 난리야"라고 설교했다. 사랑의교회 오정현 목사는 미국 로스앤젤레스 남가주 사랑의교회에서 재벌 가문의 정몽준 아들이 세월호 희생자와 실종자 가족들을 겨냥해 '미개하다'고 한 발언이 "틀린 말이 아니"라고 두둔했다.

세월호 침몰이 '하나님 뜻'이라는 '개신교 지도자'들의 '설교'에 대다수 국민이 어이없어 할 때, 세월호 참사의 책임을 지고 물러난 총리의 후임으로 지명된 문창극은 '하나님의 뜻' 강연으로 충격을 더했다. 교회 장로인 그†† 는 온누리교회 강연에서 "조선 민족의 상징은 아까 말씀드렸지만 게으른 거야. 게으르고 자립심이 부족하고 남한테 신세지는 거 이게 우리 민족의 DNA로 남아 있었던 거야"라고 주장한 뒤 "하나님은 왜 이 나라를 일본한테 식민지로 만들었습니까, 라고 우리가 항의할 수 있겠지, 속으로. 아까 말했듯이 하나님의 뜻이 있는 거야. 너희들은 이조 5백 년 허송세월 보낸 민족이다. 너희들은 시련이 필요하다" 운운했다. 그는 식민지만이 아니라 남북 분단까지 '하나님의 뜻'이라고 주장했다.

단순한 실수일까. 아니다. 성직자와 언론인의 '하나님 뜻' 발언에 국민적 비판 여론이 일어나자 한국 개신교의 대형 교회 '원로 목사'들과 '원로 언론인'들은 물론, 교수들까지 '기독교적 시각으로 보면 아무런 문제가 없다'

† 침몰한 세월世越호의 배 이름은 '세상을 초월한다'는 의미로, 청해진해운 회장인 유병언 목사가 직접 지었다. 유병언은 1962년 장인인 권신찬 목사와 '구원파'로 불리는 '기독교복음침례회'를 내걸었다. 이들은 "예수 그리스도는 온 세상의 죄를 담당하시고 십자가에 죽으사 단번에 영원한 속죄를 이루셨다. 각 사람은 율법을 지키거나 인간의 어떠한 선행으로써가 아니라, 그리스도를 통하여 완전한 속죄를 이루어놓으신 사실을, 말씀을 통해 믿음으로써 구원을 얻게 된다"고 주장했다. 회개하고 예수를 영접하라는 대다수 개신교의 교리와 달리 "이미 예수의 보혈로 과거, 현재, 미래의 죄가 단번에 영원히 용서받았음"을 깨달을 것을 강조한다. 대한예수교장로회가 1992년 총회에서 구원파를 이단으로 규정한 이유도 여기에 있다. 구원파는 "이 세상에 있는 모든 돈이나 귀중품은 하나님의 것"이라고 주장하며 신도들의 돈을 사업 자금으로 유용했다. 구원파는 "유병언 회장이 벌이는 사업이 바로 하나님 사업이고, 하나님 일에 참여하고 동참하는 것이 기도이자 예배"라고 주장하며 신도들을 저임금으로 고용했다. 세월호 선원들이 화물을 과적했고 대다수가 비정규직으로 사명감이 전혀 없었던 이유는 '영리 추구'와 일상적인 '노동 착취'가 배경에 있었다. 유병언은 "사업의 이익금을 복음전파, 선교활동 등 하나님의 일에 쓴다"고 신도들에게 가르침으로써 많은 사람들이 그 사업에 동참하는 것이 최고의 신앙이라고 생각했다. 세월호 수사 과정에서 유병언의 사적 재산이 수천억 원이며 미국과 프랑스에 대규모 부동산을 지닌 것으로 드러났다. 수사망을 피해 도망 다니던 유병언은 참혹한 변사체로 발견되었다. 구더기가 끓고 있던 그의 사체를 감싸고 있던 옷은 1,200만 원짜리 이탈리아 점퍼, 40만 원짜리 프랑스 내복, 10만 원짜리 스위스 속옷, 50만 원짜리 독일 신발로 밝혀졌다.
†† 문창극의 친동생도 교회 장로인데, 유병언의 구원파와 갈라진 '구원파 교회' 소속이다. 구원파 신도는 2014년 현재 25만 명으로 추산된다.

며 옹호하고 나섰다.†

 그렇다면 문제는 더 진지할 수밖에 없다. 대체 하나님의 뜻은 무엇이기에 잔잔한 바다에서 수학여행 꿈에 부푼 청소년들을 수백여 명 죽이고, 식민지에 이어 분단으로 수백만 명이 죽는 비극을 만들었을까. 그 뜻을 모른다면 앞으로도 우리는 망연자실하지 않겠는가.

 기독교인이든 아니든 '하나님의 뜻'이 무엇인가를 찬찬히 짚어야 할 이유가 여기 있다. 기독교인이라면 당연히 하나님의 뜻을 천착해야 옳고, 기독교인이 아닌 사람들 또한 현대사회를 주도해나가는 기독교 문명의 뿌리 또는 논리가 무엇인가를 알아야 할 필요가 있다. 예컨대 알카에다의 뉴욕 맨해튼 자폭 테러와 미국의 이라크 침략 전쟁 모두 기독교와 무관하지 않기 때문이다. 알카에다의 자폭 테러와 미국의 침략 전쟁 모두 '하나님의 뜻'으로 자행되었기에 더욱 그렇다.

 하나님의 뜻을 찾아갈 때 기독교에서 가장 곧은길은 예수의 가르침이다. 기독교에서 예수는 하나님의 아들인 동시에 하나님이기 때문이다. 그렇다면 예수는 누구일까.

 역사적 예수는 33년 동안 지상에 머물렀다. 그가 가르침을 편 시간은 훨씬 짧아 아무리 길어도 3년이다. 예수는 조롱과 멸시를 받으며 젊은 나이에 처형당했지만 그의 가르침을 따르는 사람들은 기독교—처음 조선에 들어올 때는 '예수'의 이름을 붙여 '야소耶蘇교'—를 세웠다. 그 뒤 2,000여 년에 걸쳐 예수를 '구세주'로 믿는 기독교는 가장 강력한 '지구촌 종교'로 성장해왔다.

 이를테면 크리스마스는 기독교 국가만의 행사가 아니라 '세계화'되었다. 기독교는 현재 세계에서 신도 수가 가장 많은 종교이다. 지금 이 순간 지구촌에 살고 있는 70억 인구 가운데 3명 중 1명은 기독교인이다. 지난 300여 년 동안 세계 문화를 주도해온 서양 문명의 젖줄이 기독교다.

그런데 당신은 기독교를, 그 창시자인 예수를 얼마나 알고 있는가?

혹시 산타클로스를 '흰 수염의 백인 할아버지'로 떠올리듯이, 예수를 '금발의 푸른 눈'으로 생각하진 않는가? 산타클로스의 이미지가 20세기에 들어와 '코카콜라'의 광고에서 굳혀진 사실을 알게 된다면, 자연스레 물을 수 있지 않을까? 예수의 이미지는 어떻게 만들어졌을까.

역사적 예수를 찾아가는 길은 '하나님'을 찾아가는 길과 맞닿아 있다. 아니, 기독교 성경에 따르면 그 길은 하나다. 예수를 따르던 제자들이 예수에게 '아버지께로 가신다고 하는데, 그곳이 어딘지 모르겠다'고 말하자, 예수는 단호하게 답한다.

"내가 곧 길이요 진리요 생명이니 나로 말미암지 않고는 아버지께로 올 자가 없느니라."(요한복음 14:6)

바로 이어 예수는 "너희가 나를 알았더라면 내 아버지도 알았으리로다. 이제부터는 너희가 그를 알았고 또 보았느니라"(요한복음 14:7)라고 강조한다.

그래서다. 먼저 예수의 길을 최대한 있는 그대로 살펴볼 필요가 있다. 이 책은 예수의 삶과 죽음을 있는 그대로 짚은 뒤 예수의 부활과 그 이후

---

† 문창극 동영상 전체를 보면 강연 내내 한국사가 정체되어 있었고 타율적 발전을 했다고 강조함으로써 일본 제국주의가 심어놓은 식민사관을 고스란히 드러냈다. 더구나 강연 어느 곳에서도 식민지에서 고통받은 사람들의 해방을 전혀 언급하지 않고 있기에 기독교적으로 해석하더라도 옳지 않다. 곧 살펴보겠지만, 성경은 모세가 주도한 '탈애굽'에서 억압받는 사람들의 해방을 부각하고 있다. 문창극의 식민사관에 대한 학문적 분석은 다음 논문을 참고. 손석춘, 〈식민사관의 확대재생산과 한국언론〉, 《역사비평》, 2014년 겨울 호, 38~59쪽.

2,000년에 걸쳐 전개되어온 기독교 역사의 고갱이를 탐색했다. 그 탐구의 길 또한 예수를 찾아가는 길, 하나님의 뜻을 찾는 길과 이어져 있다. 기독교 2,000년 역사에는 온몸을 던져 하나님의 뜻을 탐색하고 실천한 사람들로 가득하다. 그 2,000년 역사의 끝자락인 현재를 살면서 나 또한 부활한 예수를 만났다. 이 책은 그 증언이다.

　모든 책이 그렇듯이 이 책 또한 많은 사람의 앞선 글에 빚지고 있다. 한국의 가톨릭·개신교 성직자와 신학자 들은 물론, 미국·러시아·유럽의 기독교 성직자들을 취재한 이야기도 담았다.

　학술 논문이 아니기에 일일이 근거를 제시하지 않았지만, 앞선 이들의 노고와 기록이 없었다면 이 책의 서술은 불가능했다. 이 책 또한 훗날 어떤 이가 기독교를 새롭게 재구성한 책을 쓰는 데 자료로 이용되기를 소망한다.

　많은 사람의 글과 말을 자료로 활용하며 최대한 있는 그대로 서술했다고 하더라도, 사람으로서 지닐 수밖에 없는 '편견'은 남아 있을 수밖에 없다. 다만 글 한 줄 한 줄을 쓸 때마다 성찰로 사적인 편견을 지워갔다는 사실만은 자부할 수 있다. 이 책을 읽는 당신도 어떤 틀을 고집하지 않기를 당부한다.

　자, 그럼 모든 선입견을 버리고 지금부터 저 '거룩한 세계'로 들어가 보자. 출발점은 당연히 '하느님'이다.

1장
신의 이름
하느님인가, 하나님인가

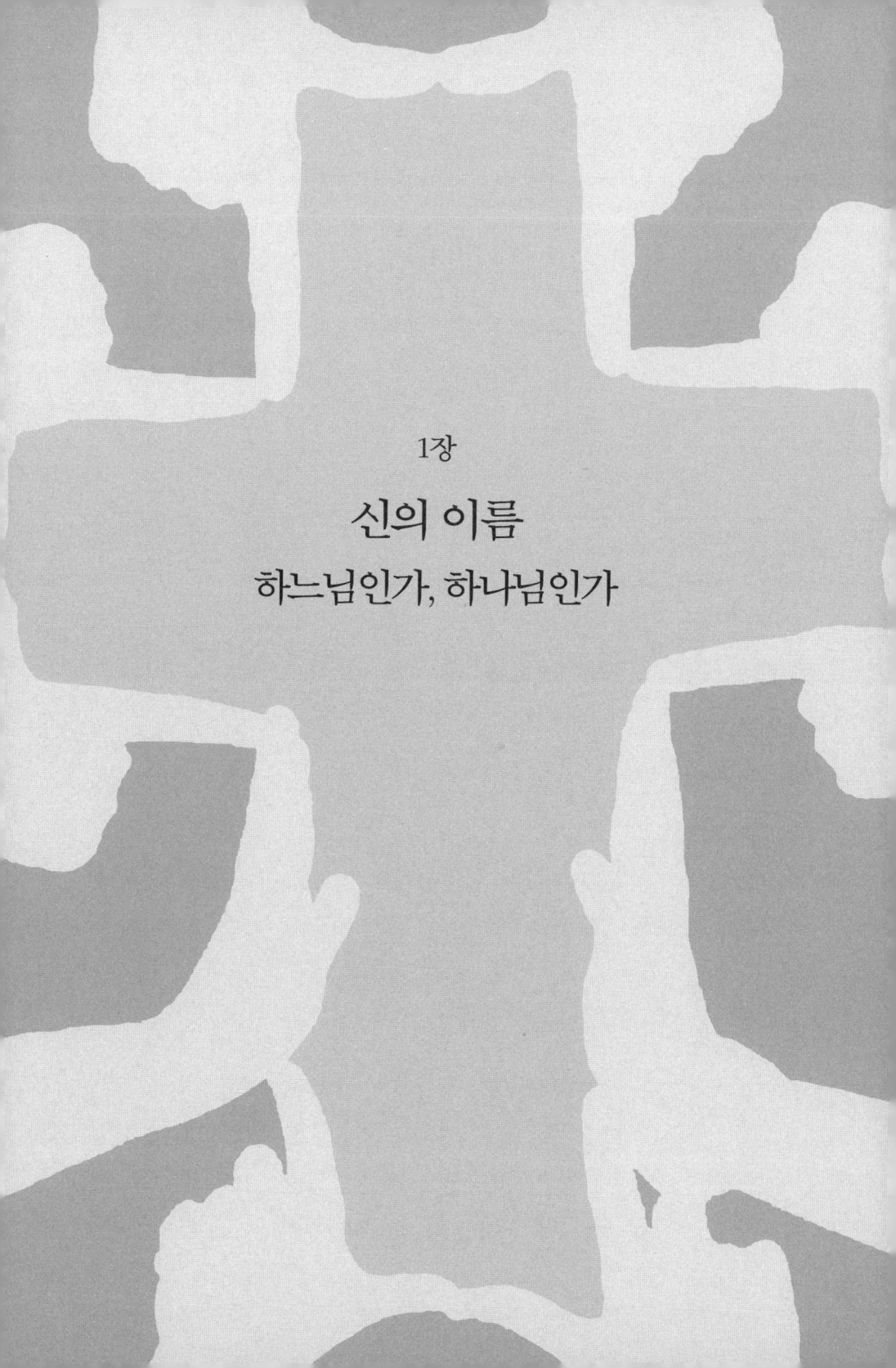

눈썰미 있는 독자라면 초대의 글에 '오자'를 발견했을 성싶다. '하나님'과 '하느님'이 짧은 글에 혼재되어 있기 때문이다. 물론, 그렇게 쓴 데는 이유가 있다. 이 장의 제목에서도 알 수 있듯이 둘 다 '오자'가 아니다.

'하느님'과 '하나님' 모두 기독교에서 쓰는 말이다. 왜 그렇게 되었을까? 하나님인가, 하느님인가를 판단하려면 먼저 사람들이 '신'을 어떻게 생각해왔는가를 섬세하게 톺아볼 필요가 있다.

신이란 대체 무엇일까?

커뮤니케이션 학자들은 현대인들이 종교에 관심이 없다며, 기존의 종교를 미디어가 대체했다고 주장한다. 대표적인 학자가 토니 슈워츠Tony Schwartz다. 그는 책 제목 그대로 미디어를 '제2의 신 The Second God'으로 부른다. 슈워츠는 과거에 신이 언제나 우리와 함께했듯이, 오늘날은 텔레비전이 언제나 우리와 함께하고 있으며 그것이 없을 때 삶에 의욕을 잃는다는 사실에 주목했다.

모바일 시대에 그의 혜안은 더 적중하는 듯하다. 자나 깨나 모바일만 들여다보고, 그것이 없으면 불안해하는 사람들은 비단 10대만이 아니다. 인터넷 중독, 모바일 중독에 빠진 사람들에게 인터넷이나 모바일은 이미 '신'이나 다름없는 존재이다.

그런데 인터넷과 모바일을 언제나 가까이 모시는 사람들도 삶의 어느 순간은 인생이 무엇인가를 간절하게 묻게 된다. 가족이나 친지의 죽음, 또는 친구의 자살을 경험했다면 더욱 그렇다.

우리 대다수는 10대 시절 불현듯 다가왔던 삶과 죽음에 대한 물음을 그냥 지나쳐왔다. 하지만 명석한 수학자이면서 신학자였던 파스칼 Blaise Pascal 이 갈파했듯이 "저 무한한 공간의 영원한 침묵"에 담긴 뜻을 찬찬히 짚어보면 누구나 전율할 수밖에 없다. 그 순간, 조용히 묻게 된다.

신은 과연 있을까?

인간과 전혀 다른 무엇, 일상의 삶에서는 볼 수 없고 느낄 수도 없는 그 무엇으로서 '신'이란 대체 무엇일까? 왜 인간은 '신성'을 생각하는 걸까?

지금까지 종교학자들의 연구를 요약하면, 신을 느낄 때 두 가지 특성이 있다.

첫째, '신'은 죽음의 운명을 타고난 인간의 '궁극적 관심'이자 '궁극적 실재'이다. 인간으로 태어났으면, 인생의 어느 순간에 누구나 사무치게 절감하게 마련이듯이 삶은 유한하다. 생각하면 생각할수록 죽음은 끔찍한 사건이고 참담한 참사이고 굴욕적인 사라짐이다.

인생은 언젠가 끝난다는 사실, 내 삶 또한 언제인지 모르지만 반드시 죽음에 이른다는 진실을 직시하면, 결국 마지막에는 유한한 자신의 존재와는 다른 무엇에 관심을 갖게 된다. 그것을 종교학자들은 '궁극적 관심'이라고 한다. 유한한 존재에게 궁극적 관심의 대상이 되는 그 무엇이 '궁극적 실재'로서 신이다.

궁극적 실재†를 체험하는 개인이나 집단이 역사적으로 처한 조건에 따라 신에 대한 관념은 차이가 있다. 이를테면 인격적 신과 초인격적(존재론적) 신으로 나눌 수 있고, 단일신·유일신·다신론으로 구분할 수도 있다. 초월적 신과 내재적인 범신론적 신, 주술적 힘을 숭배하는 신과 윤리적 신도 있듯이, 궁극적 실재로서 신의 관념은 다양하다.

신은 개인에게든 집단에게든 궁극적 관심이며, 일상의 경험을 넘어선 실재다. 종교의 역사를 톺아보면, 궁극적 실재인 신과 관계를 맺으려 한 사람들의 오랜 열망을 발견할 수 있다. 특히 종교인들은 사람들에게 궁극적 실재인 신과 관계를 맺어야 한다고 주장해왔다.

종교의 영어인 religion이 다름 아닌 라틴어 re-legere 곧 '다시 묶다'에서 비롯됐다. 궁극적 실재인 신과 다시 이어지는 것이 바로 종교다.

거꾸로 신이 사람으로 하여금 궁극적 관심을 갖도록 이끈다고 믿기도 한다. 신적인 궁극적 실재가 사람에게 궁극적 관심을 갖도록 함으로써 절대적이고 정열적인 경험, 때로는 황홀한 감정에 몰입하면서 헌신적으로

---

† '궁극적 실재Ultimate Reality' 개념은 유럽의 신학 전통에서 나온 말이기에 불교와는 무관하다고 볼 수 있다. 하지만 궁극적 실재가 꼭 '초월적 인격신'을 전제로 한 개념은 아니다. 예컨대 신학자 폴 틸리히Paul Tillich는 불교도 '궁극적 실재' 체험이 담겨 있다고 분석한다. 다만 기독교는 '존재해야 할 신성 체험the experience of the holy as what ought to be'을 강조하는 윤리적 요소가 강하고, 불교는 '존재로서 신성 체험the experience of the holy as being'을 강조하는 신비적 요소가 강한 유형의 종교라고 구분했다.

일생을 걸어가게 한다는 주장이다.

둘째, 신은 성스러운 것, 곧 '거룩한 실재'이다. 신은 사람의 삶을 거룩하게, 곧 의미 있게 해준다. 사람은 누구나 사라질 수밖에 없는 자신의 삶을 충만하게 해주고 고통을 치유해주는 능력을 지닌 '거룩한 실재'를 찾는다.

종교학자 엘리아데Mircea Eliade도 말했듯이, 모든 종교는 거룩한 실재와의 관계이다. 유한할 뿐만 아니라 보잘것없는 존재인 나와는 다른 거룩한 무엇, 성스러운 무엇, 그것이 신이라는 것이다.

종교 체험의 고갱이는 그 성스러운 것의 체험, 거룩한 체험이다. 성스러운 것이 드러나는 모습은 역사와 문화적 차이, 환경에 따라 다채롭다.

'거룩한 실재'를 믿게 된다면, 그 실재와 현실의 실재 사이를 이어주는 매체가 필요하다. 거룩한 실재인 신을 계시하는 매체, 그러니까 신성을 드러내는 매체로는 세 가지를 꼽을 수 있다.

하나는 자연현상이다. 키 큰 나무, 장엄한 바위 절벽, 크고 긴 강, 장대한 폭포, 아무런 형체도 없이 다가오는 바람과 같은 자연물이나 폭풍, 화산과 같은 자연 변화에서 신의 계시를 읽는 사람들이 있었고, 지금도 마찬가지다.

형태는 다르지만 모든 고대 사회에서 나타나는 '정령精靈신앙'도 있다. 애니미즘animism 또는 물활론物活論으로 불리는 정령신앙은 모든 사물에는 영혼(아니마, 영적인 생명)이 깃들어 있다고 본다. 자연계에서 일어나는 모든 현상 또한 아니마의 작용으로 생각한다. 흔히 정령 신앙을 원시적 종교관으로 한 단계 낮추어보지만, 딱히 그렇게만 볼 문제는 아니다. 정령 신앙의 '정령'을 '신성'으로 이해한다면 현대 종교와 곧장 이어질 수 있다.

다른 하나는 역사적 사건이다. 대표적 보기가 '출애굽'으로 불리는 유대인들의 이집트 탈출이다. 제국의 몰락이나 새로운 국가의 건설, 큰 전쟁,

대재난과 같은 역사적 사건에서 사람들은 '신의 계시'를 발견하려고 노력해왔다. 이 또한 과거만의 사고가 아니다. '출애굽' 사건과는 성격이 전혀 다르지만, 〈초대의 글〉에서 소개했듯이 일제 식민지와 분단이 '하나님 뜻'이라는 기독교인이 그러하고, 이 책의 후반부에서 살펴볼 미국 대통령의 이라크 침략 또한 그러하다.

마지막은 인격적 존재이다. 메시아(구세주, 예수), 깨달은 사람(붓다), 예언자, 샤먼(무당), 성인, 현인 들이 '거룩한 실재'에 대해 계시를 내리거나 깨달음을 준다고 믿는다.

그렇다면 성스럽다거나 거룩한 체험은 어떤 걸까?

종교학자들은 거룩함의 경험을 두 가지로 나눈다. 먼저 '두렵고 떨리는 신비감 mysterium tremendum'이다. 신적인 무엇인가를 경험하는 사람에게 다가오는 경외의 감정이다. 다른 하나는 '매혹과 끌림의 신비감 mysterium fascinosum'이다. 황홀한 감정이다.

결국 신을 체험하는 것은 합리성이나 이성적 논리를 넘어선 경험이다. 합리성에 사고의 무게중심을 두면 종교는 도덕과 아무런 차이가 없다. 경외감과 황홀감, 두 요소가 바로 성스러운 체험, 거룩한 느낌이다.

궁극적 실재와 거룩한 실재를 하나로 보기도 한다. 올더스 헉슬리 Aldous Huxley 는 궁극적 실재가 곧 거룩한 실재라고 보았으며 사람이 그것을 체험적으로 알 수 있다고 보았다. 여러 종교적 전통이 있는 것은 그 신성한 실재를 시공의 맥락에서 각각 달리 표현했기 때문으로 분석했다. 가령 깨달음이나 해탈의 개념은 신神 또는 하늘天과 같은 거룩한 실재를 만나는 사건을 지칭한다는 주장이다. 그렇게 볼 때 종교의 차이란 동일한 대상에 대한 각기 다른 반응, 언어 문법이 다른 데서 오는 표현의 차이가 된다.†

물론, 엄연히 존재하는 종교의 차이를 가볍게 보는 것은 옳지 않다. 다만 종교적 체험을 열린 마음으로 다채롭게 인식할 필요는 있다.

사막을 배경으로 한 유일신: 야훼·갓·알라

종교학으로 짚어보면, 사람이 사회를 이룰 때부터 신, 곧 궁극적 관심이자 거룩한 존재는 어느 문화에서나 공통적으로 나타난다. 그만큼 사람에게 종교는 운명적이라고 할 수 있겠다.

궁극적이고 거룩한 실재를 신이라고 할 때, 그 신을 어떻게 보느냐에 따라 여러 유형으로 갈라질 수 있지만, 큰 범주에서 보면 다신론과 유일신으로 나뉜다.

다신론polytheism은 신이 하나가 아니고 여럿이라고 본다. 단순히 신의 숫자를 따지는 양의 문제는 아니다. 거룩함을 체험하는 데는 여러 수준이 있다고 보며, 그 수준들을 더 높고 근원적인 차원에서 하나로 통합하는 원리를 인정하지 않는다.

가령 힌두교는 브라마, 비슈누, 시바가 각각 창조, 보존, 파괴를 담당한다. '파괴'가 어떻게 '신'이 될 수 있을까에 의문을 가질 수도 있겠지만, 힌두 사상에서 파괴는 결코 부정적인 의미만을 지니고 있지 않다. 인도 사람들에게 죽음이란 새로운 형태의 삶으로 옮겨감이듯이, 파괴는 새로운 형태로 옮아가는 걸 뜻하기 때문이다. 그래서 시바는 파괴의 신인 동시에 재생과 풍요의 신이기도 하다.

고대에는 불의 신, 물의 신, 폭풍의 신, 나무의 신, 사랑의 신, 죽음의 신과 같은 정령 형태나 신화적 형태의 다신론이 있었다. 그리스 로마 신화와 북유럽 신화를 보면 다양한 신들이 등장한다.

흔히 다신론은 유일신에 비해 낮은 단계로 여기는데, 반드시 그런 것은 아니다. 다신론은 추구하는 가치들이 서로 경쟁함으로써 유일신과 견주어 다원적이고 민주적일 수 있다. 물론, 궁극적 실재로서 보편성이나 통일성은 결여되어 있다. 궁극적이고 거룩한 실재가 다원적이라고 본다.

유일신monotheism은 여러 가치를 통합하고 더 나아가 심판하는 절대적 실재를 경험할 때 나타난다. 유일신의 전형적인 모습은 유대교, 기독교, 이슬람교에서 볼 수 있다.

유대교, 기독교, 이슬람교. 유일신을 믿는 세 종교는 티그리스·유프라테스 강과 나일 강을 잇는 '비옥한 초승달 지대'에서 시작되었다. 세 종교가 모두 그곳에 '뿌리'를 둔 이유는 본디 그곳이 고대 문명의 발상지였기 때문만은 아니다. 세 종교에 모두 영향을 끼친 조로아스터교가 그곳에 두루 퍼져 있었기 때문이다.

고대 페르시아에서 등장한 조로아스터교는 지금까지 알려진 지구 최초의 유일신 종교다. 여러 신을 섬기던 오랜 전통에서 벗어나 조로아스터교는 '아후라마즈다Ahura Mazda', 곧 '지혜의 주님'을 유일신으로 내세우며 그

---

† '신'의 의미를 '거룩한 실재'라고 이해할 때 종교에 대한 깊이가 더해질 수 있다. 이를테면 불교를 연 석가모니에 대해 불교인들은 열 가지 이름(10호)으로 부르는데 두루 '거룩함'을 담아낸 표현이다. 열 가지 이름은 '여래如來(진여에서 오신 분), 응공應供(마땅히 공양 받으실 분), 정변지正遍智(바르고 보편적인 지혜를 증득하신 분), 명행족明行足(지혜와 실천을 구족하신 분), 선서善逝(생사의 굴레에서 잘 떠나신 분), 세간해世間解(세간을 모두 아시는 분), 무상사無上師(위없는 스승), 조어장부調御丈夫(세간을 잘 이끄시는 장부), 천인사天人師(신과 인간들의 교사), 세존世尊(세간의 존경을 받으시는 분)'이다.

이후 전개된 유대교를 비롯한 유일신 종교들의 '모태'가 된다.

조로아스터교와 그 영향을 받은 유대교, 기독교, 이슬람교 모두 유일신을 믿고, 또 그 믿음이 사람들 사이에 퍼져간 이유로는 지형적 특성을 들기도 한다.

무엇일까? 종교 연구자들은 비옥한 초승달 지대를 둘러싸고 있던 황량한 사막에 주목한다.

생각해보라. 기후가 점점 건조해지면서 농경지와 숲이 시나브로 줄어들고 사막은 점점 늘어갈 때, 그 지역에서 살아가는 사람들이라면 누구나 자연의 힘 앞에 두려움이 무장 깊어가지 않겠는가. 그만큼 절대자로서 유일신을 간절하게 바라는 마음도 커져갈 터다. 사막에서 사람은 누구나 적막감과 무력감에 젖어들 수밖에 없다.

더구나 사막과 초원이라는 또렷한 지형적 대비는 선과 악을 구분 짓는 이분법적 사고를 낳았다. 유일신 종교의 가장 두드러진 특징이다.

비가 잘 내리지 않는 건조한 땅에서 양을 키우며 살아가는 유목민에게 척박한 땅에서 풀을 자라나게 하는 신의 섭리에 대한 믿음은 커져갈 수밖에 없었다.

그런 분석은 실제로 비가 풍부하게 내리는 지역이나 사막이 없는 곳에선 유일신 종교가 나타나지 않았거나 힘을 발휘하지 못했다는 역사적 사실로 설득력을 지닌다. 사막을 찾아볼 수 없는 지역에선 자연의 다채로운 변화에 부응하듯 신의 모습이 다채롭게 나타난다. 거의 모든 사람이 농사를 지으면서 어떤 절대적 존재로서 유일신과의 관계보다 사람과 사람 사이의 협동 또는 화합을 중시한다.

유대교, 기독교, 이슬람교는 조로아스터교와 지형적 영향을 받아 모두 유일신을 믿지만, 그 유일신의 이름은 각각 다르다. 유대교는 '야훼Yahweh'를 믿고, 기독교는 '갓God'을 믿고, 이슬람교는 '알라Allah'를 믿는다.

저마다 유일하다고 믿는 신의 이름이 다르기에 서로 화합하지 못한다. 가령 기독교는 이슬람교의 유일신을 인정하지 않는다. 유대교도 이슬람교의 유일신을 인정하지 않음은 물론 예수도 인정하지 않는다. 기독교와 이슬람교는 흔히 '적대적 관계'라고 이야기한다.

하지만 명확하게 짚고 갈 진실이 있다. 이슬람교의 '알라'는 '갓'이라는 뜻이다. 그러니까 기독교의 '갓'을 이슬람교에서 번역하면 '알라'가 된다. 실제로 기독교와 이슬람교 모두 유대교와 뿌리가 같다.

한 뿌리에서 나온 유대교, 기독교, 이슬람교

유대교, 기독교, 이슬람교를 순서대로 짚어보면서 신의 이름을 고찰해보자. 유대교는 유대인의 종교이다. '이스라엘 사람'으로 불리는 유대인은 기원전 2000년대에 메소포타미아(티그리스 강과 유프라테스 강 사이에 있는 오늘날의 이라크 지역)에서 새로운 목초지를 찾아 서쪽으로 옮겨간 사람들과 그들의 후손이다. 이주민이었기에 본디 그곳에 살고 있던 토착민과 긴장 또는 갈등 관계에 놓일 수밖에 없었다.

기원전 18세기 메소포타미아 문헌에 '떠돌이들'(유랑민)이 많다는 기록이 등장한다. 주로 외국인이 유대인을 일컬을 때 쓰는 '히브리인Hebrew'(헤브라이인)이라는 말은 히브리어 '이브리ibri'(건너온 사람들)에서 유래했다. 경계를 건너 도망쳐온 사람들, 노역하는 사람들을 뜻한다.

그래서 히브리인을 특정한 '인종' 개념이 아니라 사회학적 개념으로 풀이하는 종교학자들도 있다. 그렇게 해석한다면, 현대사회의 외국인 노동자들, 더 나아가 비정규직 노동자들, 노숙자들이 모두 '히브리인'인 셈이다.

아무튼 그 떠돌이들, 건너온 사람들은 오랫동안 여기저기를 유랑하다가 이집트 땅으로 들어간다. 당시 메소포타미아와 이집트엔 도시국가가 세워져 있었다. 왕과 귀족이 소작농과 노예들을 지배하는 계급사회였다. 세금을 못 내는 소작농은 노예로 전락했기에, 시간이 흐르면서 노예가 점점 늘어났다. 유대인은 500여 년을 이집트에서 살며 왕궁과 신전을 건축하고 길을 닦는 데에 불려나가 노역을 하거나, 숫제 노예가 되어 고통의 나날을 보내고 있었다. 이집트를 벗어나려고 해도 왕의 군대가 국경을 지키고 있었기에 불가능했다.

바로 그때 모세가 나타난다. 모세와 함께 유대인은 '야훼'(여호와) 신앙을 정립해나간다. 구약성경에 기록되어 있듯이, 야훼 신앙은 기원전 2000년 무렵에 아브라함으로 시작해 그의 후손들에 의해 이스라엘의 민족종교로 전개되어갔다. 기원전 13세기에 모세가 유대 민족을 이집트에서 탈출시킨 '출애굽 사건 Exodus'('애굽'은 '이집트'의 옛 표기)과 뒤이은 40년의 광야 생활을 거쳐 마침내 정착한 가나안에서 야훼 신앙은 '민족종교'로 자리를 잡았다. 다른 시각도 있다. 유대 민족의 탈애굽을 특정 민족이나 지역 차원을 넘어 '억압으로부터 해방'으로 풀이하는 신학자들은 모세를 인류 보편적인 '해방자'로 평가한다.

출애굽 이전까지 유대인은 자신들이 섬기는 신을 '엘 el' 또는 '엘로힘 Elohim'으로 불렀다. '야훼'라는 이름이 등장하기 전까지 고대 이스라엘 민족이 섬기던 신의 이름이다. 그러니까 엘 신을 폐기해 야훼 신으로 대체한 것이 아니라, 엘로힘이 야훼로 '교체' 또는 '재구성'되었다고 보아야 옳다. '야훼'라는 이름은 구약성경 〈출애굽기〉(3:14)에서 비롯한다. 모세가 '불타는 떨기나무'로 나타난 조상의 신에게 이름을 묻자, 신은 '에흐예 아쉐르 에흐예'라고 답한다. 우리말로 옮기면 '나는 나다'(공동번역), '나는 스스로 있는 자다'(개역한글판), '나는 곧 나다'(표준새번역)이다.† 영어로는 "I am who I am" 또는 "I will be who I will be"이다.

'야훼' 또는 '여호와'로 표기되는 이름은 본디 '에흐예'로 발음되는 히브리어에서 비롯했다. '야훼'와 '여호와'는 두 가지 서로 다른 신의 이름이 아니라 발음 표기 방식 때문에 생겨난 차이일 따름이다.

구약 학자들 해석에 따르면, '야훼'라는 이름은 히브리어 동사 어근 '하야 hyh, HaYaH'에서 파생되었으며, 그 동사는 '생기다 befall, 되다 become, 생존하다 be, exist'라는 뜻을 담고 있다. 히브리어의 문법 구조로 '야훼'는 미완료 동사형이다.

우리말로 번역된 구약성경을 보면 '하나님'은 이스라엘인에게 "나는 너희를 이집트 땅 종살이하던 집에서 이끌어낸 하나님"이라고 소개한다. 역

---

† 한국어 성경은 1882년 〈예수셩교 누가복음젼셔〉로 첫선을 보였다. 신구약을 아우른 성경 전체는 1911년에 나왔다. 이 성경을 개정한 성경이 1938년 간행된다. 이를 '개역'이라고 한다. 그 뒤 1977년 원전에서 직접 번역한 성경이 가톨릭과 개신교 공동으로 발행된다. 줄여서 '공동번역'으로 부른다. 1983년 대한성서공회는 누구나 이해하기 쉬운 현대어로 성경을 번역하기로 결의하고 1993년 '표준 새번역' 성경을 출판한다. 이밖에도 '현대인의 성경', '쉬운 성경', '우리말 성경' 들이 있다. 번역에 따라 표현이 조금씩 다르다. 이 책에서는 공동번역을 중심으로 하되 더 쉬운 표현이 필요할 때는 다른 성경들을 인용했다. 우리말 번역보다 영어 성경이 더 의미가 있다고 판단할 때는, 영어 성경에 충실하게 옮겼다. 한 권의 책에서 성경 인용을 '통일'하는 것도 좋겠지만, 이 책에서 곧 논의하듯이 성경을 문자 그대로 받아들이는 것은 바람직하지 못하다. 물론, 그렇다고 전문적 지식도 없으면서 임의로 해석하는 것은 옳지 못하다. 이 책에서 영어 성경에 충실해 기존의 번역과 다를 때는 괄호 안에 영문을 함께 넣었다.

사 속에서 살아 활동하며 억압된 사람들을 자유롭게 하는 분이라는 뜻이다. 그 해방의 과정은 결코 순탄하지 않았다. 모세는 탈애굽 뒤 황금의 욕망에 사로잡힌 동족들 앞에서 분노와 절망을 이기지 못해 '하나님'으로부터 받은 계명이 새겨진 석판을 산산조각 내기도 했다.

모세가 죽은 뒤 기원전 11세기에 유대인의 지도자 사울은 가나안 땅에 먼저 살고 있던 펠리시테인(팔레스타인은 '펠리시테인의 나라'라는 뜻)들과 싸워 이스라엘 왕국을 세운다. 사울과의 갈등을 거쳐 마침내 그의 뒤를 이은 왕이 다윗이다.

다윗은 예루살렘을 왕국의 수도로 정하고 야훼의 성전을 세웠다. 그리고 이스라엘의 신 야훼가 예루살렘과 다윗 가문을 영원히 선택한다는 약속을 했다고 '선포'했다. 그 신의 약속을 '다윗 계약'이라고 부른다. 다윗의 자손 중에서 구세주가 태어난다는 메시아 사상의 뿌리도 여기서 찾을 수 있다.

그런데 전성기인 다윗에 이어 솔로몬 시대까지 왕국이 부강해지고 주민의 경제생활 수준이 높아지면서 야훼에 대한 믿음은 시나브로 약해져갔다. 더구나 솔로몬 왕이 죽은 뒤 나라는 분단되었다. 사마리아를 수도로 정한 북쪽의 이스라엘 왕국과 남쪽의 유대 왕국으로 쪼개져 각자의 길을 간다. 이 시기에 예언자들이 곰비임비 등장한 이유도 나라 꼴이 우스워져서이다.

예언자들은 남과 북의 왕을 비롯한 권력자들의 불의를 매섭게 질타했다. 백성에겐 야훼가 아닌 우상을 숭배하고 있다며 참다운 신앙생활을 강조했다. 숱한 예언자들이 경고했지만, 그저 '불순분자'들의 언행으로 여기며 무시했던 이스라엘 왕국은 기원전 722년에 아시리아 왕에게, 유대 왕국은 기원전 586년 바빌로니아 왕에게 각각 멸망당했다. 망국의 결과 유대인들은 '바빌론 유수'†로 흔히 부르는 포로 생활에 들어갔다.

남과 북의 나라가 모두 멸망한 뒤에서야 유대인은 뒤늦게 각성한다. 야훼 신앙에 철저하지 못했던 '죄'를 회개하며 '새로운 신앙 운동'을 펼쳐갔다. "우리가 멸망당한 것은 야훼를 멀리하고, 우상을 섬기며, 예언자들의 외침에 귀 기울이지 않았기 때문이다. 이제라도 죄를 회개하고 야훼께 돌아가자"는 신앙 회복 운동의 열매가 바로 유대교이다. 대대로 내려오던 민족종교인 야훼 신앙을 체계화했다.

유대인은 포로나 떠돌이로 살면서도 머무는 곳마다 예루살렘 성전 쪽을 바라보고 회당을 세웠다. 나라는 잃었지만 유대교를 중심으로 뭉친 셈이다. 회당은 야훼에게 예배를 드리는 종교기관인 동시에 율법과 히브리어를 연구하고 가르치는 교육기관이기도 했다. 유대교의 성직자를 '랍비rabbi'라고 하는데, 종교 지도자 겸 학교 선생님이다.

유대교가 가장 중시하는 경전은 율법서 《토라Torah》이다. 구약성경의 오경인 〈창세기〉, 〈출애굽기〉, 〈레위기〉, 〈민수기〉, 〈신명기〉를 일컫는다. 그밖에 유대교 랍비들의 가르침을 모은 《탈무드》도 유대교의 경전이다. 회당과 경전과 랍비가 유대교를 받치는 세 기둥이다.

그러니까 유대교는 유대 민족의 종교로, 그 유일신 이름은 '야훼'이다. 더러는 '히브리인'의 어원인 '건너온 사람들'에 주목해 유대교를 특정 민족

---

† 바빌론 유수는 기원전 597~기원전 538년 사이 세 차례에 걸쳐 신바빌로니아가 예루살렘을 함락하고 유대인들을 포로로 잡아간 사건이다. 포로 시절에 종교적 자유는 허용되었지만 제의는 할 수 없었다. 이 시기에 모세 이후 유대인의 역사를 담은 구약이 편찬된다.

의 종교라기보다는 떠돌이들, 곧 억압받고 가난한 사람들의 종교라고 해석하기도 한다. 하지만 유대교는 엄연히 실존했던 유대 민족의 종교였고, 지금도 전 세계에서 살아가고 있는 유대인을 결속하는 종교다.

다만, 유대 민족의 특수성으로 보든, 억압당한 사람들의 보편성으로 보든 〈출애굽기〉에 나타난 야훼는 바다를 비롯해 모든 자연을 주관하고 지배하는 신인 동시에 사람의 역사에도 개입한다. 사람의 역사 속에서 활동하며 자신을 믿는 힘없고 약한 사람들을 구원하는 신이다.

지금까지 간략히 살펴보았듯이, 유대인의 유일신 개념은 어느 날 갑자기 정립된 게 아니다. 모세가 살아 있을 때에도 아직 여러 신을 섬기는 관습이 남아 있었다. 유목 문화에 친숙해 있던 유대인은 가나안에 정착하면서 풍요와 다산의 신 '바알Baal'을 숭상하기도 했다.† 그들이 유대교로 유일신 야훼를 확립한 것은 왕국이 무너져 나라를 잃었을 때였다. 유대인은 야훼를 신으로 섬기며 자신들이 선택받았다고 믿었다. '선민사상'††이 유대교에 짙게 깔려 있는 이유이다.

구약성경에 나타나듯이 야훼를 믿은 종교와 기원전 587년 이후 새롭게 형성된 유대교는 기독교를 싹트게 한 뿌리다. 유대 왕국을 멸망시킨 바빌로니아가 페르시아에 정복당하면서 유대인은 자연스럽게 '바빌론 포로 생활'에서 벗어났다. 하지만 왕국을 재건할 여건은 아니었다.

바빌론에서 풀려난 유대인은 야훼가 그들에게만 약속한 가나안 땅으로 돌아가 폐허가 된 예루살렘과 성전 복구에 힘을 모았다. 선민사상으로 무장한 그들은 유일신을 종교적 이념으로 삼아 자신들의 역사를 재구성해갔다. 유대교의 경전(곧 구약성경)은 기원전 1세기에 거의 결집을 마쳤다. 창세의 기록은 물론 종말론의 체계화도 진행되었다. 종말론은 바빌론 포로 생활 때 싹텄다고 하지만 기원전 2세기 이후 페르시아 사상[†††]에서 영향을 받았다.

　기독교는 유대교의 전통과 종말론이 퍼져 있던 시대 상황에서 등장했다. 다름 아닌 예수 자신이 유대인으로 태어났다. 하지만 예수는 유대인의 틀, 유대교의 율법을 넘어섰다. 그가 강조한 신(God)도 유대 민족의 유일신인 야훼를 넘어섰다. 예수는 스스로 '신의 아들'임을 밝히고 신을 '아버지'보다 더 친근하게 '아빠'라고 말하며 동시대인들을 깨우쳤다. 기독교를 예수가 창시한 계시종교라고 보는 이유이다.

　그런데 유대교의 전통에서 보면, 누군가가 '야훼의 아들'임을 자임하는 것은 '오만'이자 '불경'일 수밖에 없다. 지금도 유대교는 예수를 '야훼의 아들'로 보지 않을뿐더러 유대교가 기다리는 '메시아'로도 보지 않는다. 구약

[†] 바알은 가나안 지역에 비를 내려 곡물을 자라나게 하는 풍요의 신이자 가축이 새끼를 낳게 해주는 성적 능력까지 갖춘 신이다. 바알은 '주인'이라는 보통명사에서 온 이름으로, 번개와 천둥을 동반하며 비를 땅에 보내는 태풍의 신이다. 안개와 이슬은 바알의 두 딸이다. 아버지는 곡식의 신 '다곤'이다. 모세가 이끈 유대인이 가나안 지역에 들어오기 전에 바알은 그 지역의 주된 신이었다. 아람어의 '바알'은 '비로 적셔진 땅'임을 강조하는 학자도 있다. 요컨대 '비의 신'이라는 것이다. 광야에서 떠돌던 유대인들은 가나안에 정착하면서 땅의 비옥함을 소중히 여겼고, 야훼 못지않게 바알을 경배했다. 그 점에서 바알의 이미지가 야훼의 이미지에 많이 들어가 있다고 보는 연구도 있다.

[††] 선민사상은 신이 특정한 민족을 선택해 구원한다는 사상이다. 역사적으로 특정 민족이나 집단이 자신들의 우월성을 주장하며 내세웠다. 신(여호와)이 이스라엘 민족을 선택해 계약을 맺었다는 유대교가 대표적 보기이다. 독일 아돌프 히틀러Adolf Hitler의 '게르만 혈통주의'처럼 제국주의의 무기가 되기도 한다. 한국의 단군신화에도 '하느님의 선택'이 나온다. 하지만 한국 신화의 '하느님'은 배타성을 띠고 있지 않다는 점에서 다른 선민사상과 차이가 뚜렷하다.

[†††] 종말론eschatology은 사람을 포함한 모든 세상의 '최후에 관한 가르침'이다. 학자들은 페르시아 사상을 주도하던 조로아스터교에서 종말론의 기원을 찾는다. 조로아스터교는 선과 악이 투쟁하는 세상의 종국에는 선이 이기면서 정의와 행복, 평화로 가득 찬 왕국이 온다고 주장한다. 페르시아의 종말관은 유대교에 깊은 영향을 끼쳤다. 유대교의 메시아(구세주)를 기다리는 사상이 그것이다. 기독교는 그 메시아가 예수라고 믿는 종교다.

성경에 근거해 유대교는 지금도 메시아를 기다리고 있다.

그렇다면 유대교인의 관점에서 볼 때 기독교는 무엇일까? 대답은 명료하다. '이단'이자 '사교 집단'이다. 실제로 《탈무드》는 예수에 대해 "마술을 써서 이스라엘을 미혹시켜 배교하게 하였으므로 유월절 전날에 처형되었다"고 담담하게 기록하고 있다.

하지만 예수의 제자들에게 젊은 스승은 '그리스도'다. 그리스도는 히브리어 '메시아'를 그리스어로 옮긴 '크리스투스'를 다시 한국어로 옮긴 말이다. 영어로는 '크라이스트Christ'다. 뜻을 살려 우리말로 풀이하면 '구세주救世主'다. '그리스도'를 한자로 옮긴 말이 '기독基督'이고, '예수'는 '야소耶蘇'로 표기된다.

그러니까 예수를 구약성경이 예고한 구세주(메시아, 그리스도)로 모신 사람들이 기독교인이다. 교회에서 많이 들을 수 있는 '주 예수 그리스도'라는 호칭은 예수를 우리의 주님, 구세주로 믿는다는 고백이 담긴 말이다. 예수를 그리스도로 믿는 종교가 그리스도교이며, 한자어로 '기독교'다. 본디 뜻에 충실해 옮기자면 '구세주교' 또는 '예수교'가 적절할 터다.

그런데 유대인에게 예수는 그리스도(메시아)가 아니다. 그들의 기나긴 역사에서 나타났던 여러 위인 가운데 한 사람에 지나지 않는다.

예수 탄생 이후 600여 년이 지나 같은 메소포타미아 지역에서 유대교, 기독교와 다른 유일신교로 이슬람교가 창시된다. 기독교가 예수에서 시작했듯이, 이슬람교는 무함마드Muhammad✝에서 비롯한다. 610년에 창시된 이슬람교의 '이슬람'은 '순종', '화해', '평화', '구원'을 의미하는 '살람'이라는 말에서 비롯됐다. 여기서 '순종'이란 물론 '신의 뜻'—한국 개신교에서 즐겨 쓰는 '하나님의 뜻'—에 순종을 의미한다. 이슬람 사람들이 일상에서 '관용어'로 쓰기에 한국에도 잘 알려진 말 '인샬라'가 바로 '신의 뜻대로'이다.

이슬람 신도를 모슬렘Moslem이라고 하는데, 우리에겐 이질감을 지닌 낯선 말처럼 다가오지만 편견 없이 보아야 옳다. 모슬렘의 언어적 의미가 '신의 뜻에 순종하는 사람'이다. 그러니까 이슬람 문화에서 '하나님의 뜻에 따라 살아가는 사람'이 바로 모슬렘이다.

이슬람교 또한 전지전능한 유일신을 믿는다. 비이슬람권 사람들에게 이슬람교의 신 '알라Allah'는 아주 낯선 우상처럼 다가오기 십상이다. 신문과 방송, 할리우드 영화를 비롯한 대중매체들이 편견을 조장했지만, 기실 '알라'는 신을 뜻하는 '일라흐Ilah'에 정관사 '알al'이 붙은 '알일라흐'에서 비롯된 말로, '신'을 가리키는 아랍어일 따름이다. 영어에서 신을 '갓God'이라고 하듯이, 아랍어에서 신을 '알라'라고 한다. 따라서 '알라'라고 할 때, 그것을 '신' 또는 '갓'이라고 이해해야 옳다.

실제로 한국에 들어온 이슬람교는 '알라'라 하지 않고 '하나님'이라고 부른다. 서울의 이슬람 사원의 들머리에는 다음 글이 새겨 있다.

"하나님 외에 다른 신은 없습니다. 무함마드는 그분의 사도입니다."

† 600년대 아라비아 반도는 부족마다 섬기는 신이 달랐다. 다신교 사회였다. 지리적으로 동양과 서양을 오가는 길목이었기에 상인들이 많이 드나들었던 메카와 메디나는 큰 도시로 성장해갔다. 도시가 확장되면서 빈부 격차가 나타나고, 귀족과 평민 사이에 불평등도 커져갔다. 섬기는 신이 다른 부족들 사이에 전쟁도 자주 일어났다. 상인 출신인 무함마드가 40세(610년)에 메카 인근에 있는 산 동굴에서 명상을 하던 중에 천사 가브리엘로부터 신(알라)의 계시를 받는다. 그럼에도 되레 자신을 박해하는 귀족들을 피해 무함마드는 622년 메디나로 옮겨갔다. 그곳에서 이슬람교의 교리를 정리하고, 정치와 종교가 일치하는 이슬람 공동체를 세운다. 그래서 이슬람교에선 622년을 '이슬람교 원년'으로 삼고 있다. '무함마드'는 '마호메트'의 아라비아식 표기이다.

귀스타브 도레, 가나안 땅으로 들어가는 아브라함, 1866.

결국 인류 문명의 발상지인 '비옥한 초승달 지대'(지금의 서남아시아 일대) 안에서 문명이 교류하며 낳은 산물이 유대교, 기독교, 이슬람교이다. 나중에 살펴보겠지만, 유럽이 주도한 십자군 전쟁이 있기 전까지 세 종교는 '아브라함의 자손'이라는 뿌리를 공유하고 있었다.

세 종교를 믿는 사람들 모두 곳곳에 사막이 펼쳐진 척박한 땅에서 유목 생활을 더불어 했던 형제들의 후손이다. 유대교를 믿는 사람, 예수 이후 기독교를 믿는 사람, 무함마드 이후 이슬람교를 믿는 사람들 두루 아브라함을 공경한다.

하느님과 하나님

동아시아는 아시아 대륙의 서쪽에 자리한 메소포타미아와는 반대편에 자리 잡고 있었기에 두 지역 사이의 소통이 초기에는 활발할 수 없었다. 사막 지대를 배경으로 서쪽에서 조로아스터의 유일신 종교가 형성될 때, 숲이 울창한 동쪽에서는 유일신과 전혀 다른 형태의 종교가 형성되었다.

히말라야 산록의 작은 왕국의 태자였던 싯다르타가 창시한 불교, 중국 대륙에서 형성된 도교와 유교, 고조선에서 비롯된 '하늘 종교'는 유일신 종교와는 사뭇 다르다.

동서 종교의 첫 만남은 600년대 중국 당(唐)나라 시대로 거슬러 올라간다. 비단길(실크로드)로 기독교 선교사들이 들어왔다. 기독교가 중국에 처음 들어올 때, '대진경교(大秦景教)' 또는 '경교'로 이름 붙여졌다. '대진'은 당시 '로마'를 이르던 이름이다. 그때 들어온 기독교는 나중에 더 살펴보겠지만 '이단'으로 추방된 '네스토리우스파Nestorianism'였다.

로마 교황청의 핍박을 피해 교인들이 페르시아로 옮겨가고 다시 당나라까지 이른 셈이다. 중국에 들어온 경교는 대진사大奏寺를 세워 전도했지만, 불교와 유교, 도교에 눌려 큰 흐름을 형성하진 못했다. 명나라 시대인 1200년대 후반에는 사실상 소멸했다.

하지만 기독교 문화가 유럽의 근대 문명과 더불어 물밀 듯이 들어오는 19세기에 이르면 상황이 사뭇 달라진다. 당시 동아시아 한자 문화권에선 '야훼'나 '신'을 '천주天主'로 번역했다.

조선 시대에 기독교가 들어올 때 '천주교' 또는 '야소교耶蘇敎'로 불렸다. 야소는 앞서 설명했듯이 예수의 음역어이다. 그런 가운데 외국 선교사와 조선의 초기 기독교인은 우리 겨레가 전통적으로 경외해온 '초월적 대상'이 있다는 사실, 그 대상을 '하느님'으로 불러왔다는 사실에 주목한다. 한국인이라면 누구나 알고 있는 건국신화에도 '하느님'이 나오고, 고대 국가들이 모두 '하늘'을 섬기는 제천의식祭天儀式을 벌일 만큼 '하늘 숭상'은 오랜 세월에 걸쳐 한국인의 마음 깊숙한 곳에 스며들었다. 하느님은 '하늘+님'에서 'ㄹ'이 탈락한 말이다.

'하느님'이라는 말이 당시 모든 조선인에게 익숙하다는 사실에 착안한 그들은 구약성경의 '야훼'와 신약성경의 '갓'을 모두 '하느님'으로 번역했다. 지금도 가톨릭은 '천주교'로 불리는데, '천주'의 뜻 또한 같은 맥락이다. 천주교를 통해 '하느님'이라는 번역어가 정착되어갔다. 그런데 개신교에서는 '하느님'이 아니라 '오직 한 분'이라는 뜻으로 '하나님'으로 옮기는 게 옳다는 주장을 펴나갔다. 그래서 지금 가톨릭 성당에선 '하느님'으로, 개신교 교회에선 '하나님'으로 부르고 있다.

그렇다면 '하느님인가, 하나님인가'는 어리석은 질문일까?

그렇지는 않다. 그 질문에 답을 찾아가면서 우리는 유일신에 '야훼, 갓, 알라, 하느님, 하나님' 등 여러 이름이 있다는 사실을 알게 되었고, '이름'이 중요하지 않다는 종교적 진실까지 단숨에 깨달을 수 있었다.

더구나 한국인 고유의 '하늘' 또는 '하느님'은 지금 기독교에서 말하는 '하느님/하나님'과 어떤 차이가 있는지도 호기심을 일으킬 문제이지만 아직 제대로 연구되지 않고 있다.

따라서 이 책은 앞으로 '하느님'이나 '하나님'을 쓸 때 원뜻을 살려 어떤 편견도 없이 '신'으로 옮기겠다. 성경의 구절을 인용할 때도 한글 번역 성경과 달리 '하느님'이나 '하나님'으로 표기하지 않고 '신'으로 바꿔서 쓰겠다. 그렇게 쓰는 것이 '가톨릭'(천주교)과 '개신교' 사이에서 '중립'을 지키는 방법인 동시에 우리 겨레가 고유하게 불러온 '하느님'과 구별하는 길이다. 궁극적으로는 '신의 이름'에 담긴 풍성함을 체감할 수 있는 길이기도 하다.

그렇다면 이제 다시 원점으로 돌아가 기독교가 예수 이후 역사적으로 어떻게 전개되어왔는지, 왜 가톨릭과 개신교로 나누어졌는지, 아니 그 이전에 예수는 과연 누구인지 차근차근 짚어보자.

기독교에 영향을 준 조로아스터교는 어떤 종교인가?

조로아스터교의 창시자 조로아스터의 출생 연대는 정확히 기록되어 있지 않다. 기원전 600년대로 보는 학자에서 기원전 6000년대로 보는 연구자까지 활동 연대에 큰 편차가 있다. 출생지도 여러 학설이 있는데, 대체로 지금의 아프가니스탄과 이란 동부의 옥수스 강 유역으로 의견이 모아지고 있다. 생애 또한 전승으로만 알려져 '선한 현인'으로 그려져왔다. 열두 살에 집을 떠나, 서른 살에 유일신에 대한 계시를 받았다고 한다.

유일신으로부터 받은 계시를 사람들에게 전하기 시작했지만, 곧장 '미친 사람' 취급을 당했다. 하지만 그의 사촌이 제자로 들어온 이후 신자가 곰비임비 늘어나기 시작해 마침내 왕까지 그의 가르침을 받아들였다.

조로아스터는 고대 이란과 인도 지역의 여러 신을 통괄하는 최고신을 '지혜의 주님'이란 뜻의 '아후라마즈다'로 불렀다. 아후라마즈다는 사람들에게 직접 나타나지 않는다. 여섯 '불사의 존재'(천사장)로 나타나는데, 각각 지혜·사랑·봉사·경건·완전·불멸을 상징한다. 그 여섯 가지가 아후라마즈다의 속성이다. 경전 《아베스타 Avesta》에 따르면, 태초에 아후라마즈다에서 선을 선택한 영과 악을 선택한 영이 나왔다. 전자는 성령으로 불렸고, 후

아후라마즈다의 상징인 파라바하르. 새의 날개 위에 사람이 앉은 형상.

자는 여러 이름으로 불렸는데, 가장 많이 불린 이름이 바로 '샤이탄shaytān' (사탄)이다. 사탄을 추종하는 악마들이 그의 명령에 따라 사람을 시험하며 괴롭힌다.

조로아스터에게 세상은 '선과 악이 싸우는 현장'이다. 사람은 그중 하나를 선택해서 살아가야 한다. 그러다가 죽으면 영혼이 3일 동안 몸에 남아 자신이 평생 걸어온 길을 돌아보고, 4일째에 심판대로 간다. 그곳에서 천사 '미트라Mythra'가 개개인의 인생을 저울에 올려놓고 심판을 한다. 저울이 조금이라도 선한 쪽으로 기운 영혼은 눈앞의 깊은 계곡에 놓인 넓은 다리를 편하게 건너 천국으로 들어간다. 하지만 저울이 조금이라도 악한 쪽으로 기운 영혼은 '칼날로 된 외줄 다리'를 건너다가 결국 계곡 아래 지옥으로 떨어진다. 저울이 정확히 균형을 이룰 때는 천국도 지옥도 아닌 '하미스타간Hamistagan'에 머문다. 가톨릭의 '연옥'인 셈이다.

천국, 중간 지대, 지옥으로 간 영혼들은 거기서 영원히 살지는 않는다. 유일신 아후라마즈다가 예정해놓은 종말에 구세주가 나타나면 모든 영혼이 부활한다. 악한 영혼 또한 순화되어 선한 영혼과 합류한다. 다만, 사탄과 악령은 완전히 소멸한다.

조로아스터를 독일식으로 발음하면 '자라투스트라 Zarathustra'가 된다. 조로아스터교는 다른 나라로 퍼져가면서 '배화교拜火敎' 또는 '현교祆敎'로 불리기도 했다.

유대교와 기독교, 이슬람교의 신은 어떻게 다른가?

세 종교는 모두 신을 믿는다. 이슬람교의 신 '알라'에 대다수 한국인이 거리감을 느낄 수 있다. 하지만 '알라'라는 말이 익숙하지 않아서일 뿐, 유대교나 기독교 전통과 다를 게 전혀 없다. 아랍어로 '알라'는 영어의 '갓'이다. 실제로 이슬람교는 알라를 '유일신, 세계의 창조자, 전지전능한 존재'로 표현한다. 더러 '알라 신'이라고 쓰지만 옳지 못하다. 알라와 신이 같은 말이기에 그렇다.

더구나 유대교와 기독교에서 중시하는 아브라함을 이슬람교에서도 조상의 뿌리로 생각한다. 알라, 그러니까 신은 아브라함의 후손들에게 예언자들을 보내 가르침을 전해왔는데, 모세도 예수도 무함마드도 각각 예언자이다.

이슬람교는 '아브라함의 종교'임을 강조하는데, 아브라함에게 계시를 내린 신이 바로 알라이다. 유대교, 기독교의 신과 동일하다. 다만, 이슬람교는 유대교와 기독교가 아브라함의 종교를 충분히 이해하지 못했고, 바로 그 때문에 종교의 고갱이를 잘못 판단해서 왜곡했다고 본다. 그 잘못을 바로잡아 신을 온전히 믿는 게 이슬람교라고 강조한다. 따라서 오직 '아브라함의 신' 곧 알라만을 섬기며 신의 뜻에 순종하겠노라고 다짐한다.

　이슬람교에 따르면 아담, 노아, 아브라함, 모세, 예수는 우리를 신의 나라로 이끌기 위해 신이 지상에 보낸 예언자이고, 그 표지로 '계시의 책'을 인류에게 주었다. 모세에게 준 '율법의 책'이 구약성경이고, 예수에게 준 '복음의 책'이 신약성경인데, 유대교도와 기독교도가 그 계시의 책을 왜곡했다고 주장한다. 구약성경과 신약성경의 잘못된 부분을 고치기 위해 최후의 예언자인 무함마드에게 내려진 책이 바로 《코란》이라고 설명한다.

　이슬람교는 신(알라) 앞에 모든 사람의 평등을 주장한다. 그래서 유대교나 기독교와 달리 성직자를 두지 않는다. 형제애를 강조하며, 영적인 삶과 세속적 삶을 이어주는 공동체 문화를 권장한다.

유대교와 이슬람교, 기독교는 같은 성경을 쓰나?

세 종교가 모두 아브라함을 공경하고 그가 믿었던 유일신을 따른다고 하지만 경전이 같지는 않다. 믿음의 내용에 큰 차이가 있기 때문이다.

다만 유대교와 기독교는 구약성경을 공유한다. 하지만 유대교는 기독교의 신약성경을 인정하지 않는다. 기독교는 인류를 구원하려고 사람의 몸으로 이 땅에 온 신이 예수라고 믿기에 그와 제자들의 언행을 담은 신약을 경전으로 삼지만, 유대교는 예수를 예언자 가운데 한 명으로 여기기에 전혀 경전으로 생각하지 않는다. 이슬람교 또한 마찬가지이다. 예수는 신의 말씀을 전달하는 예언자 가운데 한 사람일뿐더러, 무함마드가 더 '권위' 있는 선지자라고 믿기에 신약을 그대로 받아들이지 않는다.

기독교의 성경은 구약 39권, 신약 27권이다. 유대교는 구약을 경전으로 공유하는데 특히 처음 다섯 권, 모세 오경Torah을 중시한다. 세 종교 모두 모세를 높이 평가한다.

이슬람교는 구약과 신약을 모두 인정하지만 잘못 기록된 게 많다고 본다. 잘못된 것을 바로잡은 경전이 바로 '코란'이라고 강조한다. '신의 말씀을 읽는 것'이라는 뜻을 지닌 《코란》은 무함마드가 메카 근교에 있는 산의 동굴에서 천사 가브리엘을 통해 신의 말씀을 들은 뒤부터 632년 세상을 뜰 때까지 받은 계시를 모두 담았다. 이슬람교인은 《코란》을 신의 말씀으로 믿고 일생 동안 읽고 암송하며 생활한다.

구약이나 신약과 《코란》의 내용은 다른 곳이 많다. 유대-기독교와 이슬람교는 각각 이삭, 이스마엘이 아브라함 후손의 정통이라고 주장한다. 예수를 바라보는 시각 못지않게 구원관도 차이가 크다. 기독교는 믿음에 의한 구원을, 유대교와 이슬람교는 행위에 의한 구원을 주장한다. 기독교는 사람이 자신의 행위로는 구원에 이를 수 없고, 인류의 죄를 대신해 희생당한 예수의 은혜를 믿음으로 구원받는다고 믿지만, 유대교는 세상에서 얼마나 거룩하게 살았느냐를 '기준'으로 삼는다. 이슬람교는 이 세상에서 착하고 올바르게 살아가면 구원을 얻는다고 강조한다.

기독교, 그리스도교, 가톨릭, 개신교의 차이는 무엇인가?

기독교와 그리스도교는 같은 말이다. 그리스어 '크리스투스'를 음역한 말이 '그리스도'인데 '메시아'를 뜻한다. 예수를 구약성경이 예고한 메시아로 믿고 '그리스도'로 모신 사람들이 기독교인이다. 교회에서 많이 들을 수 있는 '주 예수 그리스도'라는 호칭은 예수를 우리의 주님, 구세주로 믿는다는 고백이다. 예수를 구세주로 믿는 종교가 그리스도교, 기독교다. 메시아, 그리스도의 한자식 표기가 '기독'이다. 한국에 처음 들어올 때 예수의 한자 표기를 써서 야소교耶蘇敎로 부르기도 했다.

본디 뜻에 충실하자면, 지금이라도 기독교를 '구세주교' 또는 '예수교'라고 부르는 게 옳을 수 있다.

한국에선 기독교와 천주교를 별개로 생각하는 사람이 많지만, 전혀 아니다. 조선왕조 시대에 기독교가 처음 들어올 때 '천주교'라는 이름으로 불리고, 그 뒤 개신교가 들어오면서 '기독교'라는 말을 썼기 때문에 마치 천주교와 기독교가 다른 종교처럼 오해된 것이다. 중국에서 기독교의 신을 '천주天主'로 이름 붙였기에 천주교라는 이름도 붙여졌다.

이 책에서 곧 자세히 살펴보겠지만 예수에서 비롯된 기독교는 단일 교회로 성장하며 '보편적'이라는 뜻의 '가톨릭'으로 스스로를 불렀다. 하지만 로마 교황 중심의 가톨릭을 비판하며 16세기에 교회 개혁이 일어나면서 가톨릭과 갈라선 성직자들을 '프로테스탄트'라고 했다. 그들이 '개신교'이다. 더러는 가톨릭교회(천주교)를 '구교'로, 개신교회를 '신교'로 구분하기도 한다.

가톨릭과 개신교는 일상생활에서 성당과 교회의 차이로 나타난다. 최근에는 성당도 '교회'라는 말을 혼용해 사용하고 있다. 성당의 신부들은 수녀가 그렇듯이 결혼을 하지 않고 평생 독신으로 지낸다. 반면에 교회의 목사들은 자유롭게 가정을 꾸린다.

가톨릭이 로마 교황청을 중심으로 엄격한 위계질서를 갖는 데 비해 개신교는 로마 교황을 '신의 대리인'으로 인정하지 않는다. 예배 방식에서도 차이가 나타나지만 가톨릭과 개신교, 모두 기독교이다.

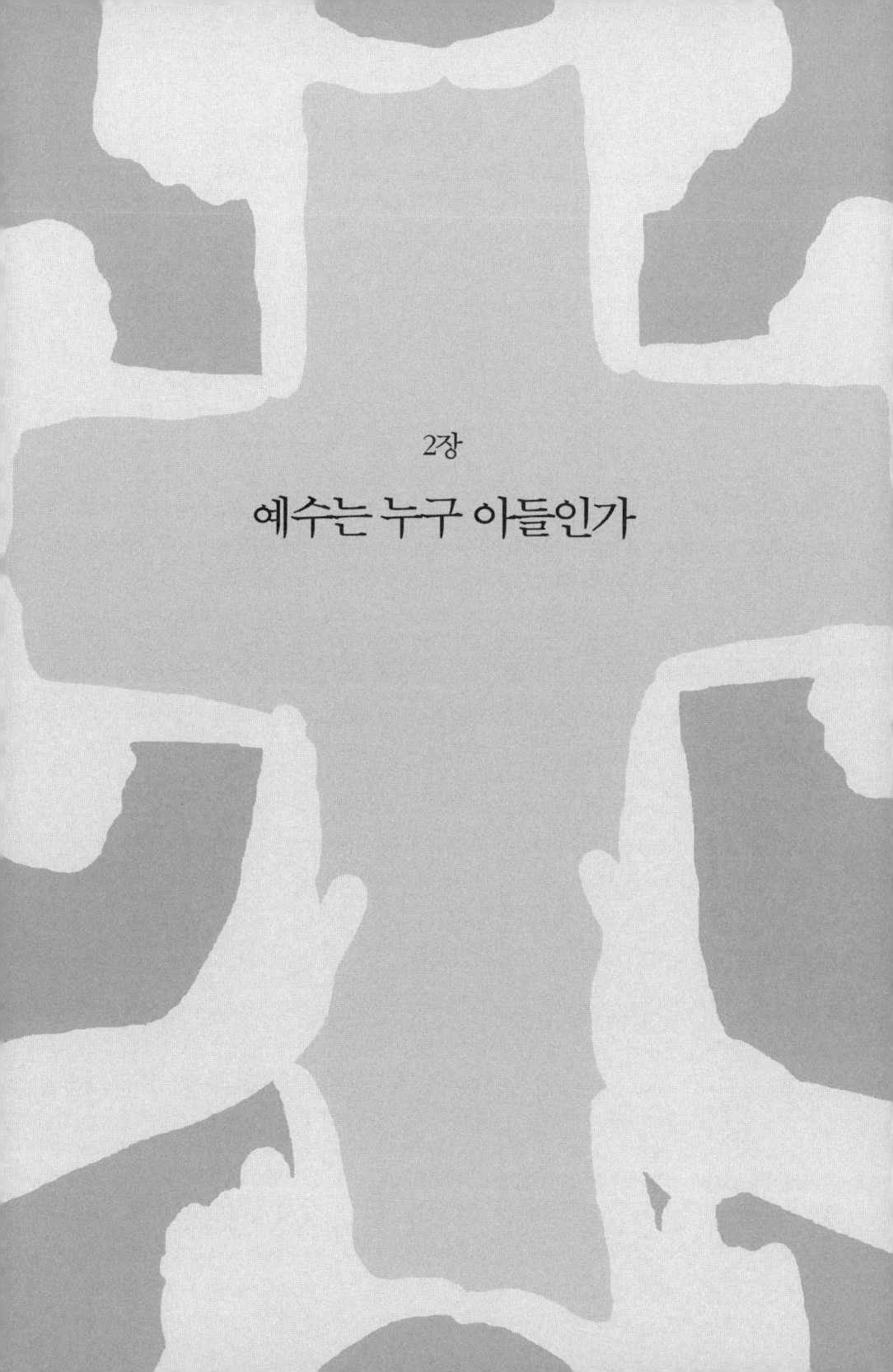

2장
예수는 누구 아들인가

이 글을 쓰고 있는 올해가 왜 2014년일까? 새삼스러운 질문이지만 '서기'는 말 그대로 '서력기원西曆紀元'이라는 뜻으로, 예수가 태어난 해를 원년으로 삼았다.† 그러니까 올해는 예수가 태어난 지 2014년째다. 서기가 지구촌에 보편화해 있을 만큼 예수는 비단 기독교인만이 아니라 서양의 역사와 문화에 크고 깊은 영향을 주었다.
 예수의 출생에 대해 가장 널리 알려진 이야기는 '처녀의 몸'에서 태어났다는 성경의 '증언'이다. 어머니 이름은 '마리아'이다. 신약성경에 따르면 천사가 마리아에게 예고한다.
 "두려워하지 마라, 마리아. 너는 신의 은총을 받았다. 이제 아기를 가져

---

† 　서력기원은 영어 표기 'Incarnation Era'에서도 나타나듯이 예수를 원점으로 삼고 있는데, 6세기에 신학자이자 수도원장이던 디오니시우스 엑시구스Dionysius Exiguus가 처음 제안했다. 예수가 태어난 이후를 AD(Anno Domini, 기원후)로 약칭해 AD 1년부터 시작하고, 그 이전은 BC(Before Christ, 기원전) 1년부터 거슬러 올라간다. 'Anno Domini'는 라틴어로 '그리스도의 해'를 의미한다.

성모영보(또는 수태고지). 천사가 마리아에게 예수 탄생을 예고, 목판화, 15세기 초.

아들을 낳을 터이니 이름을 예수라 하여라."(누가복음 1:30~31)

　기독교 신학자들은 예수가 탄생하기 600여 년 전에 이미 이사야가 "처녀가 잉태하여 아들을 낳을 것"(이사야 7:14)을 예언했다고 강조한다.
　그런데 처녀가 아이를 낳았다는 말을 믿을 사람이 얼마나 될까? '처녀의 임신'은 상식으로는 도저히 납득할 수 없는 일이다. 과학으로는 불가능하지만, 신약성경은 마리아가 '동정녀'였음을 명문화하고 있다.
　'동정녀 마리아'라는 성경의 규정은 "신의 독생자"(요한복음 3:16)라는 말과 짝을 이룬다. 성경을 한글로 옮길 때만 해도 아직 한자를 많이 쓰던 시대였기에 요즘 기준으로는 낯선 말이 제법 많다. 쉽게 옮기면, 예수는 '처녀 마리아의 아들'이자 '신의 외아들'이다. 성경의 '증언'이다.

성경에 기록된 예수의 출생과 어린 시절

왜 성경은 '아들'이 아니라 굳이 '외아들'(영어 성경은 'only Son')이라고 했을까? 그리스 신화나 여러 지역의 전설에서 흔히 영웅이나 제왕을 '신의 아들'로 높여 부르던 문화를 의식했다고 볼 수 있다. 가령 로마제국의 스토아 철학자들은 현인賢人을 '신의 아들'이라 표현했다. 다름 아닌 성경도 모든 사람을 '신의 자녀' 또는 '신의 아들'이라 부르는 대목이 있다(출애굽기 4:22, 사무엘하 7:14). 예수를 '신의 외아들'이라 한 것은, 그런 일반적 표현과 다르다는 사실을 부각하려는 의도라고 할 수 있다.
　예수가 세례를 받을 때 하늘로부터 "내 사랑하는 아들"(마가복음 1:11)이라는 목소리가 들려왔다. 예수 또한 신을 '아버지' 또는 '아빠'라고 불렀다.(마가복음

14:36) 〈요한복음〉도 신이 이 세상을 구원하려고 외아들을 보냈다고 선포했다. (요한복음 3:16)

처녀 마리아의 아들이나 신의 외아들이라는 성경의 증언은 기독교를 믿지 않는 사람들에게는 와 닿을 수 없을 터다. 이미 예수가 유대인으로 살아가던 시절의 종교였던 유대교의 성직자들이 그것을 인정하지 않았다. 이슬람교도 예수가 신의 외아들이라는 데 전혀 동의하지 않는다. 하물며 유일신 종교를 믿지 않는 문화에선 '유일신의 외아들'이라는 말 자체가 성립될 수 없다.

그래서다. 기독교인이든 아니든 일단 역사적으로 실존했던 예수를 톺아볼 필요가 있다. 예수의 역사적 실존은 누구도 부정하지 않기 때문이다.

예수의 출생을 기점으로 서력기원을 잡았다고 하지만, 처음 그 제안이 나온 6세기 이후 미처 몰랐던 사실들이 밝혀졌다. 무엇보다 성경의 기록자마다 예수의 출생 연도가 다르다. 가령 〈마태복음〉을 보면, 예수가 태어날 때 로마제국으로부터 임명된 유대 지역의 권력자가 헤롯 왕으로 나온다. 그런데 헤롯은 기원전 4년에 죽었다. 어떻게 된 걸까? 〈누가복음〉은 구레뇨가 수리아 총독으로 호구조사를 할 때에 예수가 태어났다고 기록했다. 그런데 그의 총독 재임 기간은 기원후 6년에서 9년이다.

결국 예수가 태어나던 해가 최대 13년 차이가 난다. 하지만 구레뇨가 그 이전에도 수리아 총독으로 재임했었다는 연구가 이어졌고, 〈누가복음〉의 원문을 보면 반드시 '호구조사를 할 때'라고 해석할 수 없다는 주장도 나왔다. 여러 연구를 종합한 결과, 대다수 성경학자들은 예수의 탄생을 기원전 4년으로 보고 있다. 여담이지만, 기자들의 기록은 2,000여 년 전에도 정확하지 않았던 셈이다.

예수의 출생은 〈마태복음〉과 〈누가복음〉에만 기록되어 있다. 마태와 누가 기자에 따르면, 마리아는 목수 요셉과 약혼만 한 처녀 상태에서 예수를 임신했고, 베들레헴에서 출산했다. 여기서 목수 요셉이 얼마나 당혹했고, 절망했을까는 접어두자.

　〈마태복음〉에 따르면, 예수가 태어날 때 동쪽에서 별을 보고 온 '동방 박사'들이 경배하러 찾아왔다. 학자들은 그들을 앞서 살펴본 조로아스터교의 성직자로 보고 있다. 어느 날 목수 요셉의 꿈에 천사가 나타나 헤롯 왕이 아기를 죽이려고 하니 이집트로 빨리 피하라고 일러준다. 세 식구는 이집트로 옮겨가 헤롯 왕이 죽고 나서야 돌아온다. 그리고 갈릴리 지역의 한 마을인 나사렛에서 살아간다.

　〈누가복음〉이 전하는 출생 분위기는 사뭇 다르다. 출산이 가까워온 마리아가 다윗의 후손인 요셉의 고향에서 아기를 낳으려고 베들레헴으로 가는 길에 진통이 찾아온다. 그런데 이미 여관들은 방이 다 차서 어쩔 수 없이 외양간으로 가 그곳에서 출산한다. 예수는 가축들의 먹이통인 구유에 눕혀진다. 하지만 '하늘 군대'의 축복을 받는다.†

---

† 　누가는 그 대목을 다음과 같이 기록했다. "그 지역에서 목자들이 밤에 들에서 지내며 그들의 양 떼를 지키고 있었다. 그런데 주님의 한 천사가 그들에게 나타나고, 주님의 영광이 그들을 두루 비추니, 그들은 몹시 두려워하였다. 천사가 그들에게 말하였다. '두려워하지 말아라. 나는 온 백성에게 큰 기쁨이 될 소식을 너희에게 전하여준다. 오늘 다윗의 동네에서 너희에게 구주가 나셨으니, 그는 곧 그리스도 주님이시다. 너희는 한 갓난아기가 포대기에 싸여 구유에 뉘어 있는 것을 볼 터인데, 이것이 너희에게 주는 표징이다.' 갑자기 그 천사와 더불어 많은 하늘 군대가 나타나서, 신을 찬양하여 말하였다. '더없이 높은 곳에서는 신께 영광이요. 땅에서는 주님께서 좋아하시는 사람들에게 평화로다.' … 모세의 법대로 그들이 정결하게 되는 날이 차서, 그들은 아기를 주님께 드리려고 예루살렘으로 데리고 올라갔다. … 주님의 율법에 이르신바 '산비둘기 한 쌍이나, 어린 집비둘기 두 마리를 드려야 한다' 한 대로, 희생제물을 드리기 위한 것이었다. 그런데 마침 예루살렘에 시므온이라는 사람이 있었는데, 그 사람은 의롭고 경건한 사람이므로 이스라엘이 받을 위로를 기다리고 있었고, 또 성령이 그에게 임하여 계셨다. 그는 주님께서 세우신 그리스도를 보기 전에는 죽지 아니할 것

마태와 누가가 전하는 예수의 출생 상황은 다르지만, 예수가 요셉과 마리아의 보호 아래 갈릴리에서 무럭무럭 커갔다는 것은 공통된다. 당시 '정통 유대인'들은 갈릴리에 사는 사람들을 깔보고 차별했다. '갈릴리'는 억압되고 차별받는 사람들이 거주지였다. 요컨대 예수는 로마제국의 식민지인 유대 지역, 그중에서도 차별받는 땅에서 태어나 그곳에서 뼈가 굵은 셈이다.

어린 시절의 기록은 애오라지 〈누가복음〉에만 나온다. 예수가 열두 살 때, 부모와 함께 예루살렘 성전에 간다. 성직자들과 즉석 토론을 하는데, 소년의 슬기에 모두 경탄했다고 한다. 소년 예수는 성전을 "내 아버지의 집"이라고 당당하게 말했다.

그때부터 서른 살이 될 때까지는 성경에 어떤 기록도 남아 있지 않다. 서른 살†이 되었을 때 예수는 요한에게 가서 세례를 받는다. 그때 하늘이 갈라지고 비둘기로 내려오는 성령을 보았다. "내 사랑하는 아들"이라는 소리도 듣는다.

세 가지 유혹을 물리치고 자비를 가르치다

예수는 널리 알려진 대로 광야로 간다. 40일 내내 금식하고 기도했다. 40일이 지났을 때 사탄의 유혹을 받는다. 사탄은 예수에게, 네가 정말 신의 아들이라면 돌을 빵으로 만들어보라고 권한다.

어디 사탄뿐이겠는가? 누군가 자신이 신의 아들이라고 자처할 때 적잖은 사람이 증명해보라며 던질 수 있는 물음이다.

예수는 슬기롭게 답한다.

"사람은 빵으로만 살지 못한다. 신의 입에서 나오는 모든 말로 산다"(마태복음 4:4)고 답한다.

사탄은 다시 예수에게, 신의 아들이라면 성전 꼭대기에서 아래로 뛰어내려보라고 부추긴다. 뛰어내려도 신이 천사들에게 명령해 그들의 손으로 붙잡아 몸이 땅에 부딪치지 않도록 할 것이라고 유혹한다.

예수의 슬기는 다시 반짝인다.

"주 너의 신을 시험하지 말라."

사탄은 예수를 다시 산꼭대기로 데려간다. 산 아래 펼쳐진 화려한 세상을 보여주며, 예수가 자기에게 엎드려 경배하면 그 모든 것을 주겠노라고 유혹한다.

예수는 "주 너의 신께 경배하고, 그분만을 섬기라"며 사탄을 물리친다.

어떤가. 단순히 넘길 이야기가 아니다.

사탄의 유혹은 오늘을 살아가는 우리에게도 강력하다. 만일 누군가가 돌을 빵으로 만들 수 있다면, 그는 21세기인 오늘날에도 세계 최고의 부자

이라는 성령의 지시를 받은 사람이었다. 그가 성령의 인도로 성전에 들어갔을 때에, 마침 아기의 부모가 율법이 정한 대로 행하고자 하여, 아기 예수를 데리고 들어왔다. 시므온이 아기를 자기 팔로 받아서 안고, 신을 찬양하여 말하였다. '주님, 이제 주님께서는 주님의 말씀을 따라, 이 종을 세상에서 평안히 떠나가게 해주십니다. 내 눈이 주님의 구원을 보았습니다. 주님께서 이것을 모든 백성 앞에 마련하셨으니, 이는 이방 사람들에게는 계시하시는 빛이요, 주님의 백성 이스라엘에게는 영광입니다.' 아기의 아버지와 어머니는 시므온이 아기에 대하여 하는 이 말을 듣고서, 이상하게 여겼다. 시므온이 그들을 축복한 뒤에, 아기의 어머니 마리아에게 말하였다. '보십시오, 이 아기는 이스라엘 가운데 많은 사람을 넘어지게도 하고 일어서게도 하려고 세우심을 받았으며, 비방받는 표징이 되게 하려고 세우심을 받았습니다. 그리고 칼이 당신의 마음을 찌를 것입니다. 그리하여 많은 사람의 마음속 생각들이 드러나게 될 것입니다.'"(누가복음 2:8~35)

† 유교의 창시자로 꼽히는 공자도 서른 살을 '이립而立'으로 특별한 의미를 부여했다. '이립'은 '서서 움직이지 않는다'로, 인생의 모든 기초를 세웠다는 뜻이다.

렘브란트 하르멘스존 반 레인, 아이들에게 가까이 오도록 허락하며 병자들 가운데 계시는 그리스도(일명 1백 길더 판화), 1647~1649, 에칭과 드라이포인트, 27.8×38.8cm, 레이크스 미술관, 암스테르담.

가 될 게 틀림없다. 높은 건물에서 뛰어내려도 전혀 다치지 않는다면, 곧장 신문과 방송, 인터넷의 주목을 받으며 명성이 퍼져갈 수밖에 없다. 사탄의 마지막 유혹은 정치권력을 주겠다는 뜻이다. 사탄의 달콤한 말은 사람의 내면에 깃든 대표적 욕망인 부와 명성, 권력을 상징한다.

핵심은 예수가 그 세 가지 유혹을 물리친 데 있다. 그러니까 부와 명성, 권력의 유혹으로부터 벗어나라는 게 예수의 가르침이다. 부와 명성, 권력의 유혹과 선을 그으며 거듭난 예수는 광야에서 나와 '차별의 땅' 갈릴리로 돌아간다. 사람들을 일깨워가기 시작한다. 기독교는 그걸 '복음'으로 부른다.

예수의 가르침의 고갱이는 사랑이고, 자비였다. 예수는 "너희의 아버지께서 자비로우신 것같이, 너희도 자비로운 사람이 되어라"(누가복음 6:36)며 '자비'를 강조했다. '자비'를 뜻하는 영어 'mercy'는 'compassion'을 포함한다. 'compassion'을 어원으로 분석하면 '아픔을 함께하다'라는 뜻이다.

예수는 전염병에 걸린 사람, 몸을 파는 여성처럼 천시당하고 경멸받던 사람은 물론, 세금을 거두어가는 세리처럼 원성을 사고 있던 사람들의 손까지 기꺼이 잡아주었다. '간음'으로 돌에 맞아 죽을 위기에 처한 여인 앞에서 예수의 '해법'은 눈부시다. 모두 짱돌을 들고 살의 가득한 군중 앞에서 예수는 잔잔하게 말한다.

"너희 중에 죄 없는 자가 먼저 그녀에게 돌을 던지라."(요한복음 8:3~11)

촌철살인이다. 사람들마다 등등했던 살기가 수그러들었다. 물론, 예수도 돌을 던지지 않았다. "나도 너를 정죄하지 아니하노니 가서 다시는 죄를 범하지 말라"고 예수는 조용히 당부한다.

아름다운 사람, 예수는 유대교 회당에서 사랑과 자비를 가르치며 병이든 사람과 몸이 허약한 사람들에게 힘과 용기를 주었다. '산상수훈'(산에서 준 교훈)(마태복음 5~7)에서 예수는 쉽고 명확하게 삶의 길을 가르친다.

"너희는 남에서 바라는 대로 남에게 해주어라. 이것이 율법과 예언서의 정신이다. 좁은 문으로 들어가라. 멸망에 이르는 문은 크고 또 그 길이 넓어서 그리로 가는 사람이 많지만, 생명에 이르는 문은 좁고 또 그 길이 험해서 그리로 찾아드는 사람이 적다."

예수는 누구라도 자신의 도움을 필요로 하는 사람에겐 아무 조건 없이 다가갔다. 모든 차별, 모든 장벽을 넘어, 고통당하는 사람과 그것을 함께 나누는 '자비'를 실천하고 가르쳤다. 말이 쉽지, 창녀를 식탁에 불러 함께 식사하기는 지금 시대에도 쉬운 일이 아니다. 당시 '정결'을 중시했던 유대교 성직자들 눈에 예수는 '불결한 창녀'와 어울려 다니는 '타락한 술주정뱅이'이자 '먹보'였다.

종교 지도자들을 '독사'라고 꾸짖다

예수의 길은 순탄하지 않았다. 자신에게 모여드는 사람들 가운데 '열두 제자'를 선발하며 사뭇 탄탄해 보이지만, 다름 아닌 그의 고향 나사렛 사람들이 가장 먼저 예수에게 '돌'을 던진다.

예수가 갈릴리의 나사렛에 갔을 때다. 회당에 선 예수는 이사야의 예언을 인용해 말했다.

"주님의 성령이 나에게 내리셨다. 주께서 나에게 기름을 부으시어 가난한 이들에게 복음을 전하게 하셨다. 주께서 나를 보내시어 묶인 사람들에게는 해방을 알려주고, 눈먼 사람들은 보게 하고, 억눌린 사람들에게는 자유를 주며 주님의 은총의 해를 선포하게 하셨다."(누가복음 4:18~19)

하지만 고향 사람들은 목수 요셉의 아들 예수가 '구세주'라고 생각하지 않았다. 더구나 예수가 유대 민족만의 구원을 넘어 인류의 구원을 강조하자 버럭 화를 낸다. 마침내 예수를 동네 밖까지 거칠게 몰아내고, 심지어 산벼랑까지 끌고 가 절벽 아래로 밀어버리려 했다.

가까스로 위기를 모면한 예수는 나사렛을 떠나면서 제자들에게 구세주로서 자신의 사명을 들려준다. 예수는 선지자도 자기 고향과 자기 친척과 자기 집에서는 존경을 받지 못한다고 말했다.(마가복음 6:4) 결국 예수가 공적 생활을 보낸 곳은 나사렛이 아니라 갈릴리 해안의 큰 도시 가버나움이었다.(마태복음 4:13)

고향에서 예수가 직면했던 '죽음의 위기'는 시작에 지나지 않았다. 예수를 죽이려고 한 사람들은 예수의 복음에 담긴 '위험성'을 잘 알고 있었다. 예수가 가르친 사랑의 복음은 단지 '좋은 소리'이거나 '기쁜 소식'이 아니었다. 예수의 사랑과 복음은 언제나 날카로운 비판의 칼날을 그 안에 품고 있었다. 젊은 예수는 유대인들에게 막강한 권위를 지닌 유대교 지도자들과 정면으로 맞섰다.

명성도 돈도 권력도 없으면서 예수는 유대교 성직자들을 겨냥해 "독사의 자식"이라는 날 선 비판을 서슴지 않았다. 그들이 유대교를 형식적인 종교, 더 나아가 위선적인 종교로 변질시켰다고 판단했기 때문이다. "회칠한 무덤"이라는 표현도 그 연장선이다.

율법을 강조하고 정결을 주창하면서 뒤로는 율법이나 정결과는 동떨어진 삶을 살아가는 종교 지도자들의 위선을 예수는 그냥 넘어가지 않았다.

특히 율법을 지키지 않는다는 이유로 사람들을 정죄하는 지도자들을 용서할 수 없었다. 그들에게 예수는 "안식일이 사람을 위하여 생긴 것이지, 사람이 안식일을 위하여 생긴 것이 아니다"(마가복음 2:27)라고 선언했다. 율법을 얼마나 잘 지켰느냐가 아니라 얼마나 사랑했느냐, 얼마나 자비를 실천했느냐가 중요하다고 힘주어 말했다. 〈마태복음〉 25장을 보면 예수의 참뜻이 참 쉽고 또렷하게 나타난다.

"사람의 아들이 영광을 떨치며 모든 천사들을 거느리고 와서 영광스러운 왕좌에 앉게 되면 모든 민족들을 앞에 불러놓고 마치 목자가 양과 염소를 갈라놓듯이 그들을 갈라 양은 오른편에, 염소는 왼편에 자리 잡게 할 것이다.

그때에 그 임금은 자기 오른편에 있는 사람들에게 이렇게 말할 것이다. '너희는 내 아버지의 복을 받은 사람들이니 와서 세상 창조 때부터 너희를 위하여 준비한 이 나라를 차지하여라.

너희는 내가 굶주렸을 때에 먹을 것을 주었고, 목말랐을 때에 마실 것을 주었으며, 나그네 되었을 때에 따뜻하게 맞이하였다. 또 헐벗었을 때에 입을 것을 주었으며, 병들었을 때에 돌보아주었고 감옥에 갇혔을 때에 찾아주었다.'

이 말을 듣고 의인들은 이렇게 말할 것이다. '주님, 저희가 언제 주님께서 주리신 것을 보고 잡수실 것을 드렸으며, 목마르신 것을 보고 마실 것을 드렸습니까? 또 언제 주님께서 나그네 되신 것을 보고 따뜻이 맞아들였으며, 헐벗으신 것을 보고 입을 것을 드렸으며, 언제 주님께서 병드셨거나 감옥에 갇히신 것을 보고 저희가 찾아가 뵈었습니까?'

그러면 임금은 '분명히 말한다. 너희가 여기 있는 형제 중에 가장 보잘것없는 사람 하나에게 해준 것이 바로 나에게 해준 것이다' 하고 말할 것이다."

"그리고 왼편에 있는 사람들에게는 이렇게 말할 것이다. '이 저주받은 자들아, 나에게서 떠나 악마와 그의 졸도들을 가두려고 준비한 영원한 불속에 들어가라. 너희는 내가 주렸을 때에 먹을 것을 주지 않았고, 목말랐을 때에 마실 것을 주지 않았으며, 나그네 되었을 때에 따뜻하게 맞이하지 않았고, 헐벗었을 때에 입을 것을 주지 않았으며, 또 병들었을 때나 감옥에 갇혔을 때에 돌보아주지 않았다.'

이 말을 듣고 그들도 이렇게 대답할 것이다. '주님, 주님께서 언제 굶주리고 목마르셨으며, 언제 나그네 되시고 헐벗으셨으며, 또 언제 병드시고 감옥에 갇히셨기에 저희가 모른 체하고 돌보아드리지 않았다는 말씀입니까?'

그러면 임금은 '똑똑히 들어라. 여기 있는 형제들 중에 가장 보잘것없는 사람 하나에게 해주지 않은 것이 곧 나에게 해주지 않은 것이다' 하고 말할 것이다.

이리하여 그들은 영원히 벌 받는 곳으로 쫓겨날 것이며, 의인들은 영원한 생명의 나라로 들어갈 것이다." (마태복음 25:31~46)

성경이 명토 박고 있듯이, 예수는 우리가 살아가고 있는 곳에서 "가장 보잘것없는 사람"을 어떻게 대하느냐가 곧 자신에게 행하는 것이라고 또렷한 어법으로 경고했다.

내가 너희를 사랑한 것같이 너희도

그럼에도 마음이 놓이지 않았을까? 예수는 제자들과 지상에서 마지막 저녁 식사를 나누던 자리에서 조용히 일어난다. 겉옷을 벗고 대야에 물을 담아 온 뒤 제자들의 발을 씻기 시작한다. 제자들은 갑작스러운 예수의 행동에 당황할 수밖에 없었다. 하지만 예수는 차분하게 제자들의 발을 모두 씻어준 뒤 다시 옷을 입고 앉아 고요히 이른다.

"내가 왜 지금 너희의 발을 씻어주었는지 알겠느냐? 너희는 나를 스승 또는 주라고 부른다. 그것은 사실이니 그렇게 부르는 것이 옳다. 그런데 스승이며 주인 내가 너희의 발을 씻어주었으니 너희도 서로 발을 씻어주어야 한다. 내가 너희에게 한 일을 너희도 그대로 하라고 본을 보여준 것이다."(요한복음 13:12~15)

제자들의 발을 씻어주며, 선생인—또는 주님인—내가 너희들의 발을 씻어주었으니, 너희도 서로 발을 씻어주라는 당부이다. 단순히 말로만 하지 않았다. 실천으로 보여준 뒤 곧이어 예수는 명확하게 선언한다.

"새 계명을 너희에게 주노니, 서로 사랑하라. 내가 너희를 사랑한 것같이 너희도 서로 사랑하라.(A new command I give you: Love one another. As I have loved you, so you must love one another.)"(요한복음 13:34)

율법학자들이 예수를 시험하기 위해 "모든 계명 가운데서 가장 으뜸 되는 것"은 무엇인가를 물었을 때도 전혀 머뭇거림 없이 밝힌다. "우리 신이신 주님은 오직 한 분이신 주님이시다. 네 마음을 다하고, 네 목숨을 다하고, 네 뜻을 다하고, 네 힘을 다하여, 너의 신이신 주님을 사랑하라"가 첫째라고 답한 뒤, 곧장 "네 이웃을 네 몸같이 사랑하라"며 강조한다. "이 계명보다 더 큰 계명은 없다."

성경은 율법학자가 예수의 설명에 동의했다고 전한다. "선생님, 옳은 말씀입니다. 신은 한 분이시요, 그 밖에 다른 이는 없다고 하신 그 말씀은 옳습니다. 또 마음을 다하고 지혜를 다하고 힘을 다하여 신을 사랑하는 것과 이웃을 자기 몸같이 사랑하는 것이 모든 번제와 희생제보다 더 낫습니다."

예수는 율법학자에게 화답한다.

"너는 신의 나라에서 멀리 있지 않다."(마가복음 12:28~34)

예수가 저녁 식사 자리에서 제자들의 발을 씻어주며 마지막 가르침을 주었는데, 예수는 어떻게 자신의 최후가 다가오는 것을 짐작할 수 있었을까?

짐작건대 자신을 미워하고 심지어 죽이고 싶어 하는 사람들의 움직임을 예민하게 파악하고 있었기 때문 아닐까. 예수는 자신이 아끼던 제자 가운데 한 명이 배신하리라는 불길한 예감도 떨칠 수 없었다.

따지고 보면, 유대교 종교 지도자들에게 예수는 눈엣가시일 수밖에 없었다. 자신들을 겨누어 '위선자'라거나 '독사의 자식'이라고 몰아쳤기 때문이다.

율법을 엄격하게 지켜야 한다는 '율법주의자들'을 일러 예수가 '위선자들'이라고 단언한 까닭은 그들이 사람들에게 십일조를 바치라는 율법은 강조하면서 정작 "정의와 자비와 신의 같은 아주 중요한 율법은 대수롭지 않게 여긴다"고 판단해서이다. 예수의 분노는 성경에 생생하게 그려져 있다.

"이 눈먼 인도자들아, 하루살이는 걸러내면서 낙타는 그대로 삼키는 것이 바로 너희들이다. 율법학자들과 바리새파 사람들아, 너희 같은 위선자들은 화를 입을 것이다. 너희는 잔과 접시의 겉만은 깨끗이 닦아놓지만 그

속에는 착취와 탐욕이 가득 차 있다. 이 눈먼 바리새파 사람들아, 먼저 잔 속을 깨끗이 닦아라. 그래야 겉도 깨끗해질 것이다. 율법학자들과 바리새파 사람들아, 너희 같은 위선자들은 화를 입을 것이다. 너희는 겉은 그럴싸해 보이지만 그 속에는 죽은 사람의 뼈와 썩은 것이 가득 차 있는 회칠한 무덤 같다. 이와 같이 너희도 겉으로는 옳은 사람처럼 보이지만 속은 위선과 불법으로 가득 차 있다.

율법학자들과 바리새파 사람들아, 너희 같은 위선자들은 화를 입을 것이다. 너희는 예언자들의 무덤을 단장하고 성자들의 기념비를 장식해놓고는 '우리가 조상들 시대에 살았더라면 조상들이 예언자들을 죽이는 데 가담하지 않았을 것이다' 하고 떠들어댄다. 이것은 너희가 예언자를 죽인 사람들의 후손이라는 것을 스스로 실토하는 것이다. 그러니 너희 조상들이 시작한 일을 마저 하여라. 이 뱀 같은 자들아, 독사의 족속들아! 너희가 지옥의 형벌을 어떻게 피하랴?"(마태복음 23:23~33)

그랬다. 예수는 유대교의 성직자들이 '율법 준수'를 명분으로 일하는 사람들 호주머니에서 십일조는 꼬박꼬박 챙기면서도 더 중요한 '정의와 자비와 신의'의 율법은 지키지 않는다며 "뱀 같은 자들"이라고 질타했다. 그 비판을 받은 성직자들은 예수를 어떻게 생각했을까?

잘못을 지적해주어 고맙다고 했을까? 전혀 아니다. 죽이고 싶을 만큼 미워했다. 마침 유대교의 높은 자리에 앉아 있던 고위 성직자들이 더는 예수를 방치할 수 없다고 판단하게 된 사건이 일어난다.

예수가 제자들과 더불어 예루살렘으로 들어갔을 때다. 성전 안에서 장사하는 사람들을 발견한 예수는 '과격한 행동'에 나선다.

"예수께서 성전에 들어가셔서, 성전 뜰에서 팔고 사고 하는 사람들을 내

쫓으시면서 돈을 바꾸어주는 사람들의 상과 비둘기를 파는 사람들의 의자를 둘러엎으시고, 성전 뜰을 가로질러 물건을 나르는 것을 금하셨다. 예수께서는 가르치시면서, 그들에게 말씀하셨다. '기록한바 내 집은 만민이 기도하는 집이라고 불릴 것이다' 하지 않았느냐? 그런데 너희는 그곳을 '강도들의 소굴'로 만들어버렸다." (마가복음 11:15~17)

놀라운 일이다. 성전에 들어갔다가 그곳에서 돈을 바꿔주거나 상품을 팔아 돈을 벌고 있는 사람들을 보자마자 예수는 거침없이 돌진해간다. 좌판을 엎어버리는 예수의 '폭력'을 눈앞에 그려보기 바란다.

성전 안에서 돈을 버는 상인들에게 성직자들은 뒷돈을 두둑하게 받고 있었을 터다. 그들에게 예수의 모습은 '불순한 청년'을 넘어 위험하게 다가왔을 게 분명하다. 실제로 〈마가복음〉은 바로 이어 다음과 같이 기록하고 있다.

"대제사장들과 율법학자들이 이 말씀을 듣고서는, 어떻게 예수를 없애버릴까 하고 방도를 찾고 있었다." (마가복음 11:18)

예수는 그들의 의중을 간파했지만 타협하지 않았다. 제자들에게 왜 자신이 율법주의자들과 맞서는지를 구체적으로 밝힌다.

"율법학자들을 조심하여라. 그들은 예복을 입고 다니기를 좋아하고, 장터에서 인사받기를 좋아하고, 회당에서는 높은 자리에 앉기를 좋아하고, 잔치에서는 윗자리에 앉기를 좋아한다. 그들은 과부들의 가산을 삼키고, 남에게 보이려고 길게 기도한다. 이런 사람들이야말로 더 엄한 심판을 받을 것이다." (마가복음 12:38~40)

예수가 적시한 율법학자들의 언행, 어디선가 많이 본 듯하지 않은가?

아무튼 예수는 다가오는 위험을 직시하고 제자들과 목요일 저녁에 다락

방에서 '최후의 만찬'을 연다. 앞서 말했듯이, 제자들의 발을 씻기고 더불어 떡과 포도주를 나눠주면서 말한다. 그것이 "나의 몸, 나의 피"라고.

죽음 앞둔 예수 "너희는 모두 나를 버릴 것"

예수는 제자들이 단순히 자신을 기억하라고 최후 만찬을 열지 않았다. 자신의 가르침을 삶으로 실천해가는 과정에서 큰 못이 살과 뼈를 뚫으며 박히고 서슬 시퍼런 창날이 헤집고 들어오는 몸, 거기서 하염없이 흘러내린 피의 현실을 결코 잊지 말라는 당부를 담았다. 예수는 포도주가 "죄를 사하여 주려고 많은 사람을 위하여 흘리는 나의 피, 곧 언약의 피"(마태복음 26:28)라고 강조했다.

몸과 피를 나눈 예수는 바로 이어 제자들에게 "오늘 밤에 너희는 모두 나를 버릴 것"(마태복음 26:31)이라고 쓸쓸하게 단언한다.

베드로를 비롯한 제자들은 발끈한다. 자신들의 진심을 몰라주는 스승에 대한 서운함을 드러내며 절대로 버리지 않겠노라고 다짐한다.

특히 "비록 모든 사람이 다 주님을 버릴지라도, 나는 절대로 버리지 않겠다"라고 맹세하는 베드로, 가장 사랑하고 미덥게 여겼던 제자에게 예수는 담담하게 이른다.

"내가 진정으로 네게 말한다. 오늘 밤에 닭이 울기 전에, 네가 세 번 나를 모른다고 할 것이다."

베드로는 격분했다. 그럴 리 없다고 단호히 부인한다.

예수는 더는 말을 보태지 않았다. 다만 말없이 제자들과 감람산 겟세마

조르지오 기시, 최후의 만찬, 1551, 34.9×53.3cm, 메트로폴리탄 미술관, 뉴욕.

네 동산으로 걸어갔다.

홀로 기도하기 위해 제자들과 조금 거리를 두고 앉기 전에 "내 마음이 괴로워 죽을 지경이다. 너희는 여기에 머무르며 나와 함께 깨어 있어라" 하고 당부한다.

대체 예수는 무엇이 그렇게 괴롭기에 "죽을 지경"이라고 토로했을까?

예수는 얼굴을 땅에 대고 엎드려서 기도한다.

"나의 아버지, 하실 수만 있으시면, 이 잔을 내게서 지나가게 해주십시오. 그러나 내 뜻대로 하지 마시고, 아버지의 뜻대로 해주십시오."

기도를 마치고 제자들에게 돌아왔을 때 예수는 더 절망했다. '깨어 있어라'라고 당부까지 했는데도 제자들은 모두 자고 있었다.

예수는 참지 않고 베드로에게 솔직하게 추궁한다.

"이렇게 너희는 한 시간도 나와 함께 깨어 있을 수 없느냐?"

역사적 결말을 알고 있는 우리는 여기서 예수가 왜 "괴로워 죽을 지경"이었는지 짐작할 수 있다. 자신은 곧 세상을 떠야 하는데 제자들의 느슨한 모습 앞에서 억장이 무너지지 않았을까.

하지만 예수는 곧바로 마음을 추스르고 제자들을 격려한다.

"시험에 빠지지 않도록, 깨어서 기도하여라. 마음은 원하지만, 육신이 약하구나!"

그 격려는 어쩌면 자신에 대한 격려일 수도 있다. 이어 다시 기도한다.

"나의 아버지, 내가 마시지 않고서는 이 잔이 내게서 지나갈 수 없는 것이면, 아버지의 뜻대로 해주십시오."

기도의 내용이 조금 전과 달라진 사실에 주목할 필요가 있다. 예수는 자신이 죽어야 한다고 최종 판단했다. 깨어 있으라고 당부했는데도 잠들어 있는 제자들을 보며 기도가 바뀌었다. 그 심경의 변화는 독자의 상상에 맡긴다.

바로 이어 예수는 '기습'을 당하고 체포된다. 제자 가운데 하나인 유다는 유대교 사제들을 찾아가서, 사람들의 눈귀를 피할 수 있는 밤을 이용해 예수를 체포할 수 있도록 돕겠다고 제안했다. 물론, 대가는 돈이었다.

한밤의 고독한 기도를 마친 뒤 끌려가는 예수 앞에서 제자들은 두려움으로 뿔뿔이 흩어졌다. 압송되는 예수를 그래도 따라간 베드로마저 "너도 예수의 제자가 아니냐?"는 추궁에 무너진다. 제자임을 단호히 부인한다. 그것도 예수가 정확히 예견했듯이 세 번이나 부정한다.

예수는 유대교 성직자들에게 혹독한 고문과 심문을 받는다. 종교 지도자인 대제사장은 "예수가 신의 아들을 자처하는 것은 신성모독"이라며 로마 총독 빌라도에게 처형을 요구한다.

빌라도는 넘겨받은 예수를 로마제국에 '위험인물'은 아니라고 판단했다. 유대교 성직자들이 예수를 죽이려고 안달하는 이유도 헤아려보았다. 예수가 그들의 위선을 끊임없이 비판하니 그냥 둘 수도 없고, 더구나 민중이 그들보다 예수를 더 믿고 따르기 때문에 시기해서라고 짐작했다.

성경의 기록을 보더라도 총독 빌라도는 축제일마다 죄수 한 명을 특별 사면하는 관례를 예수에게 적용해 풀어주려고 했다. 그래서 '살인강도죄'로 체포된 바라바와 '신성모독죄'로 붙잡힌 예수 두 명을 놓고 어느 쪽을 용서할 것인가를 군중들에게 물었다. 빌라도는 당연히 예수 쪽을 선택하리라고 예상했다.

하지만 유대교 성직자들은 군중을 선동해 바라바를 풀어달라고 외친다. 그들에게 더 큰 '위협'은 살인강도가 아니라 예수였다.

예수는 사형선고를 받자마자 가혹한 매질을 당한 뒤에 골고다 언덕까지 무거운 십자가 들보를 걸머지고 걸어간다. 그 과정에서 십자가 무게를 이기지 못해 쓰러진 예수에게 베로니카라는 여성이 수건으로 얼굴을 닦아주었는데, 예수가 다시 언덕으로 걸어간 뒤 그 수건에 고통스러운 예수의 형상이 또렷하게 남았다고 한다. 많은 화가들이 '베로니카의 베일'을 그린 이유다. 베로니카는 '성녀'로 불리지만, 우리에게 중요한 것은 마지막 순간에 예수의 고통스러운 표정이다.

예수는 결국 언덕 위에서 십자가에 대못이 박힌 채 죽임을 당했다.

십자가는 예수의 시대보다 500년 전에 고대 페르시아의 황제 다리우스Darius가 바빌론의 주민 3,000여 명을 처형할 때 처음 등장했다. 로마제국은 정치범이나 노예에게 십자가 형벌을 내렸다. 로마는 제국의 시민들은 십자가에 매달지 않았다. 참수를 하는 게 고통 없이 죽이는 '자비로운 처형'이라고 판단해서다. 그 사실은 십자가 처형이 그만큼 고통스러웠음을 입증해준다.

로마제국의 지성인 키케로Marcus Tullius Cicero가 말했듯이, 십자가 처형은 당사자에게 "가장 잔인하고 불쾌한 방식"이었다. 사형수는 혹독한 매질로 치욕을 당한 뒤, 무거운 십자가 들보를 지고 처형장으로 간다. 당시 처형은 사람들에게 '본보기'를 보여주기 위해 모든 과정을 공개했다. 언덕 위나 길가에 십자가를 세운 이유가 거기에 있다. 죄목과 함께 옷이 벗긴 채 십자가에 못 박힌 '죄인'은 기력이 소진되거나 심장마비로 죽었다. 며칠씩이나 죽지 않고 매달려 있는 사람도 있었지만, 예수는 곧 숨을 거뒀다. 학자들은 이미 그 이전에 극심한 매질을 당했기에 기력이 소진되었다고 풀이한다.

예수가 처형당한 이유를 놓고 다른 해석도 있다. 당시 로마제국은 정치범에게만 십자가형을 선고했다는 사실, 로마 총독은 유대인들의 저항운동이 종종 일어나 늘 통제의 끈을 늦추지 않고 있었다는 사실, 특히 예수의 고향 갈릴리는 무력 봉기로 유대인들의 왕국을 세우려는 사람들이 많았고 그 운동의 본거지였다는 사실을 근거로 든다. 예수를 따르는 민중이 늘어나자 로마제국이 위협을 느껴 처형했다는 분석이다. 그 시각으로 본다면, 로마 총독에게 예수는 민중을 선동해 제국의 질서를 위협하는 '불순 세력의 수괴'였을 터다. 요즘의 표현으로는 '국가보안법 위반'인 셈이다.

기독교가 형성되어가던 초기에 복음서를 쓴 사람들이 유대인에 대한 적대감 때문에 예수를 죽인 주체를 로마제국의 총독이 아닌 유대교 성직자들로 몰아갔다는 주장이 더해진다. 실체적 진실을 정확히 파악하긴 어렵다. 유대교 성직자와 로마제국의 이해관계가 맞아 떨어져 예수를 죽이는 데 공모했다고 보는 게 가장 진실과 가깝지 않을까? 다만, 성경에 근거하면 유대교 성직자들의 책임이 더 크다.†

예수의 죽음에서 가장 성찰할 대목은 그가 온갖 수모를 당하며 지상의 삶을 마감했다는 사실이다. 십자가 처형의 과정을 톺아보면, 예수에게 그것은 모욕을 넘어 치욕이었다. 예수가 같은 시대를 살아가던 사람들은 그의 얼굴에 침을 뱉고, 뺨을 때리고, 발로 차고, 돌을 던지고, 채찍질을 했고, 가시관을 씌우고 '다른 사람 구원 말고 너를 구원해보라'고 조롱했다. 이웃을 네 몸같이 사랑하라고 호소한 사람에게 같은 시공간을 살았던 사

---

† 　진실이 어떻든 역사 속에서 기독교인들 다수가 유대인이 예수를 죽였다고 확신해 지난 2,000여 년에 걸쳐 '반유대 정서'를 퍼트려온 것은 분명한 사실이다. '연좌제'의 일종으로 기독교의 어두운 역사 가운데 하나이다.

람들 다수는 '증오'로 응답했다.

그 상황에서 예수는 고통을 이기며 기도한다. "저들을 용서하여 주소서. 저들은 자기들이 하는 일을 알지 못합니다."(누가복음 23:34) 예수의 가슴에 깃든 사랑의 깊이를 절감할 수 있는 기도다.

예수가 십자가에 박혀 신에게 "어찌하여 나를 버리시나이까?"라고 부르댄 절규에선 절망을 읽을 수도 있다. 하지만 예수가 언제나 고통받는 사람, 억울한 사람, 버림받은 사람들과 더불어 있다는 희망을 읽을 수도 있다. 신학자 위르겐 몰트만 Jürgen Moltmann은 '십자가에 매달린 예수'가 자신의 고난과 죽음을 통해 희망 없는 자들, 고통당하는 자들, 그리고 죽어가는 자들에게 희망을 주었고 '희망의 신' 또한 그들과 함께 그들 안에서 고난당하는 신이라고 풀이했다.

지금까지 예수의 출생부터 죽음까지를 압축해 살펴보았다. 자, 그럼 예수는 누구 아들일까? 앞 장에서 신의 이름은 '하나님'이 맞는가, '하느님'이 맞는가를 물었다. '하나님'도 맞고, '하느님'도 맞고, '야훼'도 맞고 '갓'도 맞고 '알라'도 맞다는 진실을 짚었다. 그렇다면 예수는? 그 여러 유일신의 이름 가운데 누구의 아들일까?

기독교 2,000년 역사에서 예수가 누구인가를 묻는 질문은 끊임없이 이어졌다. 예수가 신의 아들이라면, 예수는 신일까, 사람일까? 곧 이 책에서 상세히 논의하겠지만, 기독교는 예수가 처형당하고 300여 년이 지나서야 가까스로 그 물음에 '정답'을 내놓는다.

예수의 얼굴은 어떻게 생겼을까?

성경은 예수의 얼굴이 어떻게 생겼는가에 대해서는 전혀 묘사하지 않았다. 외모를 기록하는 것은 옳지 못하다고 판단했을 터다. 초기 기독교 미술 작품에 '수염 없는 청년'으로 예수가 그려진 이유는 그림을 그린 작가들이 수염을 기르지 않는 문화권에 속해 있었기 때문으로 분석한다. 화가들이 그린 예수상은 그들이 살던 시대의 문화를 반영할 수밖에 없었다. 가령 유럽의 미술가들이 예수를 '금발의 백인'으로 그린 것이 대표적 보기, 아니 '착각'이다.

르네상스 시대에 오면 예수 그림은 당시 화가들이 즐겨 그렸던 완벽한 몸을 드러낸다. 하지만 그런 예수의 이미지는 1세기에 살았던 유대인 목수와 거리가 있을 수밖에 없다.

지금까지 한국 사회에 전해온 예수의 얼굴, 그래서 '예수' 하면 떠오르는 얼굴은 유럽의 성화에 그려진 예수도 아니다. 성화의 그림을 미국식으로 변형해 할리우드가 대량으로 유포한 예수, '금발에 푸른 눈'의 예수이다. 지금도 대형 교회에서 '전도'하는 그림에 정형화된 얼굴로 나타난다.

그렇다고 해서 한국화가 김기창이 그렸듯이 갓을 쓰고 도포를 입은 예수상이 옳다거나, 굳이 '흑인 예수'로 형상화해야 한다는 뜻은 아니다.

하지만 예수의 실제 얼굴은 그가 누구의 아들인가를 상상하는 데 중요한 자료가 된다. 흥미로운 사실은 영국의 공영방송 BBC가 2001년에 방영한 다큐멘터리 〈신의 아들 Son of God〉을 제작하며 복원한 예수의 얼굴이다.

21세기 첨단 기술로 복원한 사진에서 예수는 두툼한 코, 구릿빛 살갗, 검은 반고수머리의 '평범한 얼굴'로 나타난다. 미국식 예수 얼굴은 물론, 유럽 예술 작품에 나타났던 가냘프고 창백한 얼굴과 큰 차이가 있다. BBC의 의뢰를 받아 복원을 주도한 맨체스터 대학 교수는 "1세기께 예루살렘에 살던 유대인의 두개골과 이라크 북부의 한 사원에서 발견된 예수상의 머리카락과 턱수염, 피부색을 토대로 제작했다"고 밝혔다. 그 얼굴이 바로 예수의 얼굴이라고 확정할 수는 없겠지만, 현재까지 인류가 지닌 최첨단 기술로 가장 가깝게 접근한 형상임은 분명하다.

역사 속의 예수는 어떤 사람이었을까?

예수의 얼굴처럼, 예수의 청소년 시절도 전혀 기록이 없다. 다만, 금발에 푸른 눈을 가진 백인의 아들은 틀림없이 아니다. 그런 발상은 유일신을 '금발에 푸른 눈'으로 상정하는 고정관념과 다를 게 없다.

기독교인에게 예수는 단연 '신의 외아들'이지만, 예수를 유일신의 아들이 아니라고 보는 유일신 신자들—기독교인보다 앞서 유대교인, 그 뒤로 이슬람교인—도 있다.

예수를 예언자 가운데 하나로 보는 유대교는 탈무드의 일부 대목에선 당시 점령군 '로마 병사와 마리아 사이의 사생아' 또는 '기적을 일으키는 요술쟁이'로 언급하고 있다.

이슬람교는 신 이외에 다른 신은 없다며 예수를 신과 대등하게 생각하는 기독교를 비판한다. 예언자를 신과 동등하게 올려놓는 것은 '우상숭배'라고 본다. 역사학자들은 마리아의 약혼자 요셉을 실제 예수의 아버지로 보거나 '사생아'에 무게를 둔다.

예수를 바라보는 시각 차이가 크지만 적어도 역사적 예수가 어떤 사람이었는가에 대해 세 가지 사실은 확인할 수 있다.

첫째, 예수는 로마제국의 식민지인 유대 땅에, 그 안에서도 차별받는 지역에서 태어나 불우한 어린 시절을 보냈다.

둘째, 예수는 서른 살에 활동을 시작하기 전까지 목수로 노동을 하며 살았다(청소년 시절부터 목수 노동으로 단련되었기에 몸은 튼튼하고, 검은 머리에 수염을 길렀을 가능성이 높다).

셋째, 예수는 처형당할 때까지 곳곳을 걸어 다니며 '네 이웃을 내 몸같이 사랑하라'고 가르쳤다.

바로 그 역사적 예수가 '신의 아들'로 우리에게 전해오고 있다. 예수의 제자들은 그가 처형당한 뒤 부활했음을 믿고 그의 가르침을 퍼트려나가는 데 온 삶을 바쳤다.

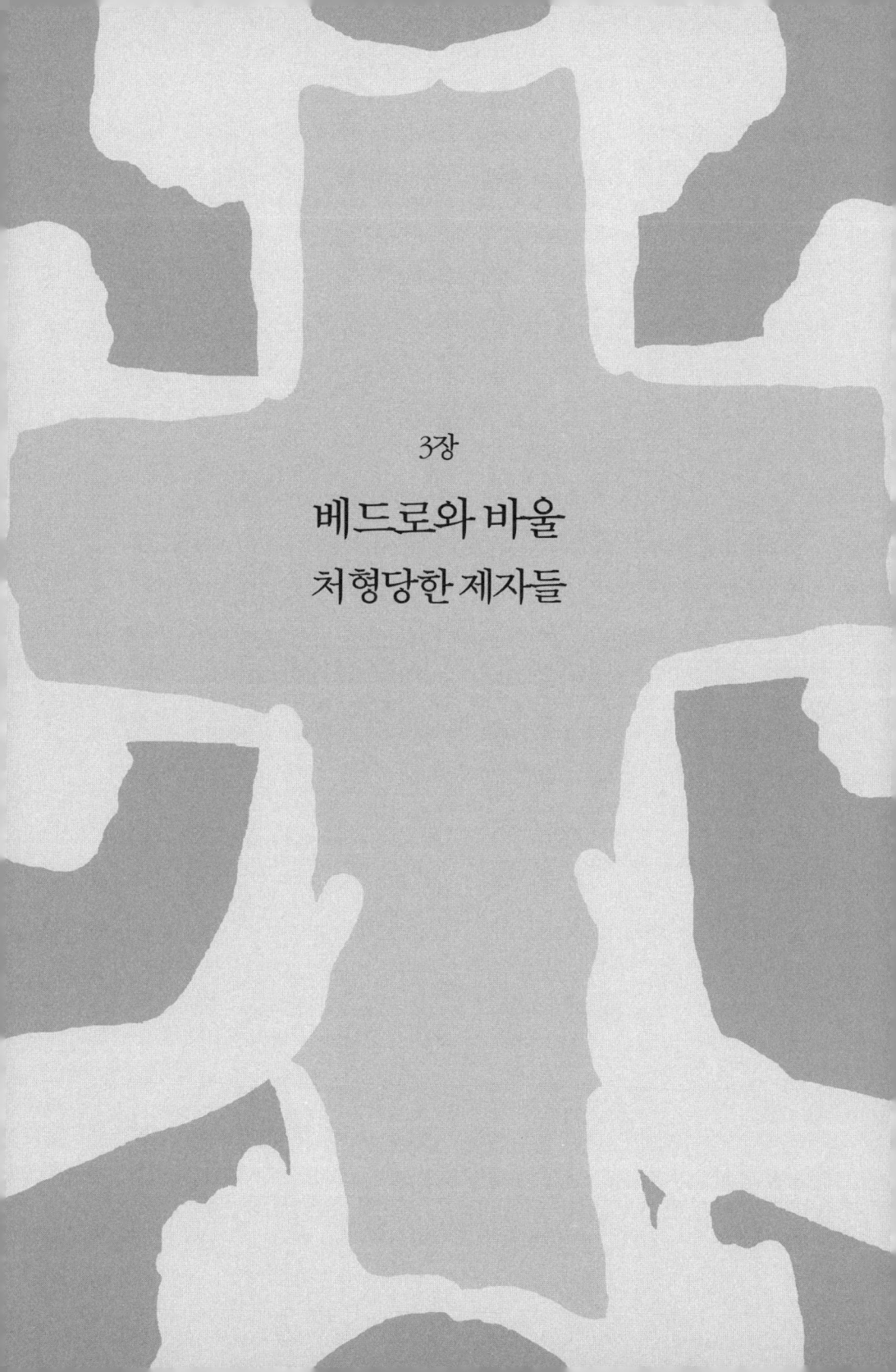

3장

베드로와 바울
처형당한 제자들

기독교는 예수가 '창시'한 종교로 공인되어 있다. 그런데 엄밀하게 따지면 예수는 기독교인이 아니었다. 역사적 예수는 '기독교'라는 말을 전혀 모르고 유대인으로 태어나 유대인들에게 사랑을 가르치며 살다가 서른세 살에 죽임을 당했다. 다만, 기독교가 그의 삶, 가르침, 죽음, 부활에 기반을 둔 종교이기에 창시자로 삼는다.

초기 기독교를 개척한 베드로

예수가 죽은 뒤 그의 제자들이 세운 종교가 기독교다. 다시 예수의 최후가 임박했던 순간의 겟세마네 동산으로 가보자. 예수는 괴로움과 슬픔에 잠겨 홀로 기도했다. 곧 제자 가운데 한 사람이 돈을 받고 자신을 팔아넘길 것이라는 슬픈 예감, 가장 아꼈던 제자 베드로마저 자신을 부정하리라는 괴로운 예감에 젖어 있었다.

불행하게도 예감은 하나둘 적중한다. 제자 유다의 배신으로 예수는 한밤중에 체포된다. 예수는 유대교 대사제의 관저로 끌려가 미리 대기하고 있던 율법학자들과 원로들 앞에 세워졌다. 다른 제자들은 도망갔고 베드로는 멀찌감치 떨어져서 예수를 뒤따랐다. 베드로는 사태가 어떻게 전개되는가를 파악하려고 경비원들 틈에 끼어 앉아 내내 지켜보았다.

율법학자들과 원로들은 예수가 신의 아들임을 참칭함으로써 신을 모독했다고 입을 모았다. 예수를 죽여야 한다는 목소리가 높아져갔다. 〈마태복음〉은 당시의 긴박한 상황을 다음과 같이 전한다.

"(대사제가) '자, 어떻게 했으면 좋겠소?' 하고 묻자 사람들은 모두 '사형에 처해야 합니다' 하고 아우성쳤다. 그리고 그들은 예수의 얼굴에 침을 뱉고 주먹으로 치고 또 어떤 자들은 뺨을 때리면서 '그리스도(메시아)야, 너를 때린 사람이 누구인지 알아맞혀보아라' 하며 조롱하였다. 그동안 베드로는 바깥뜰에 앉아 있었는데 여종 하나가 그에게 다가와 '당신도 저 갈릴리 사람 예수와 함께 다니던 사람이군요' 하고 말하였다. 베드로는 여러 사람 앞에서 '무슨 소린지 나는 모르겠소' 하고 부인하였다. 베드로가 대문께로 나가자 다른 여종이 그를 보고는 거기 있는 사람들에게 '이 사람은 나사렛의 예수와 함께 다니던 사람이오' 하고 말하였다. 베드로는 맹세까지 하면서 '나는 그 사람을 알지 못하오' 하고 다시 부인하였다. 조금 뒤에 거기 섰던 사람들이 베드로에게 다가오며 '틀림없이 당신도 그들과 한패요. 당신의 말씨만 들어도 알 수 있소' 하고 말하였다. 그러자 베드로는 거짓말이라면 천벌이라도 받겠다고 맹세하면서 '나는 그 사람을 알지 못하오' 하고 잡아뗐었다. 바로 그때에 닭이 울었다. 베드로는 '닭이 울기 전에 세 번이나 나를 모른다고 할 것이다' 하신 예수의 말씀이 떠올라 밖으로 나가 몹시 울

알브레히트 뒤러, 유다의 배반.

었다."(마태복음 26:66~75)

성경이 전하는 베드로의 새벽은 '잔인한 비극'이다. 예수가 가장 아끼던 베드로, 스승이 "네가 나를 오늘 밤이 밝기 전에, 그것도 세 번 부인할 것"이라고 예고했을 때 발끈하여 그럴 리 없다고 맹세했던 베드로, 그는 스승의 얼굴에 "침을 뱉고 주먹으로 치고 뺨을 때리는" 무리들 앞에서 예수의 제자임을 부인하며 "거짓말이라면 천벌이라도 받겠다"고 맹세했다. 베드로가 그곳을 도망쳐 나와 통곡할 만하지 않은가.

베드로는 예수가 "너희가 다 나를 버리리라"고 말했을 때 가장 흥분하며 대들었던 제자였다. 그렇게 호언장담한 지 겨우 서너 시간 지나 예수를 세 번이나 부인했을 때, 더구나 바로 그 순간에 돌아보던 예수와 눈이 마주쳤을 때 베드로의 심경을 짐작해보기 바란다. 그 베드로를 쳐다보던 예수의 마음은 또 어땠을까.

결국 예수는 십자가에서 처형당한다. 성경에 따르면, 제자들과의 최후 만찬은 목요일, 처형당한 날은 금요일이다. 예수가 십자가에 못 박혀 죽은 뒤, 그를 따르던 사람들은 총독 빌라도의 허락을 받아 시신을 동굴 무덤으로 옮긴다.†

일요일 아침, 예수를 헌신적으로 섬기던 막달라 마리아와 어머니 마리아를 비롯해 몇몇 여성이 시신에 향유를 바르고 정식으로 장례를 치를 생각으로 무덤을 찾았다. 그런데 무덤을 막고 있던 큰 돌이 옆으로 치워져 있는 사실을 발견한다. 동굴 안 무덤은 텅 비어 있었다.

성경은 부활의 상황을 세밀하게 증언하지 않는다. 그나마 기록에 조금씩 차이가 나타난다. 〈마태복음〉은 지진이 일어났다고 전한다. 예수의 동굴 무덤을 막은 커다란 돌은 천사가 치웠다고 한다.†† 부활한 예수의 모습은 살아 있을 때와 같았는데, 십자가에 못 박힐 때 상처가 있었다. (요한복음 20:24~28).

부활한 예수는 베드로를 찾아간다. 스스로에게 절망한 베드로는 본디 생업인 어부로 돌아가 고기를 잡고 있었다. 예수는 자신의 정체를 숨긴 채 베드로의 그물에 고기가 많이 잡히도록 도와준다. 그때서야 비로소 베드로는 '낯선 사내'가 예수임을 깨닫는다. 예수는 베드로와 제자들에게 생선으로 아침을 차려준다.

이어 베드로를 따로 불러 묻는다.

"네가 이 사람들이 나를 사랑하는 것보다 더 나를 사랑하느냐?"

흔히 대수롭지 않게 넘기지만, 성경이 기록한 그 순간을 눈여겨볼 필요가 있다.

"베드로가 '예, 주님. 아시는 바와 같이 저는 주님을 사랑합니다' 하고 대답하자 예수께서는 '내 어린 양들을 잘 돌보아라' 하고 이르셨다. 예수께서 두 번째 '요한의 아들 시몬아, 네가 나를 정말 사랑하느냐?' 하고 물으셨다. '예, 주님. 아시는 바와 같이 저는 주님을 사랑합니다' 베드로가 이렇게

† 팔레스티나 지역은 주로 바위가 많은 산악 지방이어서 자연 동굴이나 인공으로 판 굴을 묘지로 사용했다. 동굴 묘지는 입구 바닥에 홈을 파고 둥근 돌을 가로막은 뒤 회칠을 해서 사람이나 짐승이 드나들지 못하도록 했다.

†† 마태복음 28장(1~7)은 다음과 같이 전한다. 안식일이 지나고 그 이튿날 동틀 무렵에 막달라 여자 마리아와 다른 마리아가 무덤을 보러 갔다. 그런데 갑자기 큰 지진이 일어나면서 하늘에서 주의 천사가 내려와 그 돌을 굴려내고 그 위에 앉았다. 그 천사의 모습은 번개처럼 빛났고 옷은 눈같이 희었다. 이 광경을 본 경비병들은 겁에 질려 떨다가 까무러쳤다. 그때 천사가 여자들에게 이렇게 말하였다. "무서워하지 말라. 너희는 십자가에 달리셨던 예수를 찾고 있으나 그분은 여기 계시지 않다. 전에 말씀하신 대로 다시 살아나셨다. 그분이 누우셨던 곳을 와서 보아라. 그리고 빨리 제자들에게 가서 '예수께서는 죽었다가 다시 살아나셨고 당신들보다 먼저 갈릴리로 가실 터이니 거기에서 그분을 뵙게 될 것이오.' 하고 알려라. 나는 이 말을 전하러 왔다.'"

대답하자 예수께서는 '내 양들을 잘 돌보아라' 하고 이르셨다. 예수께서 세 번째로 '요한의 아들 시몬아, 네가 나를 사랑하느냐?' 하고 물으시자 베드로는 세 번이나 예수께서 '나를 사랑하느냐?' 하고 물으시는 바람에 마음이 슬퍼졌다. 그러나 '주님, 주님께서는 모든 일을 다 알고 계십니다. 그러니 제가 주님을 사랑한다는 것을 모르실 리가 없습니다' 하고 말하였다. 그러자 예수께서 '내 양들을 잘 돌보아라' 하고 분부하셨다.

이어서 '정말 잘 들어두어라. 네가 젊었을 때에는 제 손으로 띠를 띠고 마음대로 돌아다닐 수 있었다. 그러나 이제 나이를 먹으면 그때는 팔을 벌리고 남이 와서 허리를 묶어 네가 원하지 않는 곳으로 끌고 갈 것이다' 하고 말씀하셨다. 예수의 이 말씀은 베드로가 장차 어떻게 죽어서 하느님의 영광을 드러내게 될 것인가를 암시하신 말씀이었다. 이 말씀을 하신 뒤 예수께서는 베드로에게 '나를 따르라' 하고 말씀하셨다." (요한복음 21:15~19)

여기서 우리는 부활한 예수가 베드로에게 "네가 나를 사랑하느냐?"고 세 번이나 반복해 물은 걸 확인할 수 있다.

왜 예수는 세 번이나 '사랑'을 묻고, 베드로는 또 마음이 슬퍼졌을까?

독자도 이미 짐작했으리라고 생각되지만, 베드로가 세 번이나 예수를 부정했던 사실을 하나하나 용서하는 과정, '통과의례'일 터다.

그랬다. 예수는 무조건 용서하지 않았다. "네가 나를 사랑하느냐?"고 세 번 물어 대답을 듣는 과정을 거쳐 용서한다. 아울러 그 용서는 베드로로부터 새로운 다짐을 받는 '언약'이기도 했다. 그런 뒤에 단호하게 말한다.

"나를 따르라."

역사에서 확인할 수 있듯이 베드로는 그 이후 예수의 길을 올곧게 따라갔다. 예수의 부활은 그의 처형으로 절망에 잠겨 있던 제자들에게 큰 힘을 주었다.

부활한 예수는 40일 만에 제자들이 보는 앞에서 하늘로 들려 올라가 구름으로 보이지 않게 되었다고 한다. 제자들이 예수가 올라간 하늘을 바라보고 있을 때, 흰옷을 입은 두 사람이 그들 옆에 서서 "갈릴리 사람들아, 어찌하여 하늘을 쳐다보면서 서 있느냐? 너희를 떠나서 하늘로 올라가신 이 예수는 하늘로 올라가시는 것을 너희가 본 그대로 오실 것"이라고 말했다. 기독교인들이 예수가 다시 오는 '재림'을 기다리는 성경의 '근거'다.

베드로는 예수의 가르침에 따라 예수를 따르던 사람들을 지도해나갔다. 제자들 사이에 갈등이 불거질 때도, 베드로가 중재를 하고 화합을 이뤄나갔다. 베드로는 유대인들에게 예수의 부활을 열정적으로 선포하고 다녔다.

유대인 종교를 보편 종교로 만든 바울

베드로와 더불어 초기 기독교를 개척한 인물이 또 한 사람 있다. 베드로와 쌍벽을 이루는 사람, 바울이다.

바울은 지금의 터키 남동부에 있는 타르수스(다르소, 다소)에서 서기 10년 안팎에 유대인으로 태어났다. 본디 이름은 사울이다.

당시 타르수스는 동서를 잇는 교역로에 위치한 도시로, 스토아 철학자들이 많았다. 타르수스에 거주하는 유대인들은 로마의 용병으로 복무했기에 사울이 태어나기 100여 년 전에 상당수가 로마 시민권을 얻었다. 사울 또한 로마 시민권을 지니고 있었다.

사울은 엄격한 유대교 교육을 받았다. 동서 교역로 지역에서 자랐기 때문에 그리스어도 익혔고 여러 도시를 경험했다. 훗날 그가 유대인을 넘어 다른 민족에게도 예수의 가르침을 전할 수 있었던 이유가 여기 있다.

흥미롭게도 사울은 열성적인 바리새파였다. 바리새파는 예수가 비판한 '율법주의자들'의 표본이었다. 사울은 율법을 배우며 랍비(유대교 성직자)로 훈련받았다.

베드로가 예수의 수제자였던 사실과 대조적으로 사울은 예수를 만나지 못했다. 예수가 십자가에서 처형되기 전에 예루살렘에 머물렀었는데도 사울은 예수와 인연이 닿지 않았다. 하지만 사울은 예수와 그를 따르는 사람들에 대해 이미 많은 이야기를 듣고 있었다. 율법주의를 비판하는 예수와 그의 제자는 사울이 배우고 몸으로 실천해온 믿음에 비춰보면 결코 용납할 수 없는 무리였다.

사울은 율법을 짓밟는 행위는 신의 저주를 받는다고 확신하고 있었다. 더구나 십자가에 달려 신의 저주를 받은 사람을 '메시아'(그리스도)로 선포하는 제자들을 도저히 용납할 수 없었다. 그들이 자신의 종교인 유대교를 모독한다고 판단한 사울은 적극적인 박해자로 나섰다. 당시 기독교인들 사이에 '악명'이 높을 정도였다.

사울은 기독교인을 모조리 색출하려고 다마스쿠스까지 말을 몰아 질주해가던 길에 부활한 예수를 만난다. 그리고 유대교를 버리며 '개종'한다.(사도행전 22:10)

당시 사울의 체험은 〈사도행전〉에 짧게 기록되어 있다. 율법을 우습게 여기는 예수의 추종자들을 잡겠다며 다마스쿠스로 질주해가던 사울은 갑자기 하늘에서 큰 빛이 쏟아져 내리며 자신을 비추자 길에 고꾸라졌다. 그 순간 "사울아, 사울아, 네가 어찌하여 나를 핍박하느냐"는 소리를 들었다.

사울은 당신은 누구인가 물었다. 그러자 "나는 네가 핍박하는 예수"라는 답을 들었다.

사울이 길바닥에서 일어나 눈을 똑바로 뜨고 살펴보려 했지만, 아무것도 볼 수 없었다. 사울은 부활한 예수가 자신에게 나타났다고 확신했다. 다마스쿠스에 도착한 사울은 사흘 내내 앞도 보지 못하고 음식도 먹지 못했다. 예수를 따르는 사람을 만나 비로소 눈을 고치고 세례를 받았다.

사울은 유대인의 회당을 찾아가 예수가 '신의 아들'이며 '그리스도'(메시아)라고 증언한다. 자신이 받은 충격을 정리하려고 사막으로 들어간 사울은 거듭나며 이름을 바꾼다. '사울'은 죽고, '바울'이 탄생한다.

바울은 자신의 체험으로 예수가 부활했음은 물론, 하늘로 올라갔다(승천)는 제자들의 증언을 확신했다. 사울은 예수의 십자가 처형을 신의 저주라고 생각했지만, 바울은 인류를 위한 '희생'으로 믿었다. 문자적 의미로 '사울'엔 '가장 높은 자', '바울'엔 '가장 낮은 자'라는 뜻이 담겨 있는 사실도 새겨볼 만하다.

사울의 악명이 높았기에 초대 기독교인은 바울을 선뜻 '식구'로 받아들이길 꺼렸다. 바울은 다마스쿠스로 가는 길에 예수를 만나 그의 목소리를 듣고 회개했다고 주장했지만, 그에 대한 의심은 말끔히 사라지지 않았다.

바울의 열정적인 전도로 '직계 제자들'의 의심이 해소되어가던 무렵에 다시 문제가 불거진다. 바울이 모세의 율법이 명하는 할례를 받지 않아도 구원받을 수 있다고 주장했기 때문이다. 한때는 누구보다 율법에 충실했던 바울이 그런 말을 한 이유는 간명했다. 예수를 유대인의 틀에 가둬둘 수 없다고 판단했기 때문이다.

바울 또한 처음에는 유대교 회당을 찾아가 유대인을 상대로 전도했다.

하지만 비유대인에게도 전파하기 시작하면서 스스로를 '이방인을 위한 사도'로 자임했다. 그때까지 '이방인'은 먼저 할례를 비롯해 유대인의 규범을 따른 뒤에야 기독교인이 될 수 있었다. 하지만 바울은 그 '이중 절차'를 받아들이지 않았다. 비유대인이 직접 기독교인이 될 수 있다고 주장했다.

바울의 생각에 예수의 유대인 제자들은 동의하지 않아 격렬한 논쟁이 벌어졌다. 결국 베드로가 바울을 비롯한 당사자들을 모두 소집했다. 베드로가 주관한 회의에서 '이방인들'(유대인이 아닌 사람들)이 기독교인이 되는 데 반드시 유대인의 율법과 관습을 지킬 필요가 없다는 결정이 난다. 베드로가 바울의 손을 들어준 셈이다.

베드로는 유대인들 사이에, 바울은 비유대인들 사이에 예수의 가르침과 부활을 전도해나갔다. 교통이 불편했던 당시 상황을 고려하면, 바울은 참으로 부지런히 돌아다녔다. 그가 곳곳을 돌아다니며 전도한 이야기를 편지 형식으로 서술한 게 신약성경의 절반에 이른다. 바울은 서기 67년 로마에서 네로 황제의 손에 순교할 때까지 기독교를 세우는 데 헌신했다. 그의 열정적인 전도 활동으로 기독교는 유대교라는 민족 종교의 틀을 넘어 세계 종교로 커갈 수 있었다. 바울은 예수를 통해 모든 장벽이 무너졌다고 강조했다. "이제는 유대인이나 그리스인이나 종이나 자유인이나 남자나 여자나 아무런 차별이 없다. 그리스도 예수 안에서 여러분은 모두 한 몸을 이루었기 때문이다."(갈라디아서 3:28)

그 시대 많은 유대인들처럼 바울 또한 세상을 악으로부터 해방해 영원한 평화와 정의를 구현하기 위한 '심판의 날'이 임박했다고 믿었다. 자신의 소명은 모든 사람에게 신이 오시는 날을 준비하도록 '소식'을 전하는 데 있다고 판단했다.

바울은 인류의 죄를 위해 기꺼이 죽은 예수가 신의 심판을 대행하려고 하늘에 있다고 믿었다. 따라서 예수의 부활을 믿고 그를 '주님'으로 따르는 사람은 심판의 날에 구원자인 예수를 '영접'한다고 강조했다.

바울은 예수가 "나를 사랑하시고 또 나를 위해서 당신의 몸을 내어주셨다"(갈라디아서 2:20)고 설교했다. 따라서 예수 그리스도와 일치하여 살아야 하며, 그러려면 '죄를 지은 사람'으로선 죽고 새로운 사람으로 태어나야 한다고 내내 강조했다. 바울 자신이 그 길을 걸어갔다.

바울이 십자가 처형과 부활에 철학적 의미를 부여하면서 예수의 가르침은 신학이라는 학문으로 체계화되어갔다. 바로 그 이유로 바울이 예수의 가르침을 왜곡했다고 비판하는 신학자들도 있다. 예수를 주님으로 모시고 그의 부활을 믿는 신앙이 가장 중요하다는 바울의 주장이 과연 예수의 가르침과 얼마나 일치하는가를 두고 벌어진 논쟁은 21세기인 지금도 끝나지 않았다. 앞으로 더 많은 연구, 더 깊은 성찰이 필요한 대목이다.

다만, 바울의 신학이 예수의 사랑을 관념화했다는 비판은 짚어볼 필요가 있다. 물론, 바울은 예수처럼 날카로운 통찰로 사랑을 이야기하진 못했다. 하지만 바울 또한 사람들에게 사랑의 길을 걸어가라고 다독였다. 바울이 고린도 사람들에게 보낸 편지(고린도서)에서 밝힌 '사랑'은 언제 들어도 울림을 준다.

"내가 사람의 여러 언어를 말하고 천사의 말까지 한다 하더라도 사랑이 없으면 나는 울리는 징과 요란한 꽹과리와 다를 것이 없습니다. 내가 신의 말씀을 받아 전할 수 있다 하더라도, 온갖 신비를 환히 꿰뚫어보고 모든 지식을 가졌다 하더라도, 산을 옮길 만한 완전한 믿음을 가졌다 하더라도 사랑이 없으면 나는 아무것도 아닙니다.

파올로 로마노, 성 바울, 산탄젤로 다리, 로마.

내가 비록 모든 재산을 남에게 나누어준다 하더라도, 또 내가 남을 위하여 불 속에 뛰어든다 하더라도 사랑이 없으면 모두 아무 소용이 없습니다.

사랑은 오래 참습니다. 사랑은 친절합니다. 사랑은 시기하지 않습니다. 사랑은 자랑하지 않습니다. 사랑은 교만하지 않습니다. 사랑은 무례하지 않습니다. 사랑은 사욕을 품지 않습니다. 사랑은 성을 내지 않습니다. 사랑은 앙심을 품지 않습니다.

사랑은 불의를 보고 기뻐하지 아니하고 진리를 보고 기뻐합니다. 사랑은 모든 것을 덮어주고 모든 것을 믿고 모든 것을 바라고 모든 것을 견디어 냅니다.

사랑은 가실 줄을 모릅니다. 말씀을 받아 전하는 특권도 사라지고 이상한 언어를 말하는 능력도 끊어지고 지식도 사라질 것입니다. … 그러므로 믿음과 희망과 사랑, 이 세 가지는 언제까지나 남아 있을 것입니다. 이 중에서 가장 위대한 것은 사랑입니다." (고린도전서 13:1~10)

초기 '기독교인 공동체'와 교회

베드로와 바울이 삶과 죽음으로 '증언'하듯이, 예수가 처형당한 뒤 제자들과 그를 따르는 사람들은 예수가 동굴 무덤에서 부활했다고 믿었고, 앞으로 올 '재림'도 확신했다. 그래서 예수가 부활한 일요일을 한 주일의 첫날로 삼아 예배의 날로 정했다. 일요일이 '주의 날' 곧 '주일主日'이 된 까닭이다. 20세기 전까지는 예수가 부활한 날, 부활절을 크리스마스보다 더 중시했다.

물론, 베드로와 바울이 부활을 전도할 때도 그것을 믿지 않는 사람들은 많았다. 제자들이 예수의 시신을 동굴에서 몰래 빼낸 뒤 부활했다는 소문을 퍼뜨린다고 보았다.

사람들 사이에 회의와 불신이 있었지만, 베드로를 비롯한 제자들과 바울은 예루살렘을 떠나 최대한 멀리까지 예수의 가르침과 그의 부활을 알려갔다.

21세기를 살아가는 우리에겐 유대교와 기독교가 전혀 다른 종교처럼 보이고, 실제로 그렇지만, 예수가 처형될 당시의 '기독교'는 유대교의 한 종파, 그것도 작은 종파에 지나지 않았다. 예수가 가르침을 전할 당시에 전통 종교인 유대교는 이미 사두개파(성전의 제의에 초점), 바리새파(율법에 초점), 젤로트파(로마에 맞서는 무력 항쟁에 초점), 에세네파(사막으로 나가 율법을 지키며 종말을 기다리는 데 초점)로 나뉘어 있었다. 당시 사람들은 예수가 유대교 안에 또 하나의 종파를 열었다고 생각했다.

예수의 제자들은 유대교와 다른 방식으로 자신들의 공동체를 만들어갔다. 그 공동체가 바로 오늘날 가톨릭 성당과 개신교 교회의 기원이다.

예수는 직접 '기독교'를 창시하지 않았듯이, 직접 '교회'를 세우지도 않았다. 하지만 이미 살펴보았듯이, 예수는 제자들과 더불어 '공동체'를 형성하고 있었다. 그 공동체가 예수의 가르침에 근거했기에 기독교와 교회의 '근원'은 분명 예수이다.

예수의 처형으로 무너져가던 공동체는 그의 부활로 새로운 힘을 얻었다. 예수를 따르던 초기 기독교인들—직계 제자들은 스스로 유대교의 한 종파라고 생각했을 수도 있다. 일반인들은 그렇게 본 사람이 더 많았다—은 유대교 회당의 기본 예배 형식을 따랐다. 유대교가 그랬듯이 기도, 성경

읽기, 설교, 찬송이 예배의 주된 흐름이었다. 하지만 전통적인 유대교 예배 형식에만 머물지 않고 독특한 요소를 첨가했다.

이를테면 침례와 성찬식을 들 수 있다. 본디 침례는 유대인이 아닌 사람들(이방인)을 유대교로 입교시킬 때 주로 행하던 의식 가운데 하나였다. 기독교는 유대인이든 아니든 새로 입교하는 모든 사람에게 침례 의식을 행했다. 처음에는 '침례浸禮'라는 말 그대로 온몸을 물에 잠기게 했지만, 신자들이 늘어나면서 그들을 모두 큰 물로 인솔하기 어려워지자 물을 머리에 붓거나 뿌리는 간소한 세례 형식으로 정착했다. 그 의식에 사람의 '원죄'를 씻는다는 의미를 더했다.

침례 또는 세례와 함께 초기 기독교인은 예배에서 성찬을 중시했다. 침례가 그렇듯이 성찬 또한 전혀 새로운 것은 아니었다. 유대교도 유월절 밤에 축제 만찬을 했다. 메소포타미아 지역의 여러 종교에도 더불어 식사를 나누는 예식이 있었다.

그런데 기독교인은 성찬식에 그들과 다른 의미를 더했다. 예수가 처형당하기 전에 열두 제자와 함께한 최후의 만찬을 재현하기 위해 교인들이 모여 식사한다는 것이다. 초대교회에서 성대한 식사가 벌어진 까닭도 여기 있다.

그런데 교인이 늘어나면서 모두 그렇게 하기가 어려워졌다. 그래서 등장한 것이 빵 한 조각, 포도주 한 모금이다. 더불어 식사하는 의미를 담은 의식이다. 빵과 포도주를 먹고 마시는 것이 예수의 살과 피를 먹고 마시는 것이고, 그렇게 함으로써 자신이 거룩하고 깨끗해진다고 믿었다.

기독교인의 세례와 마찬가지로 성찬 또한 지금까지 행해진다. 미사, 성체성사, 성만찬, 성찬식 등 여러 이름으로 불리지만, '주님의 만찬Lord's

Supper'이다. 지금도 가톨릭 성당에선 미사를 마칠 즈음에 한 사람, 한 사람 앞으로 걸어나와 신부가 나눠주는 떡 한 조각을 먹고, 포도주는 모인 사람을 대신해 신부가 마시는 의식을 거행한다. 개신교 교회에선 보통 예배를 마친 뒤 함께 식사를 준비해 나누어 먹는다.

기독교인은 처음엔 유대교 회당에서 예배했지만, 유대교가 기독교인을 배척하자 가정집으로 옮길 수밖에 없었다. 당시로선 쉽지 않은 일이다. 그럼에도 그 과정을 거치면서 기독교는 유대교에서 독립된 새로운 종교로 정착해갔다.

예배를 드리는 날도 유대인의 안식일인 토요일에서 벗어나 예수가 부활한 일요일로 바꿨다. 일요일은 로마제국이 태양을 숭배하는 날로 규정한 날이기도 하다. 교회는 헌금을 모으기는 했지만, 요즘처럼 성직자 또는 목회자에게 '급여'를 주는 데 사용하진 않았다.

바울 자신이 천막을 만드는 일을 직업으로 삼고 있었듯이, 성직자나 목회자도 자신의 직업을 가지고 일을 하면서 그 수입으로 생계를 꾸렸다. 십일조와 여러 헌금에 전적으로 의존하는 지금의 교회 모습과 견주어보면 사뭇 건강했다고 볼 수 있다.

교인들이 늘어나면서 공동체인 교회를 어떻게 조직할 것인가라는 문제가 자연스럽게 제기되었다. 예수가 처형당한 뒤—또는 예수가 부활하고 승천한 뒤—베드로와 바울이 '지도자'로 활동했지만, 두 사람은 별다른 조직적 체계를 갖추지 않았다. 처음부터 그럴 생각이 없었다. 두 사람을 비롯해 당시 사도들은 예수가 곧 재림한다고 믿었다.

그런데 시간이 흘러가도 예수가 재림하지 않았다. 교인이 늘어나면서 조직에 체계를 갖춰야 한다는 이야기가 여기저기서 나왔다.

천국의 열쇠를 쥔 성 베드로, 성베드로 성당, 로마.

그래서다. 예수가 베드로에게 "내가 네게 이르노니 너는 베드로라. 내가 이 반석 위에 내 교회를 세우리니"(마태복음 16:18)라고 한 말에 근거해, '베드로'라는 이름 뜻 그대로 그를 교회의 '반석'으로 삼았다. 나중에 더 논의하겠지만, 가톨릭은 베드로가 예수로부터 '천국의 열쇠'를 받았고, 그 뒤 베드로에서 시작한 역대 교황이 그 열쇠를 물려받았다고 설명한다.

교회는 여러 직책을 만들어나갔다. 지금도 주교(혹은 감독), 장로, 집사와 같은 직책이 있다. '주교'는 그리스어 '에피스코포스episkopos'에서 왔는데 '목자'라는 뜻이다. '장로'는 '프레스비테로스presbyteros', 말 그대로 '나이 든 사람'이다. '집사'는 '디아코노스diakonos', '섬기는 사람'이다. 직책이랄 수는 없지만 '사도'는 '예수의 부활을 목격한 지도자들'이라는 뜻이다.

교회가 조직을 갖추면서 기독교인들은 더 빠르게 늘어났다. 그러나 역사적 전개 과정은 결코 순탄하지 않았다. 아니, 가시밭길이었다. 예수가 십자가에서 처형당했듯이 기독교를 반석 위에 올려놓은 베드로와 바울 또한 제국의 수도인 로마에서 사형당했다. 하지만 두 사람의 헌신적인 전도와 희생으로 기독교는 유대교를 떠나 새로운 종교로 출발할 수 있었다.

기독교 확산과 로마제국의 박해

기독교와 유대교는 처음부터 몹시 불편한 관계였다. 무엇보다 예수의 처형에서 볼 수 있듯이, 예수는 로마인이 아니라 자기 동포인 유대인에게 미움을 받았고, 신을 모독했다는 이유로 로마 총독에게 제소되어 처형당했다. 초기 기독교 시대에 베드로와 바울을 박해한 주체도 주로 유대인이었다. 유대교의 지도자들은 예수가 자신들의 종교 질서를 문란하게 했으며 '혹세무민惑世誣民'했다고 판단했다. 예수를 처형한 뒤에도 그를 따르는 사람들을 집요하게 박해한 이유이다. 특히 개종 전의 바울이 그랬듯이 율법을 엄격하게 지켰던 유대교인이 앞장섰다.

로마제국은 그 갈등과 싸움을 유대인 사이에서 일어나는 내부 종파 싸움으로 판단해 관여하기를 꺼렸다. 빌라도 총독이 예수를 구해주려고 했듯이, 바울 또한 종종 로마제국의 지역 책임자들 도움을 받아 유대인들의 박해에서 벗어났다.

그러나 기독교가 유대인의 종파가 아니라 보편적 종교로 발전해가면서 상황은 사뭇 달라진다. 오늘날의 동서 유럽과 중동은 물론, 북아프리카까지 광대한 영토를 지배하던 로마제국은 각 지역의 종교와 문화에 관대했다. 하지만 거기에는 전제가 있었다. 로마의 국가적 제의, 무엇보다 '황제 예배'를 따라야 했다.

물론, 유대교는 유일신을 믿으며 황제에 대한 예배를 거부했다. 그럼에도 로마제국이 유대교를 '묵인'한 이유는 유대교가 전적으로 유대 민족만의 종교였기 때문이다.

그런데 유대교와 달리 기독교가 유대 민족을 떠나 보편적인 종교로 커나가고 있었다. 로마제국으로서는 황제 예배를 거부하면서 점점 퍼져가는 기독교를 더는 좌시할 수 없었다.

1세기 말 도미티아누스Domitianus 황제 시대부터 기독교인에 대한 박해가 주기적으로 일어난다. 네로 황제처럼 '방화'라는 특정 범죄 때문이 아니라, 기독교 자체에 대한 억압이 제국의 정책으로 채택되었다. 그 결과 황제에게 예배를 거부했다는 이유로 기독교인들을 처형하는 사건이 곰비임비 일어났다.

　재판을 통해 사회적 신분이 낮은 기독교인은 십자가형, 화형, 맹수와의 격투형, 광산 노동형에 처해졌다. 굶주린 사자가 득실거리는 곳에 집어넣어 산 채로 잡아먹히게 하고, 그 참혹한 살풍경을 로마 시민들에게 공개했다. 신분이 높은 사람은 참수형이나 유형을 받았다. 처녀에겐 사창가로 넘기는 야만적 '형벌'을 내렸다.

　그 모진 박해를 기독교인은 꿋꿋하게 이겨냈다. 3세기에 들어서면서 기독교인에 대한 박해가 상당히 완화된 시절도 있었다. 하지만 3세기 후반에 이르러 로마제국이 시나브로 쇠퇴하면서 상황이 다시 달라졌다. 흔들리는 제국을 재건하기 위해 황제는 로마의 신들에 대한 예배를 강화해나갔다.

　데키우스Decius와 발레리아누스Valerianus 두 황제 시대에 걸쳐 종래의 산발적 박해와 달리 제국 전체에 걸쳐 조직적 탄압이 벌어졌다. 카르타고의 저명한 주교 키프리아누스Cyprianus를 비롯해 수많은 기독교인을 색출해 처형했고, 교회 건물과 토지를 몰수했다. 그 시기에 '배교자'도 많이 생겼다. 그 뒤 40년 정도 '소강상태'를 지나 디오클레티아누스Diocletianus 황제 시대인 303년 대규모 박해가 다시 일어났다.

　어둠이 깊을수록 새벽이 다가오게 마련일까. 아무리 박해해도 기독교인을 근절시킬 수는 없었다. 디오클레티아누스 황제가 퇴위할 무렵에 탄압은 다시 완화된다. 곧이어 콘스탄티누스Constantinus가 황제에 오르면서 기독교는 큰 전환점을 맞는다.

네로 황제가 기독교인을 잔인하게 죽인 까닭은?

기독교인에 대한 로마제국의 첫 박해는 서기 64년에 일어났다. 로마 시내에 크게 번진 불이 직접적 계기였다. 역사가들은 네로 황제가 로마 시 전체의 3분의 1에 이르는 규모로 자신의 궁전을 호화롭게 새로 짓기 위해 일부러 방화했다고 분석한다. 아무튼 네로는 대형 화재로 가족과 재산을 잃은 로마 시민들의 불만을 잠재우기 위해 그 책임을 기독교인에게 돌렸다. 기독교인들을 '방화범'이라고 공표하며 줄줄이 잡아갔다.

네로는 잡아들인 기독교인들을 잔인하게 처형함으로써 로마 시민들의 분노를 누그러뜨렸다. 비단 십자가로만 처형한 게 아니다. 기름을 짜는 틀에 넣거나 시신을 개밥으로 던져주는 따위의 악행을 무람없이 저질렀다.

서기 1세기에 살았던 로마의 역사가 타키투스Cornelius Tacitus는 기독교 박해를 다음과 같이 기록했다.

"그 이름은 티베리우스Tiberius 치세에 유대 총독 빌라도에게 처형된 그리스도에서 유래했다. 이로 인해 그가 개창자인 그 종파는 타격을 받았고, 그 해로운 미신은 일시 억제되었으나 그 뒤 다시 일어나더니 그 병폐의 본고장인 유대뿐만 아니라 세계의 온갖 끔찍하고 못된 것들이 모여들고 유행하는 수도에서도 퍼져갔다. 네로는 예의 술책을 썼다. 일단의 부랑자와 그 종파가 뚜렷한 신도들을 붙잡고, 다음엔 그들의 자백으로 수많은 기독교도들이 방화보다는 인류에 대한 증오 때문에 단죄되었다. 그리고 그들의 최후는 조롱거리가 되는 것이었다. 그들을 짐승처럼 보이게 해서 개가 물어뜯게 하거나 십자가에 못 박아 죽이고, 해가 지면 등불 대용으로 태웠다."

네로 황제가 로마의 큰불을 빌미로 기독교인들을 처형했지만, 본디 로마제국은 식민지의 여러 문화와 종교를 대체로 포용했고 관용을 보였다. 제국의 질서를 부정하지 않는다면 용인 또는 묵인 했다. 제우스를 비롯한 그리스 신들이 로마로 이어져 그리스 로마 신화로 불리는 것도 그 때문이다. 앞서 살펴본 조로아스터교도 로마에서 문을 열었다. 로마의 만신전, 판테온Pantheon은 말 그대로 모든 신이 모인 곳이었다.

'철인 황제' 아우렐리우스는 왜 기독교를 박해했나?

우리에게 《명상록 Ta eis heauton》의 저자로 잘 알려진 '스토아 철학자' 마르쿠스 아우렐리우스Marcus Aurelius. 역사가들에게 그는 플라톤이 이상적으로 그린 '철인 황제'로 꼽힌다.

마음의 평정을 참된 행복의 조건으로 강조한 스토아 철학자 아우렐리우스가 평정을 잃고 기독교인을 박해한 데에는 배경이 있다. 당시 로마제국 전역에 전염병이 돌았다. 더구나 제국의 변방에선 로마를 호시탐탐 노리는 부족들이 곳곳에 나타났다. 황제는 민심을 수습하고 힘을 모으기 위해 로마의 전통 신들에게 제사를 올리라는 칙령을 내린다. 기독교인은 '우상 숭배'라며 완강히 거부한다. 게다가 아우렐리우스 황제는 기독교인이 유아를 살해한다고 믿었다. 당시 기독교인들은 박해를 피해 '지하 무덤'(카타콤catacomb)에서 모였는데, 성찬식에 쓸 음식을 바구니에 담아갔다. 그 모임에서 '살과 피'를 나눈다는 말이 와전되었고, 바구니에 든 것은 살해된 유아라는 소문이 돌았다고 한다. 깊은 밤이나 새벽에 '비밀 장소'에서 남성과 여성 들이 함께 모여 예배하는 풍경도 그들이 성적으로 문란하기 때문이라는 오해를 불렀다.

로마제국의 기독교 탄압은 불가피했다고 보는 학자들도 있다. 다양한 종교가 공존하는 로마제국에 어느 순간부터 유일신 종교가 들어와 다른 종교는 모두 '사탄'이라고 주장할 때, 더구나 황제에게 신적 권위를 부여한 제국에서 그것을 부정하는 세력이 성장할 때, 지배 세력으로선 좌시할 수 없었다는 것이다. 그들은 역사가 기번Edward Gibbon이 쓴《로마제국 쇠망사The History of the Decline and Fall of the Roman Empire》의 다음 대목을 근거로 제시한다.

"기독교인들은 관습과 교육의 신성한 유대를 끊어놓았고, 국가의 종교 제도를 침범했으며, 선조들이 진리로서 믿고 신성한 것으로 숭배해온 것들을 건방지게 멸시했다. 그들 전체가 뭉쳐서 로마의 신들, 제국의 신들, 인류의 신들과의 그 어떤 친교도 거부한 것이다."

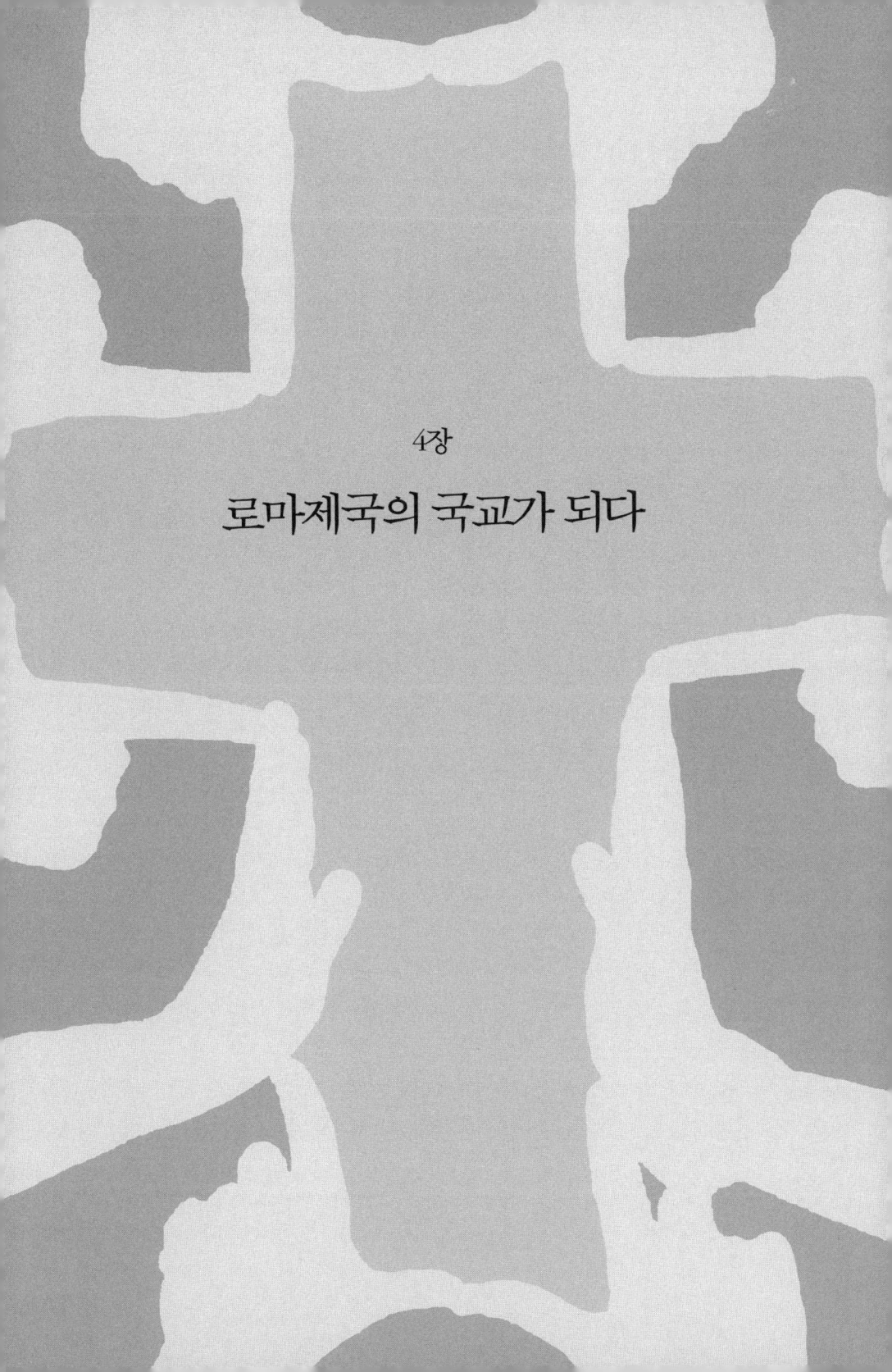

4장
로마제국의 국교가 되다

콘스탄티누스Constantinus I 대제. 기독교 역사에 한 획을 그은 로마제국의 황제다. 본디 콘스탄티누스 1세인데 큰 업적을 쌓았다는 평가를 받아 흔히 '대제'라 부른다.

콘스탄티누스는 로마제국 동쪽 지역의 부황제인 아버지와 선술집 딸인 어머니 사이에서 태어났다. 결국 아버지는 신분이 낮은 어머니와 헤어져 다른 귀족 집안의 딸과 결혼했다. 생모의 신분 때문에 젊은 콘스탄티누스의 미래는 불투명했다.

하지만 그는 좌절하지 않았다. 디오클레티아누스 황제 밑으로 자원해 들어가 제국의 국경을 침입하는 게르만족과의 전쟁에서 명성을 차곡차곡 쌓아갔다. 기독교를 탄압했던 디오클레티아누스 황제 이후 로마제국이 혼란기를 겪을 때, 콘스탄티누스는 강력한 무력을 기반으로 유력한 황제 후보 물망에 오른다. 하지만 경쟁자 막센티우스Maxentius가 수도 로마를 근거지로 세력을 형성하고 '정통파 황제'임을 자칭했다.

콘스탄티누스는 제국의 황제 자리를 놓고 막센티우스와 마침내 일전을 벌인다. 결전의 날은 312년 10월 28일. 콘스탄티누스가 출정할 때 "정오의 태양 위에 빛나는 십자가"가 승리를 예고했다고 한다.

콘스탄티누스 대제는 왜 기독교를 공인했을까

본디 콘스탄티누스의 신앙은 '태양신'이었다. 로마 황제를 결정짓는 결전의 날에 그가 숭배해온 태양에서 십자가를 발견한 데 이어, 예수로부터 자신이 승전하리라는 말을 들었다고 한다. 물론, 대다수 역사학자들이 그 말을 그대로 믿지는 않는다. 콘스탄티누스가 자신의 권력을 정당화하고 강화하려는 의도가 개입됐다고 해석한다.

결전에서 이겨 마침내 로마 황제 자리에 오른 콘스탄티누스는 이듬해인 313년 '밀라노 칙령'을 발표해 300여 년 동안 내내 박해받아온 기독교를 공인했다.

공식 문서를 보면 "이제부터 모든 로마인은 원하는 방식으로 종교 생활을 할 수 있다. 로마인이 믿는 종교는 무엇이든 존중을 받는다"로 딱히 기독교에 특혜를 준 것은 아니라고 판단할 수 있다. 하지만 당시 상황에서 황제가 '종교의 자유'를 공표한 것은 실질적으로 기독교를 공식 인정한다는 선언이었다. 박해받아왔던 기독교인들은 밀라노 칙령 이후 비로소 자유롭게 신앙생활을 할 수 있었다.

콘스탄티누스 황제는 기독교 공인과 더불어 국가가 몰수했던 교회 재산도 돌려주었다. 성직자들의 조언을 받아들여 노예의 사적 처벌 금지법을 제정했고, 321년에 처음으로 일요일—예수 부활의 요일인 동시에 전통적

조반니 바티스타 피라네시, 콘스탄티누스 개선문 정경.

인 태양신의 요일—을 휴일로 정했다.

콘스탄티누스가 로마제국이 박해해온 기독교를 공인하고 더 나아가 부흥시킨 이유는 무엇일까?

여러 가지 분석이 있다. 먼저 그 자신이 밝혔듯이, 황제가 되는 마지막 전투에서 십자가의 환영과 더불어 승리를 약속받았기 때문이라고 볼 수 있다. 죽음인가, 황제인가를 가르는 결전을 앞두고 예수가 나타나 이길 것이라고 전했다면, 누구라도 기독교에 끌릴 수밖에 없을 터다. 꿈 이야기도 덧붙여진다. 콘스탄티누스가 전투를 앞둔 날 꿈에 "이 표시를 가지고 승리하리라"라는 말과 함께 '그리스도'라는 그리스어를 보았다고 한다. 그의 병사들은 '그리스도'라는 낱말의 두 글자 'Χρ'를 그려넣은 방패를 들고 나가 전투에서 승리를 거두었다는 설명이 이어진다.

좀 더 정치적으로 분석하면, 로마를 통합하는 데 더는 아무런 '영험'을 주지 못하는—당시 로마는 사분오열되어 황제의 권력 또한 약화되어 있었다—로마의 전통적인 신들보다 유일신인 기독교가 제국의 통치에 더 적합하다고 판단했음직하다. 실제로 기독교 지도자들은 로마제국을 다시 통합한 황제 콘스탄티누스를 "신께서 보내신 사람"이라고 칭송했다. 기독교의 유일신을 빌려 황제의 권력을 강화해나갈 수 있었던 셈이다. 훗날 절대왕정기의 '왕권신수설'의 '원조'가 콘스탄티누스라는 분석이 나오는 이유이기도 하다.†

로마제국의 식민지에서 태어나 그들로부터 조롱받으며 십자가에서 처형당한 예수와 제국의 황제 콘스탄티누스를 '신께서 보내신 사람'으로 칭송하는 기독교 지도자들 사이에는 이미 깊은 '캐즘'(균열)이 패어가고 있었다.

콘스탄티누스의 개종을 사적 차원으로 접근하면, 낮은 신분 탓에 언제나 '천하다'고 손가락질받았던 어머니가 독실한 기독교인이었다는 사실을 꼽을 수 있다.

콘스탄티누스는 기독교 공인에 이어 325년에는 니케아에서 종교회의를 직접 주재하고, 기독교 내부의 분쟁과 교리 논쟁에 적극 개입해 '단칼에 정리'한다.

콘스탄티누스가 죽은 뒤 50여 년이 지나 테오도시우스 1세Theodosius I는 기독교를 로마제국의 '국교'로 선포한다. 박해의 종교에서 제국의 종교로 바뀐 셈이다. 기독교의 '대전환'이다.

영지주의와 마르키온주의를 이단으로 내치다

기독교가 로마제국의 국교로 정립하는 과정에서 교회는 조직과 제도, 교리를 체계적으로 정비해갔다. 유대교에서 이어받은 경전은 예수가 오기까지의 '준비서'로 보아 '구약'으로 규정했고, 예수의 가르침은 새로운 언약, 곧 신약으로 명명했다. 신·구약을 기독교 경전으로 삼았다.

교회의 의미와 제도를 정리하는 데 결정적 영향을 끼친 사람은 카르타고 교회의 주교 키프리아누스였다. 그는 《가톨릭교회의 통일On the Unity of the

---

† 　콘스탄티누스는 제국의 수도를 자신의 이름을 딴 콘스탄티노폴리스(콘스탄티노플)로 옮기며 로마대제국을 호령했지만 그의 인간적 삶은 어둠에 잠겼다. 제 손으로 가족들을 죽이는 불행에 빠지면서도 마지막에는 스스로를 "신께서 보내신 사람"이 아니라 "신 그 자신"이라고 생각했다. 죽음이 임박했을 때 황제 옷을 벗고 성직자의 흰옷으로 갈아입고서 내내 미뤄오던 세례를 비로소 받았다. 시신은 황금관에 넣어져 콘스탄티노폴리스의 '사도 성당'에 안치되었다. 관 주위에는 성 유물로 채운 '열두 제자'(12사도)의 관을 놓았다.

Catholic Church》을 집필하며 "교회는 지상에 세워진 유일한 구원 기관이고, 교회의 주교들은 신과 사람을 매개하는 영적 권위를 부여받았다"고 주장했다 (참고로 이슬람은 신과 사람을 성직자들이 매개한다는 논리에 전혀 동의하지 않는다).

키프리아누스는 교회가 하나임을 강조하며 '가톨릭'이라는 말을 처음 썼다. 가톨릭의 어원은 그리스어 '가톨리코스katholikos'인데, '보편적' 또는 '전체적'이라는 뜻이다. 그가 교회론을 전개하면서 '가톨릭'은 로마 교회의 고유명사가 되었다. 오늘날도 '천주교'라는 말보다 '가톨릭'을 보편적으로 쓴다. 키프리아누스는 교회 제도를 정립하면서 1대 교황을 베드로로 처음 명시했다.

비단 조직이나 제도만이 아니다. 키프리아누스를 비롯해 유스티누스Justinus, 클레멘스Clemens, 오리게네스Origenes가 성경의 증언을 토대로 철학적 체계화에 나섬으로써 이른바 '정통 신학'을 정립해갔다. '정통'이라는 말에서 나타나듯이, 누군가 정통을 자임할 때는 역으로 그만큼 옳고 그름을 명확하게 가릴 수 없는 주장들이 그 시기에 여럿 있었음을 뜻한다.

예수가 처형된 뒤 제자들이 중심이 되어 꾸려간 초대교회는 조직만 느슨한 게 아니라 교리에서도 혼선이 나타났다. 예수의 삶과 죽음, 가르침과 부활을 어떻게 보느냐에 따라 다양한 교리들이 등장했다.

대표적으로 영지주의靈智主義와 마르키온주의Marcionism를 들 수 있다. 영지주의(그노시스파)는 여러 흐름이 있고 사상 체계도 단순하지 않지만, 공통점은 명확하다. '영지'靈智, gnosis 곧 '영적 깨달음'을 통해 구원을 받는다고 믿는다.†

영지주의에 따르면, 사람 안에 '신의 영원한 불꽃'이 있다. 그런데 악한 힘이 지배하는 세상에서 살아가느라 대다수 사람들이 자기 안에 있는 '신의 영원한 불꽃'을 모르고 살아간다. 그래서 미망에 잠겨 살지만, 신과 사람을 연결하는 구원자가 와서 '영지' 곧 '영적 깨달음'을 주면, 우리 안에 있는 불꽃이 그 근원인 신과 다시 결합함으로써 구원에 이르게 된다. 예수가 바로 그 깨달음을 전해주는 '영지의 구원자'이다.

영靈은 선하고 육肉은 악하다고 본 영지주의자들은 예수는 순수한 영일 뿐 육을 가질 수 없다고 믿었다. 사람들이 본 예수는 육과 전혀 무관하다고 주장했다.

예수가 세상에서 살아갈 때 지녔던 육체는 진짜 육체가 아니고 육체처럼 보인 것이라고 설명하는 영지주의 기독교인에게 '십자가 처형'은 무엇이었을까? 영지주의 해석에 따르면, 예수는 십자가에서 처형됨으로써 육체처럼 보인 모습을 벗어났다. 십자가에서 죽은 것은 '신의 아들' 예수가 아니라 '사람' 예수라는 주장이다.

마르키온주의는 130년대와 140년대에 열정적으로 활동한 마르키온Marcion이 '율법'과 '은혜'를 대비한 바울의 논리를 구약과 신약에 적용하면서 시작됐다. 구약의 신은 율법과 징벌의 신이고, 신약의 신은 사랑과 자비의 신이라고 본 마르키온은 구약을 폐기해야 옳다고 주장했다.

예수가 가르친 사랑의 신과 구약이 강조하는 율법·징벌의 신은 다르다고 본 마르키온은 구약과 신약의 모순을 규명한 《대조표Antitheseis》를 저술

† 영지주의자들은 예수의 참된 가르침이 '지혜gno'에 있다고 본다. 'gno'는 지혜의 산스크리트어 'jna'의 어원과 같다. 이단으로 분류된 영지주의 복음서에는 "신이나 피조물이나 그 밖에 이와 유사한 어떤 다른 것도 찾아 헤매지 말라. 너 자신을 출발점으로 삼아 신을 찾아보아라. … 너 자신을 아는 것이 곧 신을 아는 것이다"라는 대목도 있다. 기독교 역사에서 이단으로 규정됐지만 초대교회의 기독교 전승에는 '도마복음'이 상징하듯이 영지주의 전통이 있었던 것은 분명한 사실이다.

했다. 그런데 그 논리로 짚어보면, 예수가 율법을 폐하러 온 것이 아니라 완성하러 왔다고 한 〈마태복음〉도 성경으로 인정하기 어렵다. 실제로 마르키온은 바울의 서신 가운데 10편과 〈누가복음〉만으로 경전을 삼아야 한다며 직접 편찬했다. 그는 137년 로마에서 기독교의 유대교적 요소를 모두 씻어내자며, 유대교와 타협적인 교회의 근본적 개혁을 주창했다.

영지주의와 마르키온주의는 기독교 내부에서 '이단'으로 배척받았다. 영지주의자들이 그랬듯이 마르키온도 출교를 당했다. 마르키온은 출교 뒤 '새로운 교회'를 세웠다. 학자들은 마르키온의 주장으로 오히려 구약이 기독교 경전에 확실하게 포함되는 결과를 빚었다고 평가한다. 초기 기독교에서 그만큼 유대인들의 '자장'이 강력했다고 볼 수도 있겠다.

기독교 역사에서 이단의 문제는 결코 간단하지 않다. 아니, 모든 것이 어떤 '잡음'도 없이 정리된다면 오히려 그게 더 문제 아닐까. 비단 영지주의와 마르키온주의만이 아니다. 둘을 대표적 사례로 짚어보았을 뿐이다. 굳이 찬찬히 톺아보지 않더라도 예수의 삶과 죽음, 부활을 둘러싸고 여러 해석이 나올 수밖에 없다. 예수 자신이 종종 비유법으로 가르쳤기에 더 그렇다.

신을 '아빠'로 불렀던 예수가 신이라면?

앞서 우리는 예수가 누구의 아들인가를 논의했다. 그런데 정작 예수가 사람인가 신인가라는 문제는 본격적으로 다루지 않았다. 예수가 살아 있을 때도 그 문제가 정면으로 제기되지는 않았다.

하지만 예수의 부활 이후 상황은 달라진다. 정말 부활해 하늘로 올라갔다면, 대체 지상에 존재했던 그는 누구인가, 더 궁금할 수밖에 없다. 더구나 유대인만이 아니라 비유대인까지 신자가 되면서 예수를 명쾌하게 설명해야 할 필요성은 무장 커졌다.

당시에도 여러 해석이 나왔다. 가령 초기 기독교 공동체에서 예수가 사람으로 태어난 사실을 중시한 사람들은 예수가 세례의 순간, 또는 부활 이후에 신의 '양자'가 되었다고 풀이했다. 영지주의자들은 앞서 보았듯이 '육체의 악'으로부터 예수를 '보호'하고 나섰다. 더러는 신과의 동일성을 부각해 예수를 신의 현시로 이해했다. 예수를 신이 스스로 현시하는 '양태'로 보는 양태론은 주창자의 이름을 따서 '사벨리우스주의Sabellianism'로 불린다.

여러 해석의 틀이 나온 것은 신의 아들과 신의 관계, 예수의 인성과 신성 관계를 명료하게 정의하기 어려워서였다.

기실 상식적으로 접근해도 문제는 불거진다. 신을 '아빠'로 불렀던 예수가 신이라면, 아들과 아버지 사이를 정리하기가 쉽지만은 않은 일이다. 콘스탄티누스가 로마 황제가 되어 기독교를 공인했을 때에도 그 논쟁은 매듭을 짓지 못했다. '니케아 공의회'가 열리기 전까지 가장 적극적으로 의견을 밝힌 사람은 아리우스Arius였다.

아리우스는 출생, 사망 연도가 정확하진 않지만 250~330년대로 추정하고 있다. 알렉산드리아에서 성직자로 활동했는데, 금욕주의적 삶과 능숙한 설교로 명성을 얻었다. 기독교가 공인된 이후 319년 무렵부터 아리우스는 예수의 신성에 대해 본격적으로 설교를 시작했다.

아리우스는 신의 첫 피조물이 '말씀'(로고스)이고, 신은 그 로고스를 통해 만물을 만들었다고 설명했다. 말씀이 신의 대리자 또는 도구로 존재한다는 것이다. 그렇다면 아리우스에게 예수는 누구였을까.

사람보다 우월하지만 신보다는 열등한 존재, 사람을 초월하지만 신은 아니라는 것이 아리우스의 예수관이다.

아리우스는 또 예수가 자신을 '신의 아들'이라 밝혔고 신을 '아버지'로 부른 사실을 있는 그대로 주목해야 한다고 보았다. 아들은 창조된 자로서, 아버지인 신과 동질일 수가 없으며, 이질적이라고 주장했다.

아리우스의 설교가 이집트를 넘어 퍼져가면서 기독교 지도자들 사이에 갈등이 점점 커져갔다. 로마제국을 하나로 결집하겠다는 정치적 목적을 다분히 지니고 기독교를 공인한 콘스탄티누스 황제로선 분열을 보고만 있을 수 없었다. 조정해보라고 명령했으나 갈등은 되레 커졌다. 콘스탄티누스는 매듭을 지으려고 325년 아리우스를 비롯해 모든 기독교 성직자들을 니케아에 모이게 했다. 역사적인 '니케아 공의회'는 그렇게 열렸다.

회의의 막이 올라가자마자 알렉산드리아의 주교를 수행하여 참석한 젊은 사제 아타나시우스Athanasius가 아리우스의 논리를 맹렬하게 비판하고 나섰다. 예수의 탄생을 사람의 탄생과 동일한 차원에서 생각하는 것은 오류라고 비판했다. 아타나시우스에게 예수는 신의 아들이지만 아버지인 신의 본질에 의해서 영원히 탄생했다고 주장했다.

참석한 주교들 사이에 격론이 벌어지면서 의견이 모아지지 않았다. 황제가 나섰다. 콘스탄티누스가 아타나시우스의 손을 들어주면서 논쟁은 마무리된다. 아리우스의 주장은 공식적으로 탄핵되었다. 공의회에서 채택된 '니케아 신조Nicene Creed' — '니체노 신경'이라고도 한다 — 는 아버지인 신과 아들인 예수의 관계를 동질적이라고 규정했다. 예수는 만들어진 게 아니라 신으로부터 나왔고, 피조물이 아니라 창조자라고 결론 내렸다.

예수가 누구인가를 둘러싼 주교들의 토론을 정치권력자인 황제가 최종

니케아 공의회, 메갈로 메테오론 수도원, 그리스.

정리하는 풍경은 지금의 시점에서 보면 어처구니없는 일이다. 바로 그렇기에 칼로 두부 자르듯이 논쟁이 마무리될 수 없었다.

문제는 그 뒤에도 교리적 논쟁에 황제들의 정치적 개입이 끊임없이 이어졌다는 데 있다. 서로 숙적 관계에 있는 성직자들 사이에 감정적인 정치적 판단도 끼어들었다. 황제로부터 외면당했지만 아리우스의 영향력은 오래갔다. 아타나시우스의 논리 또한 더 명료해질 필요가 있었다.

긴 논쟁은 70여 년이 지난 381년, 콘스탄티노플에서 열린 공의회에서 일단 마침표를 찍는다. '하나의 본질, 3위격'인 성부·성자·성령은 서로 구별되지만 그들의 영원성과 능력은 동등하다고 결론 내렸다.

325년 니케아 공의회에서 381년 콘스탄티노플 공의회까지 제법 긴 시간의 갈등을 거쳐 마침내 확정한 니케아-콘스탄티노플 신조(줄여서 '니케아 신조')는 '기독교 신앙 선언서'로 정독해볼 가치가 있다. 기독교에 다양한 흐름이 있지만, 적어도 이 선언서만큼은 모두 동의하고 있기 때문이다.

"우리는 전능하신 아버지 신 한 분을 믿는다. 그는 하늘과 땅을 창조하신 이요, 보이는 것이나 보이지 않는 모든 것을 창조하신 이다. 우리는 또한 한 분의 주 예수 그리스도를 믿는다. 그는 신의 독생자이시며, 모든 세상이 있기 전에 신으로부터 나셨으며, 신으로부터 나온 신이시요, 빛으로부터 나온 빛이시요, 참 신으로부터 나온 신이시다. 그는 피조되신 것이 아니라 신으로부터 태어나셨다. 그는 모든 것을 지으신 아버지와 동일 본질을 가지신다. 그는 우리 사람을 위해, 무엇보다 우리를 구원하기 위해 하늘에서 내려오셨고, 성령에 의하여 동정녀 마리아로부터 몸을 입으시고 사람이 되사, 우리를 위하여 본디오 빌라도에 의하여 십자가에 달리셨다. 그는 고난을 당하시고 매장되셨다가 3일 만에 성경의 말씀대로 부활하셨다.

그는 하늘에 오르사, 아버지 오른편에 앉아 계시다가 영광 중에 다시 오셔서 산 자들과 죽은 자들을 심판하실 것이다. 그의 나라는 영원무궁할 것이다. 그리고 우리는 주님이시며 생명을 주시는 분이신 성령을 믿는다. 그는 아버지와 아들로부터 나오셨고, 아버지와 아들과 함께 예배와 영광을 받으신다. 이 성령은 예언자들을 통하여 말씀하셨다. 우리는 또한 하나, 거룩하고 보편적이며 사도적인 교회를 믿는다. 우리는 사죄를 위한 한 번의 세례만을 인정한다. 우리는 죽은 자들의 부활과 장차 임할 신의 나라에서의 삶을 바라본다."†

　니케아 신조로 긴 논쟁에 마침표가 찍혔지만, 새로운 문제를 제기하는 기독교인이 나타났다. 대표적으로 네스토리우스Nestorius를 들 수 있다. 그는 콘스탄티노플의 주교로 강력한 지위에 있었다. 금욕주의를 주장하고 아리우스파Arianism와 싸우며 '정통 신앙'을 지켰다. 하지만 그에게 마리아가 풀리지 않는 의문으로 남았다.

---

† 　니케아 신조의 영문(The Nicene Creed, 381)을 보면 성부·성자·성령의 의미가 한글 번역을 읽을 때와 또 다른 의미로 다가올 수도 있기에 전문을 싣는다. We believe in one God, the Father, the Almighty, of all that is, seen and unseen. We believe in one Lord, Jesus Christ, the only Son of God, eternally begotten of the Father, God from God, Light from Light, true God from true God, begotten, not made, of one Being with the Father. Through him all things were made. For us and for our salvation he came down from heaven: by the power of the Holy Spirit he became incarnate from the Virgin Mary, and was made man. For our sake he was crucified under Pontius Pilate; he suffered death and was buried. On the third day he rose again in accordance with the Scriptures; he ascended into heaven and is seated at the right hand of the Father. He will come again in glory to judge the living and the dead, and his kingdom will have no end. We believe in the Holy Spirit, the Lord, the giver of life, who proceeds from the Father and the Son. With the Father and the Son he is worshipped and glorified. He has spoken through the Prophets. We believe in one holy catholic and apostolic Church. We acknowledge one baptism for the forgiveness of sins. We look for the resurrection of the dead, and the life of the world to come. Amen.

네스토리우스는 마리아를 '신의 어머니', 문자 뜻 그대로는 '신을 낳은 이'라고 부를 수 있을까 고심했다. 결국 마리아는 '예수를 낳은 이'일 따름이라고 판단했다. 마리아는 예수의 어머니이지만 신의 어머니는 아니라는 비성모설非聖母說을 주장한 네스토리우스의 주장은 안티오크† 신학자들의 지지를 받았다.

하지만 알렉산드리아 주교와 신학자들은 콘스탄티노플 주교가 예수 그리스도의 신성을 부정했다고 '포문'을 열었다. 갈등이 깊어지자 당시 로마 황제 테오도시우스 2세 Theodosius II 가 에페소스(에베소)에서 회의를 주재했다. 황제는 알렉산드리아 쪽의 손을 들어주었다. 네스토리우스는 곧장 해임되어 추방되었다. 그 뒤 리비아 사막에서 숨을 거두지만, 그와 같은 생각을 가진 사람들은 '네스토리우스파'를 형성해 주장을 굽히지 않았다. 앞에서 언급했듯이, 탄압을 피해 동쪽으로 간다. 5세기 말에 페르시아로 본거지를 옮긴 뒤, 인도와 중국까지 진출했다. 중국 당나라 때 '경교'로 불린 기독교가 네스토리우스교다.

415년에 열린 '칼케돈 공의회'는 네스토리우스가 제기한 문제를 포함해 예수의 신성과 인성을 다음과 같이 최종 정리한다.

"우리는 모두 일치하여 가르친다. … 하나이며, 동일한 아들 우리의 주 예수 그리스도는 신성에서 완전하고 인성도 완전하며… 혼합되거나 변질되거나 나뉘거나 혹은 분리되지 않는 두 본성을 지니며, 본성들 사이의 구분은 결코 연합을 통해 없어지지 않고 오히려 각 본성의 특성이 보존되고 한 인격과 존재로 협력한다."

삼위일체 신관과 '성호 긋기'

예수의 신성을 부인하는 아리우스파에 맞서 신성과 역사성을 동시에 강조하는 역사적 흐름을 살펴보았듯이, 로마제국의 '국교'로서 기독교의 '정통'이 정립되는 과정에 정치권력자인 황제의 정치적 판단이 깊숙이 개입했다. 결국 삼위일체의 신관이 기독교의 정통으로 정립된다. 신은 성부와 성자와 성령의 '삼위일체'라고 할 때, 그 정확한 의미를 짚어야 기독교를 이해할 수 있다.

기실 성부, 성자, 성령이란 말은 비기독교인들에게는 낯설거나 의미 없는 말로 다가올 수 있다. 쉬운 말로 옮기면 거룩한 아버지, 거룩한 아들, 거룩한 신령이 하나라는 뜻인데, 상식에 비춰보면 선뜻 이해하기 어렵다. 네스토리우스가 마리아의 위치를 놓고 고심했던 이유이기도 하다.

삼위일체trinity는 오늘날 기독교인들이 믿는 신을 이해하는 데 고갱이다. 정통 기독교는 삼위일체가 아닌 신은 기독교의 신이 아니라고 단언한다. 정통 기독교가 그렇게 말하는 이유는 삼위일체를 중시하지 않는 기독교인이 그만큼 많기 때문이다.

삼위일체를 신앙의 핵심으로 보지 않는 사람들은 성경에, 또 예수의 직

† 현재 터키 남동부의 도시 안타키아. 시리아와의 국경 지역에 자리 잡고 있으며, 기원전 300년께 건설된 세계에서 가장 오래된 도시 가운데 하나이다. 서기 47년부터 55년까지 바울은 이 도시를 근거지로 삼아 '이방인들'을 전도했다. 그리스도교라는 말이 처음 생긴 곳이기도 하다. 콘스탄티누스 대제가 기독교를 공인한 뒤 로마, 콘스탄티노플, 알렉산드리아, 예루살렘과 함께 5대 교구였다. 하지만 526년 대지진이 일어나 25만여 명이 죽고 폐허가 되었다. 살아남은 시민들이 애면글면 도시를 재건했지만 다시 지진이 일어났고, 숱한 제국들의 흥망 속에 휘말렸다. 지금은 인구 15만 안팎의 작은 도시이다.

접 가르침에 '삼위일체'라는 말이 없다는 사실에 주목한다. 삼위일체론은 기독교가 로마제국의 국교가 되면서 정립된 신관이라는 것이다.

하지만 정통 기독교는 그렇게 생각하지 않다. 비록 성경에 '삼위일체'라는 말은 나오지 않지만, 성경의 내용을 살펴보면 삼위일체를 입증하는 대목이 많다고 설명한다.

이를테면 예수가 요한에게 세례를 받을 때 하늘에서 비둘기가 내려오고, 신이 "이는 내 사랑하는 아들이요, 내 기뻐하는 자"(마태복음 3:17)라고 했다는 대목에서 아버지인 신, 아들인 예수, 성령(비둘기)이 모두 등장한다는 것이다. 예수가 하늘로 오르면서 제자들에게 "너희는 가서 모든 민족을 제자로 삼아 아버지와 아들과 성령의 이름으로 세례를 베풀어라"(마태복음 28:19)라고 한 말이나 "아버지께서 다른 보혜사保惠師를 너희에게 보내셔서 영원히 너희와 함께 계시게 하실 것"(요한복음 14:16)이라고 격려한 말도 삼위일체의 근거로 제시된다.

바울도 "주 예수 그리스도의 은혜와 신의 사랑과 '성령의 교통하심(the communion of the Holy Ghost)'이 너희 무리와 함께 있을지어다"(고린도후서 13:13)라고 강조했다. 성경을 전체로 볼 때 성부인 신, 성자인 예수, 성령이라는 삼위가 인격적으로 존재한다는 주장이다.

일반인들의 상식과 달리 삼위는 어떤 서열이나 등급이 있지 않다. 동등하게 하나의 신성을 이룬다. 성경에 성부인 신과 예수가 동일한 신성임을 밝힌 대목이 명확하게 나온다. 예수가 살아 활동할 때, 제자들은 여전히 신을 만나고 싶어 했다. 예수는 제자들에게 "나와 아버지는 하나(I and my Father are one)"(요한복음 10:30) 라고 말한다. 빌립과의 대화는 더 구체적이다. 빌립이 "주님, 저희에게 아버지를 보여주십시오. 저희에게는 그것으로 충분

합니다"라고 청할 때, 예수는 "빌립아, 내가 이렇게 오랫동안 너희와 함께 있었는데, 아직도 너는 나를 모른단 말이냐? 나를 본 사람은 아버지를 본 것이나 다름이 없는데, 어떻게 네가 '저희에게 아버지를 보여주십시오'라고 말하느냐? 너는 내가 아버지 안에 있고, 아버지께서 내 안에 계신 것을 믿지 못하느냐? 내가 너희에게 하는 말은 내 스스로 하는 말이 아니다. 이 말은 내 안에 계시면서 그분의 일을 하시는 아버지의 말씀"(요한복음 14:8~10)이라고 답한다.

예수는 이어 "내가 아버지 안에 있고, 아버지께서 내 안에 계신" 걸 믿으라고 거듭 강조한다. 바울 또한 "신이 예수 안에 계셔서 세상을 자기와 화목케 했다"(고린도후서 5:19)라고 단언한다. 성령은 성부의 영(마태복음 10:20)이면서, 아들의 영(갈라디아서 4:6)이고, 예수의 영(사도행전 16:7)이다. 신약성경에는 '성령'과 '예수'의 상호성이 명확해서 서로 말을 바꿔 말해도 전혀 문제가 없다고 한다.

기독교는 굳이 성경의 문구에 연연하지 않더라도 예수의 출생에서 십자가 처형, 부활까지 모두 성령이 하는 일이며, 그 일에서 성부인 신과 이어져 있다는 걸 발견할 수 있다고 강조한다. 기독교 초기에 박해로 죽은 교인들은 성령을 체험하며 예수를 보았고, 성부인 신을 느꼈다고 설명한다. 기독교 공동체의 2,000년 역사는 삼위인 신을 체험하고 고백한 기록으로 가득 차 있으며 지금도 생생한 체험으로 삼위일체가 다가오는 사람들이 많다고 강조한다.

삼위일체라는 말을 처음 쓴 사람은 신학자 테르툴리아누스Tertullianus이다. 그는 신이 인류를 구원하는 '장대한 드라마'에서 세 가지 모습으로 자신을 나타낸다고 보았다. 신은 한 분이지만 창조주인 신(성부), 사람의 몸을 입고 오신 예수 그리스도(성자), 신과 예수의 대리자인 보혜사(성령)로 자신을 드러냈다. 테르툴리아누스의 '삼위일체론'은 그 뒤 니케아 - 콘스탄티노플 공의회까지 '정교화'의 과정을 거친다.

신학자들에 따르면, 성부와 성자와 성령이 서로 소통하며 일체가 되는 공동체적(또는 통일체적) 신이 기독교의 '유일신'이다. 그 같은 통일성이 있기에 성부는 성자 안에 있고, 성령 안에도 있다. 성자도 성부 안에 있고, 성령 안에 있다. 성령 또한 성부 안에, 성자 안에 있다. 그러니까 성부, 성자, 성령은 각각 독립해서 존재하는 게 아니라 서로 '침투'해 각각 그 안에 있다. 세 위격은 서로 맡은 게 다르지만 구별되면서 동시에 일치하는 형태로 역사 속에서 활동한다.

기독교인들은 오랜 세월에 걸쳐 성부, 성자, 성령이 각각 고유한 속성을 지니고 있다고 생각했다. 성부는 전능全能, 성자는 전지全知, 성령은 전선全善으로 표현했다. 성부를 태초의 근원, 성자를 지혜, 성령을 덕성으로 부르기도 했다.

지금도 가톨릭 교인들이 기도를 하거나 성당에 들어갈 때 오른손으로 '성호' sign of the cross, 聖號를 긋는 모습이 삼위일체를 믿는다는 고백이다. 먼저 이마를 짚는 것은 온 우주를 주재하는 성부를, 가슴을 짚는 것은 사람으로 나타나 사랑을 가르친 성자를, 어깨(왼쪽에 이어 오른쪽)를 짚는 것은 은총의 근원으로 모든 걸 새롭게 하는 힘, 곧 성령을 상징한다.

성경이 어떤 사건을 때로는 성부, 때로는 성자, 때로는 성령의 행위로 표현하지만 실제로는 삼위가 함께했다고 보아야 옳다고 본다. 예수의 십자가 처형은 성자가 성부와 더불어 성령을 통해 실행한 '인류 구원 사업'이 된다.

깨달음을 강조한 영지주의는 왜 '이단'인가?

모든 사람의 안에는 '신의 영원한 불꽃'이 있는데 험한 세상에서 살아가느라 그것을 모르고 있다는 영지주의는 '깨달음'(영지)을 강조한다. 정통 기독교에선 영지주의를 이단으로 규정하면서 그 이유를 "예수가 육체를 갖고 태어나 그 고통을 통해 사람의 원죄를 속죄했다는 데에 영지주의가 동의하지 않았다"고 제시한다.

신학자들은 꼭 그 이유만으로 영지주의가 이단이 되었다고 보기는 어렵다고 분석한다. 개인적 깨달음을 통해 구원을 받는다는 사상은 '정통파 성직자들'의 눈에 불손하게 보일 수밖에 없다는 데 주목한다. 성직자들의 권위는 물론, 그들이 굳이 존재해야 할 이유를 축소시키기 때문이다. 이미 3세기에 조직적 탄압이 이뤄졌지만, 영지주의는 완전히 사라지지 않았다. 다양한 모습으로 변화하고 발전했다. 기독교 역사를 보면, 개인적 깨달음을 강조한 영지주의의 가르침이 '정통 기독교 교리'보다 오히려 더 합리적이라고 생각한 사람들이 적지 않았다.

최근 신학자들은 영지주의에서 강조하는 극단적 영육이원론은 받아들이기 어렵지만, 그들 주장의 고갱이는 진지한 성찰이 필요하다는 데 의견을 모으고 있다.

'믿음'보다 '깨달음'을 중시할 때 기독교에 새로운 지평이 열릴 수 있다고 보는 사람도 있다. 캐나다 대학에서 종교학을 가르쳐온 비교종교학자 오강남은 기독교가 영지주의적 요소를 배제하지 않고 그대로 유지했다면 현재 불교와 훨씬 더 넓은 공감대를 형성할 수 있었을 것이고, 이에 따라 두 종교 간의 대화도 순조롭게 전개되었으리라고 주장한다. 그는 기독교에서 '깨달음 중심주의적 차원'이 다시 회복되어 성경의 깊은 면을 볼 수 있어야 한다고 역설한다. 역사학자 아널드 토인비 Arnold Toynbee가 20세기 최대의 사건으로 '기독교와 불교의 만남'을 꼽은 사실도 새겨볼 필요가 있겠다.

삼위일체인 유일신에 가장 큰 '적'은 누구일까?

기독교 신학자들은 일반인은 물론, 적잖은 기독교인들도 삼위일체의 '유일신'을 잘못 파악하고 있다고 지적한다. 성부, 성자, 성령만을 각각 중심에 두기 때문이다.

첫째, 구약의 야훼부터 앞으로 올 심판의 날까지 모든 중심에 성부(아버지 신)가 있다는 신관이다. 여기서 성자, 성령은 성부와 동등하지 않다. 언뜻 보면 강력한 유일신으로 보이고 신앙도 철저해 보인다. 그러나 그 신은 기독교의 삼위일체와는 다른 신이다. 오히려 유대교의 신과 비슷하다.

둘째, 오직 예수만 찾는 사람들이 있다. 예수가 십자가에서 흘린 피로 인류는 죄를 용서받았기에 예수를 믿어야 한다고 강조한다. '예수 천국, 불신 지옥'도 바로 이런 사고에서 나오는 '신앙'이다. 개개인의 '구원'에만 관심을 집중하므로 성부도 성령도 보이지 않는다. 성부, 성자, 성령의 삼위가 보이지 않고 '예수 숭배'로만 젖어들 수 있다.

셋째, 내면적으로 성령을 체험하는 일에 모든 신앙의 관심이 집중되어 예수의 삶과 죽음의 의미를 생각하지 못한다. 성부도 나타나지 않는다. 그 결과, 사사로운 영적 체험을 '성령'으로 착각한다. 사회적으로 물의를 빚는

'시한부 종말론'이나 구원받는 사람의 숫자가 고정되어 있다는 따위의 '경직된 구원론'으로 빠져들기 십상이다.

기독교는 이슬람교가 삼위일체를 인정하지 않기에 올바른 신관이 아니라고 본다. 같은 이유에서 이슬람교는 기독교가 신을 왜곡했다고 비판한다. 예언자인 예수를 신과 동등하게 보는 것은 옳지 않다고 보기 때문이다.

문제는 유일신의 가장 큰 '적'이다. 예수는 유대교를 '적'으로 몰지 않았다. 예수 이후 600년이 지나 등장한 이슬람교도 예수를 '적'으로 몰지 않는다. 성경은 예수가 누구를 적으로 규정했는지 또렷하게 기록하고 있다.

"한 사람이 두 주인을 섬기지 못할 것이니, 혹 이를 미워하고 저를 사랑하거나 혹 이를 중히 여기고 저를 경히 여김이라. 너희가 신과 재물을 겸하여 섬기지 못하느니라." (마태복음 6:24)

예수가 말한 '재물'은 맘몬이다. 맘몬Mammon은 본디 탐욕을 상징하는 악마를 이른다. 검은 몸에 새의 머리가 두 개, 손발톱이 긴 손발을 지니고 언제나 고개를 숙이고 황금만 찾는다고 한다. 성경에서 맘몬은 부정하게 얻거나 사용되는 돈, 사람을 오히려 속박하고 신의 부름에 장애가 되는 재산을 이른다. 신과 돈을 함께 섬기지 못한다는 예수의 '경고' 앞에 과연 오늘의 기독교인들은 얼마나 당당할 수 있을까. 한국의 대형 교회 성직자들이 신이 아니라 맘몬을 섬기고 있다는 지적이 왜 곰비임비 나오고 있는지 성찰이 필요하다. 현대인들의 유일신은 돈이라는 비판 담론들에서 우리는 2,000년 전 예수의 통찰을 새삼 실감할 수 있다.

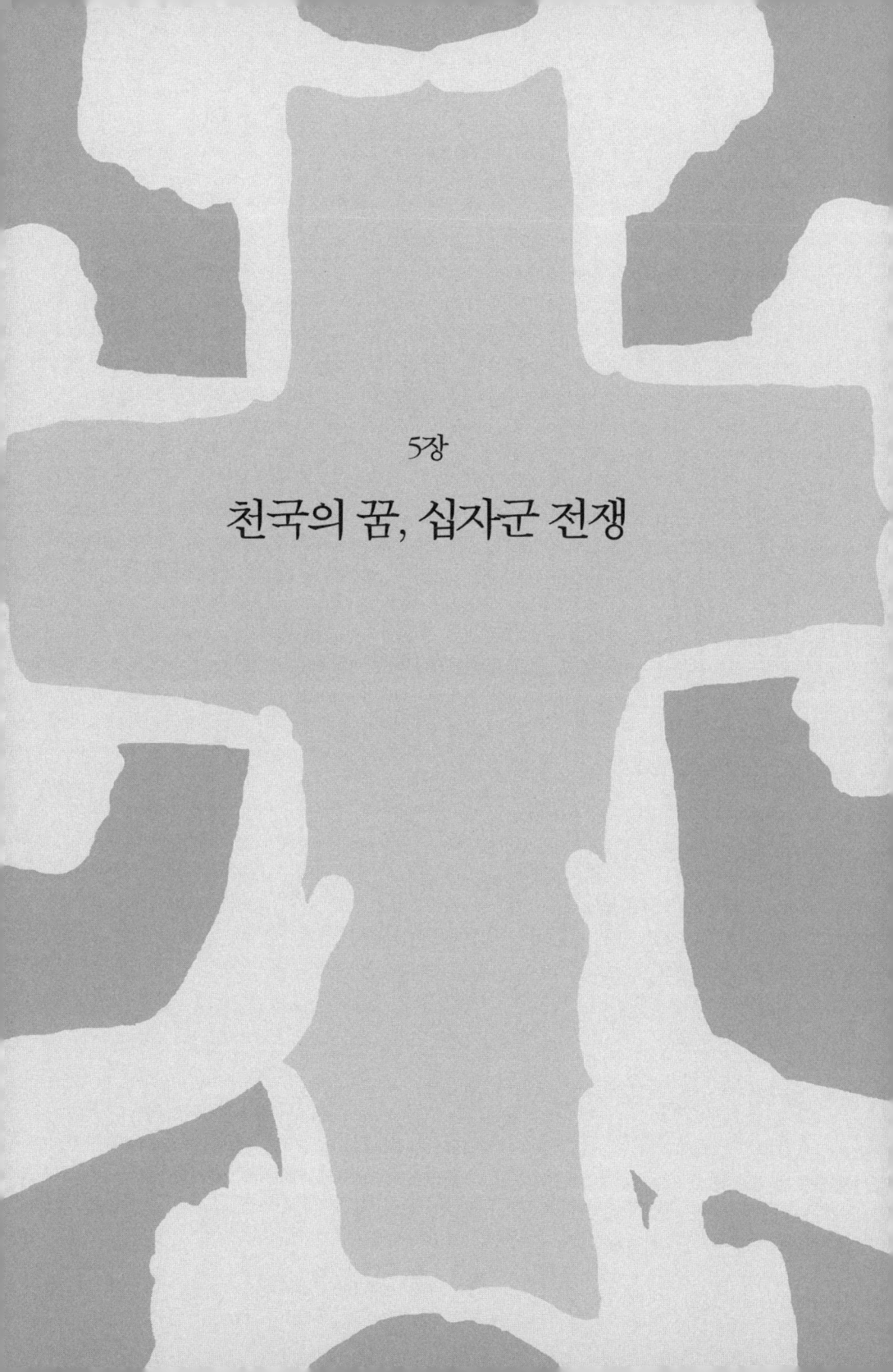

5장

천국의 꿈, 십자군 전쟁

로마의 황제 테오도시우스 1세. 그가 기독교를 제국의 '국교'로 선포한 것은 서기 392년이다. 기독교를 국교로 선포한 황제는 곧장 '이교도'들을 탄압했다. 탄압받던 기독교가 이제 제국의 국교가 되어 다른 종교를 박해한 셈이다.

 기독교는 삼위일체의 교리 체계를 갖추고 로마의 국교로 성장해가지만, 제국은 서서히 기울기 시작한다. 테오도시우스 1세가 숨진 뒤, 로마제국은 동로마와 서로마로 갈라지고 다시 통일을 이루지 못했다. 아니, 이룰 수 없었다. 서로마제국이 그 뒤 100년도 안 되어 멸망했기 때문이다.

 476년 게르만인 용병대장 오도아케르Odoacer가 로마에 입성한 뒤 황제를 폐위하면서 서로마제국은 막을 내렸다. 동로마제국은 1453년까지 1,000년을 더 유지했지만, 더는 로마제국의 이름에 값하지 못했다. 동로마제국은 여러 왕조 국가들 가운데 하나 정도의 위상을 지녔을 뿐이다. 그나마 1200년대부터는 '약소국'으로 몰락해 겨우 연명하는 수준이었다.

아우구스티누스는 왜 '교회의 아버지'로 불릴까

중세 최고의 신학자이자 '교회의 아버지'로 불릴 만큼 큰 영향을 끼친 아우구스티누스 Augustinus 가 북아프리카 누미디아 타가스테(지금의 알제리)에서 태어났을 때, 로마제국이 쇠락하는 징후는 이미 또렷하게 나타나고 있었다.

아우구스티누스의 아버지 파트리키우스는 '비기독교인'이었지만, 어머니 모니카가 독실한 신자였다. 아우구스티누스는 카르타고에서 수사학을 배우고 마니교에 몰입했다. 383년 수도인 로마로 올라가 학문에 뜻을 두었으나 곧 실망하고 쾌락에 빠져들었다.

10대부터 끊임없이 정욕에 사로잡혀 방탕한 생활을 해온 아우구스티누스가 서른세 살이 된 어느 날이었다. 밀라노의 친구 집에 머물다가 절망감에 사로잡혀 무화과나무 아래서 눈물을 쏟고 있었다. 그때, 담 너머에서 놀던 한 아이가 누군가에게 "집어 들고 읽어!"라고 소리치는 말이 들려왔다.

아우구스티누스는 벌떡 일어나 친구가 있는 방으로 바삐 걸어갔다. 그리고 친구가 읽고 있던 책—성경이었다—을 집어 들고 읽었다. 그때 아우구스티누스의 눈에 들어온 구절이 "주 예수 그리스도로 온몸을 무장하십시오. 그리고 육체의 정욕을 만족시키려는 생각은 아예 하지 마십시오"(로마서 13:14)였다. 이를 계기로 아우구스티누스는 회심한다.†

그 이후 본격적으로 기독교인으로서 신학의 길을 걸어갔다. 388년 고향인 북아프리카로 돌아와 391년 서품을 받았고, 395년 히포의 주교가 된다. 아우구스티누스는 《고백록 Confessions》에서 신을 다음과 같이 찬미했다.

"탐욕이라는 악덕은 많은 것을 소유하려 하지만 당신은 모든 것을 소유하셨습니다. 질투라는 악덕은 다투어 남보다 뛰어나기를 원하지만 당신보다 뛰어난 자는 없습니다. 노여움이라는 악덕은 복수를 요구합니다만, 당신 이상으로 올바른 복수를 하는 자는 없습니다. … 영혼들이 당신에게로 돌아가기만 하면 순수하고 투명한 모습으로 찾을 수 있으련만, 당신을 떠나 당신 밖에서 찾아보려고 애쓰고 헤맵니다. 당신을 피하여 멀리 달아날 듯이 행하는 모든 자들이 사악하게 당신을 모방하고 급기야 당신을 거슬러 큰 죄를 범합니다. 그러나 그들이 아무리 당신을 모방하려고 할지라도 당신께서 모든 자연의 창조주이시고 따라서 어느 것도 당신을 완전히 떠날 수 없다는 것을 그들 스스로가 누설합니다."

아우구스티누스는 반달족의 침입으로 로마제국이 어수선한 상황에서 430년 눈을 감을 때까지 글쓰기에 전념했다. 제국이 국경 지대로 몰려드는 '야만인'들로 흔들리자 아우구스티누스는 자기 소임이 무엇인가를 깨달았다고 한다.

아우구스티누스는 기독교 신학에 두 기둥을 세웠다는 평가를 받고 있다.

먼저 원죄론이다. 아우구스티누스는 성욕을 아담과 이브의 타락 때문에 사람에게 씌워진 '원죄'로 풀이함으로써, 사람은 모두 죄인으로 태어났다

† 아우구스티누스가 남긴 기도문 〈젊은 날에 대한 회개〉에는 그의 심경이 잘 드러나 있다. "신이여, 젊은 날에 제가 누렸던 육체적 타락을 기억합니다. 그것을 기억해내는 것은 제가 아직도 그것을 탐해서가 아니라 신을 더욱 사랑하기 위해서입니다. 그 부끄러운 기억을 다시 떠올리려는 것은 주님의 사랑에 대한 제 사랑 때문입니다. 그 기억은 저에게 쓰라린 아픔이 됩니다만, 그렇게 함으로써 주님의 달콤한 은혜를 맛보기를 기대합니다. 그 달콤한 맛은 거짓이 아니며 참된 만족과 행복을 줍니다. 주님은 산산조각으로 흩어져 있던 저를 모아주셨습니다. 주님 안에서 하나였던 저는 주님을 떠남으로써 여러 조각으로 흩어졌습니다. 청소년 시기에 한번은 지옥불 같은 쾌락에 제 몸을 불사르기도 했고, 성적 욕구를 위해 어둠의 숲을 헤매기도 했습니다. 자신을 즐겁게 하고 다른 사람들의 인정을 받기 위해 노력한 결과 제 아름다운 빛이 변하여 썩은 듯하게 되었고 제 힘이 다 없어졌습니다."

산드로 보티첼리, 성 아우구스티누스, 1480, 프레스코, 152×112cm, 오니산티 교회, 피렌체.

고 보았다. 청소년 시절에 방탕했던 자신의 경험이 담긴 셈이다.

원죄론은 그 뒤 신학은 물론 기독교 역사에 큰 영향을 끼쳤다. 원죄론에 따르면, 아담은 죄를 짓지 않을 수 있는 능력과 죄를 지을 수 있는 능력—곧 자유의지—를 지녔는데, 교만과 불신 때문에 영원히 살 수 있는 가능성과 죄를 짓지 않을 수 있는 능력을 잃었다. 타락 이후에도 아담이 자유롭긴 했지만, 이미 죄를 짓지 않도록 해주는 신의 은총을 잃어버렸기에 죄를 짓는 쪽으로만 자유로웠다.

아우구스티누스는 아담이 인류의 모든 후손에게 원죄를 물려주었다고 생각했다. 출생이 '성적 욕망'에서 비롯되면서 원죄가 대물림된다는 논리다. 하지만 신의 은혜로 사람은 도덕적 행위와 종교적 행위를 할 수 있다. 신의 은혜가 없으면 사람의 모든 의지와 행위는 죄를 벗어날 수 없다.

따라서 아우구스티누스에게 사랑은 피조물이 지닐 수 있는 성품이 아니다. 성령의 힘이다. 신의 사랑을 받지 못한다면 우리는 신을 사랑할 힘도 없고, 어떤 선행도 할 수 없다. 신이 구원할 사람들을 이미 예지했다는 예정론의 근거도 여기에 있다. 신이 예정한 사람들은 신의 절대적인 은혜와 사랑으로 구원을 받는다는 것이 예정론의 뼈대다.

예정론을 주장했다고 해서 사람의 의지를 가볍게 본 것은 아니다. 〈견인의 은사에 대하여〉에서 아우구스티누스는 "예정을 가르친다고 해서 견인하며 전진하는 믿음을 가르치지 말라는 것이 아니다"라고 분명히 밝힌다. 다만, 충실한 신앙생활을 하는 사람이 그것을 자신의 공로로 생각하면 교만해지므로 "(자신을) 자랑하는 사람이 주님을 자랑하기 위해 예정 선포가 필요"하다고 강조한다. 사람의 교만과 자기 자랑을 경계하려는 의도가 묻어난다.

사람 본성의 원죄론을 토대로 아우구스티누스는 역사를 바라보는 기독교 사상을 정립했다. 22권에 이르는 《신의 나라 De Civitate Dei》가 그것이다. 흔히 《신국론神國論》으로 알려진 《신의 나라》는 아우구스티누스의 대표작으로, 말년(413~426)을 모두 바쳤다.

서유럽 기독교 사상의 금자탑으로 꼽히는 이 책에서 아우구스티누스는 인류의 모든 역사를 신의 뜻과 구원 계획에 따라 전개되는 일회적 과정으로 보았다. 《신의 나라》는 신학뿐 아니라 철학, 특히 서양 역사철학에 깊은 영향을 끼쳤다.

'신의 나라'는 지상의 왕국인 '세상 나라'와 대칭 개념이다. 아우구스티누스에 따르면, 신의 나라와 세상 나라가 서로 얽혀 있지만 결국 신의 나라가 승리한다. 신의 나라가 세상 나라에 참여하여 끊임없이 변화시키기 때문이다.

아우구스티누스가 《신의 나라》를 60대에 들어서서 22권의 대작으로 쓰게 된 결정적 계기가 있다. 게르만족의 하나인 서고트족이 410년에 일시적이나마 로마를 점령한 사건이 일어났다. 그 시점까지 800년 내내 제국의 수도 로마는 단 한 차례도 외세에 점령된 일이 없었다. 그 '위대한 로마'가 문명이 발달하지 못한 '야만족'들에게 짓밟혀 죽임과 강간, 약탈을 당하는 살풍경에 아우구스티누스는 큰 충격을 받았다.

아우구스티누스가 키케로의 저작을 인용해 '알렉산드로스 대왕과 해적'의 일화를 《신의 나라》에 담은 것은 집필 의도를 엿보게 해준다. 온갖 노략질로 원성 높았던 해적이 이윽고 알렉산드로스 앞에 끌려왔을 때다. 알렉산드로스가 "네놈은 대체 왜 그렇게 사람들을 괴롭히는가?"라고 꾸짖자, 해적은 거침없이 쏘아붙인다. "그것은 당신이 사람들을 괴롭히는 이유와 같소. 다만, 나는 배 한 척으로 일을 하기 때문에 해적이라 부르는 것이고, 당신은 큰 함대를 거느리고 일을 하기 때문에 '대왕'이라고 할 뿐이오."

아우구스티누스는 일화를 소개한 뒤 전쟁을 통한 영토 확장이 해적의 강탈 행위와 도대체 무엇이 다른지 묻는다. 이어 명쾌하게 결론 내린다, 정의가 없는 국가는 해적과 근본적으로 같다고.

아우구스티누스는 신을 멀리하는 나라는 '강도 집단'에 지나지 않는다며, 그것은 신을 멀리하려는 사람들의 교만이 낳은 결과라고 풀이한다. 교만한 자들의 공동체가 아닌, 신의 은총으로 겸손하게 구원을 고대하는 공동체가 신의 나라이다. 그 공동체가 바로 교회이다.

로마가 언젠가 멸망하리라고 내다본 아우구스티누스가 죽음을 맞기 전에 온 열정을 쏟아 《신의 나라》를 써가는 모습을 상상해보라. 아우구스티누스는 설령 로마제국이 그가 '야만족'†이라고 부른 사람들에게 멸망당하더라도, 사상적으로 힘을 줄 수 있는 논리를 체계화했다. 그 사상이 교회의 중요성을 강조했기에 그를 '교부'(교회의 아버지)라 부른다. 중세 신학을 '교부철학'이라 부르는 이유도 같은 이치이다.

---

† 로마제국의 외곽에 머물던 게르만족을 흔히 '야만족'으로 부르는 학계와 지식인들의 관행은 사실 '로마의 관점'에서 본 편견이다. 물론, 그들에게 아직 문자가 없었기에 야만족이라고 할 수 있을지 모르겠지만, 이미 그 시점에서 음악과 무용을 즐겼고 보리로 맥주도 만들어 즐겼다. 영웅을 칭송하는 시를 즐겨 암송하기도 했다. 신앙은 자연숭배로 다양한 신들을 인격화했다. 게르만인은 당시 퇴폐적인 로마인과 달리 몸을 단련하고 순결과 도덕성, 충성, 소박, 정열, 공동체 의식이 두루 강했다. 오늘날로 보면 앵글로색슨인을 비롯하여 스웨덴·덴마크·노르웨이·네덜란드·독일 인들이 게르만 민족이다. 인류학으로 북방인종에 속하며, 남방인종과 견주어 몸이 크고 금발에 푸른 눈이 특징이다. 그들이 북방에서 로마 국경 지대로 밀려든 것은 당시 아시아에서 침입해온 훈족(투르크계의 기마민족)의 강력한 군사력을 피해서였다.

로마가 무너진 뒤 유럽을 통합한 교회

아우구스티누스의 우려는 불행히도 적중했다. 서로마제국은 그의 사망 후 반세기도 안 되어 476년 멸망했다. 서로마제국의 붕괴로 서유럽은 강력한 제국이 없는 상태에서 여러 '봉건국가'들의 시대를 맞았다. 정치권력이 분산되고 뚜렷한 중심이 사라지면서 서유럽을 통합할 유일한 '안정 세력'으로 교회가 주목을 받기 시작했다.

이미 아우구스티누스는 《신의 나라》에서 "사람이 신의 은혜를 입는 것은 교회와 그 신비를 통해서만 가능할 뿐, 교회 밖에는 구원이 없다"는 유명한 말을 남겼다.

'신의 나라'는 번역하는 사람마다 조금씩 표현을 달리했지만, 흔히 말하는 '천국'이나 '천당' 또는 '하늘나라'와 같은 말이다.

이미 예수가 '신의 나라'를 중요하게 가르쳤다. 처음 던진 메시지가 다름 아닌 '신의 나라' 선포였다. 예수는 "때가 찼다. 신의 나라(The kingdom of God)가 가까이 왔다. 회개하고 복음을 믿어라"(마가복음 1:15)라고 가르쳤다.

〈마태복음〉은 '하늘나라(kingdom of heaven)'로 표기했다. "마음이 가난한 사람은 복이 있다. 하늘나라가 그들의 것이다"(마태복음 5:3)라고 기록했다. 〈마태복음〉은 유대인†을 대상으로 한 기록이기 때문에 '신'을 함부로 쓰지 않아 '하늘'로 대체했을 뿐 같은 뜻이라고 학자들은 보고 있다.

흔히 '신의 나라'라고 하면 '나라'라는 말이 주는 선입견 때문에 어떤 국가 개념으로 생각하지만, '나라'의 원문은 '바실레이아 basileia'로 '왕적인 통치 kingly reign'다. 그러니까 '신의 나라'는 곧 '신에 의한 통치'를 뜻한다.

따라서 '신의 나라'는 '국가'가 아닐뿐더러 단순한 '공간'이나 '장소'도 아니다. 물리적 공간을 넘어 '신의 통치가 이르는 모든 것'을 뜻한다. 우리가 어떤 물리적 공간이나 장소에 들어간다고 해서 '신의 나라'에 속하는 게 아니라, 신이 가르쳐준 사랑과 정의가 지배하면 바로 '신의 나라'가 펼쳐지는 것이다.

바로 그래서이다. '신의 나라'가 어느 때에 오느냐고 묻는 바리새인들에게 예수는 또박또박 답한다.

"신의 나라는 볼 수 있게 임하는 것이 아니요, 또 여기 있다 저기 있다고도 못하리니 신의 나라는 너희 안에 있느니라."(누가복음 17:20~21)

"신의 나라는 볼 수 있게 오지 않는다.(The kingdom of God does not come with your careful observation.)"

단호하게 "신의 나라는 너희 안에 있다(the kingdom of God is within you)"고 명토 박은 예수의 가르침은 '(죽은 뒤) 예수(를 믿은 사람은) 천국, 불신(자는) 지옥'을 떠들고 다니는 사람들의 '신앙'이 얼마나 천박한가를 단숨에 깨우쳐준다.

어떤 사람이 '신의 나라', '하늘나라'를 사람이 죽어서 가는 '천당'이라는 수준으로 이해한다면, 그것은 자신이 예수는 물론 기독교를 전혀 모른다는 자기 폭로에 지나지 않는다. 신의 나라는 예수가 가르쳐준 사랑과 정의가 지배하는 공간일 수도 있고 시간일 수도 있다. 사랑과 정의를 구현하는

---

† 유대인들은 '하늘나라', 곧 '신의 나라'를 자기 민족의 역사 속에서 이해했다. 당시 유대인들이 기다리던 메시아는 로마제국을 무찌르고 다윗과 솔로몬 시대의 황금기를 되찾게 해줄 정치적 영웅이었다. 그 메시아가 통치하는 세상을 '하늘나라'라고 생각했다. 하지만 예수에 이르러 '신의 나라'는 새로운 의미를 갖게 된다.

삶일 수도 있다.

예수가 십자가에 못 박힌 뒤 그의 가르침을 따르는 사람들은 교회 공동체를 구성해나가면서 교회를 '신의 나라'로 이해했다. 초기 기독교 공동체 사람들은 예수가 겨자씨와 누룩을 비유한 대목(마태복음 13)에 주목했다. 처음에는 예루살렘 땅 한구석에서 미미하게 시작된 교회와 기독교가 온 세계로 퍼져가리라고 확신했다. 실제로 기독교는 로마제국의 국교가 되면서 유럽 대륙 전역으로 확산됐다.

서로마제국이 무너진 뒤에도 기독교는 영향력을 잃지 않았다. 로마가 몰락한 뒤 서유럽에 여러 봉건 왕국이 들어서면서 오히려 기독교와 교회는 서유럽 전체를 통합하는 '신의 나라'로 자기 위상을 굳혀갔다.

그런데 시간이 흐르면서 교회는 점점 세속 권력까지 행사해갔다. 지상에 강력한 중앙집권적 권력이 없었기에 더 그랬다. 아우구스티누스가 집약한 '신의 나라' 논리도 엉뚱하게 권력 강화의 '명분'으로 이용됐다.

교황과 황제의 '파워 게임'

서기 700년대에 이르러 서유럽의 봉건왕국에서 누군가 왕위에 오를 때 로마 주교(교황)가 '재가'하는 문화가 뿌리내린다. 권위의 위계도 공식화했다. 세상 위에 교회, 교회 위에 교황이 있다고 선언했다.

그런데 롬바르드족의 공격으로 로마 교황이 신변을 위협받는 상황이 벌어졌다. 당시 서유럽 대부분을 정복한 프랑크 왕국의 샤를마뉴Charlemagne 대제가 이탈리아로 들어가 교황을 구했다. 교황은 그 보답으로 800년 샤를마뉴 대제에게 황제의 관을 씌워준다. 그때부터 프랑크 왕국은 '제국'이라 불리기 시작했다.

900년대 중반에는 오토 1세Otto I가 왕권을 강화하려고 교황과 적극 손잡았다. 귀족 세력을 약화시키기 위해 그들이 강탈했던 교회와 수도원의 토지를 되돌려주었다. 로마 현지의 귀족들에게 괴롭힘을 당하던 교황이 구원을 요청하자 로마까지 원정에 나섰다. 교황 요한 12세Joannes XII는 그 보답으로 962년 로마에 온 오토 1세에게 '신성로마제국'† 황제의 제관을 씌워준다.

신성로마제국은 이름부터 종교적 색채가 짙다. 당시 기독교인들은 로마를 세계 최후의 국가로 생각했다. 로마제국은 세상에서 멸망했지만, 로마를 '신의 나라'로 들어가는 관문으로 여겼다. '거룩한 로마'라는 이름이 국가에 붙은 이유다.

제국이 교회를 보호하고, 교회를 통해 제국을 통합하는 신성로마제국 오토 1세의 정책은 그 뒤 황제들에게 계승되었다. 특히 하인리히 3세Heinrich III는 교회를 지키는 것은 황제의 의무라고 확신해 교황청 내부에 들끓던 부패를 청산하고 나섰다. 자신의 뜻대로 교황을 네 명이나 갈아치우기도 했다.

그런데 아들 하인리히 4세Heinrich IV에 이르러선 상황이 역전된다. 1077년

---

† 신성로마제국의 대표적 황제는 호엔슈타우펜 왕조의 프리드리히 1세Friedrich I이다. 후세의 독일 민간설화에서 그가 죽어 묘지에 잠자고 있지만 언젠가는 소생해 독일을 구출해낼 불사의 영웅으로 묘사되었다. 하지만 그 뒤 신성로마제국의 실체는 또렷하지 않다. 1438년에는 오스트리아의 합스부르크 왕가가 신성로마제국의 제위를 이어가는 합스부르크 시대를 맞았다. 독일은 여러 제후가 자기 소유의 영지에서 할거하는 상태가 지속된다. 18세기 이후에는 오스트리아와 프로이센이 헤게모니 싸움을 벌였다. 이미 한 국가로서 실질적인 의의를 잃은 채 형체만 남아 있던 신성로마제국은 프랑스 나폴레옹의 침입을 받아 1806년 최종 소멸된다.

신성로마제국의 상징. 도시와 나라의 문장으로 날개가 뒤덮이고 머리가 두 개인 검은 독수리.

에 저 유명한 '카노사의 굴욕'이 일어난다. 하인리히 4세와 교황 그레고리우스 7세Gregorius VII가 성직자 인사권을 놓고 갈등을 빚자, 교황은 황제를 전격적으로 파문한다. 당시 귀족들의 반란 움직임이 활발했던 시기였기에, 하인리히 4세는 왕권을 지키기 위해 직접 교황을 찾아가 용서를 빌었다. 가까스로 파문이 취소되었다. 황제가 교황을 찾아가 용서를 빈 곳의 지명을 따 '카노사의 굴욕'이라고 불리는 이 사건은 교황이 신성로마제국의 황제를 발아래 두고 있었다는 결정적 사례로 제시되어왔다.

하지만 카노사의 굴욕을 과대평가할 필요는 없다. 사실과도 다르다. 굴욕의 직접적 당사자인 하인리히 4세만 보더라도 왕국 내부의 분열로 어쩔 수 없이 교황 앞에 굴욕을 당했지만, 왕권을 안정시킨 뒤 '보복'에 나섰다. 애초 하인리히 4세가 교황 앞에 머리를 숙인 것은 진심이 아니었던 셈이다. 어린 나이에 왕위를 물려받아 아직 귀족들을 다 장악하지 못했을 때, 내부 반란이 두려워 '카노사의 굴욕'을 감수했을 뿐이다.

하인리히 4세는 교황의 파문에서 벗어나자 왕궁으로 돌아가 그를 반대하던 귀족들을 하나둘 제압해나갔다. 왕권을 안정시킨 하인리히 4세는 교황을 내놓고 무시하기 시작했다. 교황은 격분해서 1080년 황제를 다시 파문하고 폐위시켰다.

하지만 하인리히 4세는 이미 3년 전의 그가 아니었다. 하인리히 4세는 오히려 교황 그레고리우스 7세를 폐위한다고 선언했다. 이어 군대를 몰아 교황청이 자리 잡고 있는 로마로 들어갔다. 로마가 함락되고 그레고리우스 7세는 가까스로 탈출해 남부로 도주했다.

로마를 점령한 하인리히 4세는 새 교황으로 클레멘스 3세Clemens III를 세웠다. 하지만 교회는 황제가 임명한 교황을 받아들일 수 없었다. 로마를 탈출한 그레고리우스 7세가 1085년 병사한 뒤 새 교황을 선출했다. 빅토르 3세Victor III다. 빅토르 3세는 하인리히 4세가 세운 '대립교황' 클레멘스 3세를 파문하고 교황청의 질서를 바로잡았다. 그가 일찍 죽자 후임으로 우르바누스 2세Urbanus II가 교황에 오른다.

베드로의 후계자 '십자군 전쟁'을 일으키다

신성로마제국의 황제 하인리히 4세가 건재한 상황에서 교황이 된 우르바누스 2세는 1095년 11월 클레르몽에서 공의회를 열고 '역사적 연설'을 한다.
"이슬람교도들이 지중해까지 세력을 확장해 우리 형제들을 공격하고, 죽이고, 납치해 노예로 삼고, 교회를 파괴하고, 파괴하지 않은 곳은 모스크(이슬람 회당)로 바꾸고 있다. 그들의 폭력을 더는 용납해서는 안 된다. 지금이야말로 그들에게 맞서 일어설 때다. 이것은 내가 명하는 것이 아니다. 주 예수 그리스도가 명하는 것이다. 출발을 미뤄서는 안 된다. 봄이 오면 곧장 주 예수 그리스도가 이끄는 대로 동방을 향한 진군을 시작한다. 신이 바라시는 성스러운 임무를 수행하기 위하여!"
교황의 연설을 들은 기독교인들은 감동했다. 연설이 끝나자 "신이 그것을 바라신다"는 함성이 곳곳에서 터져 나왔다. '십자군'이 탄생하는 순간이다.
십자군을 일으킨 교황이 연설에서 밝혔듯이 당시 동로마제국은 이슬람의 위협을 받고 있었던 것이 사실이다. 서로마제국이 멸망한 뒤 '비잔틴 제국'으로 불리던 동로마제국의 군사력은 시나브로 약화되어갔다. 반면에 제국의 동쪽 변경에서 이슬람 세계가 급속도로 성장해갔다.

이슬람교를 창시한 무함마드는 632년 6월 숨을 거두지만, 이미 그의 생전에 아라비아 반도의 대부분이 이슬람교로 통일됐다. 무함마드 이후 이슬람의 세력은 더 확대되어갔다. 642년에 페르시아를 멸망시키고, 이집트까지 진출한다. 비잔틴 제국의 영토는 점점 좁아졌다.

북아프리카를 석권한 이슬람 세력은 8세기에 이르러 지브롤터 해협†을 건너 서유럽의 이베리아 반도까지 들어가 서고트 왕국을 멸망시켰다. 하지만 프랑크 왕국에 막혀 더는 전진하지 못했다.

이슬람 세계가 크게 넓어지면서 동서를 융합하는 새로운 문화가 형성되어갔다. 이슬람에 끊임없이 밀리기만 하던 동로마제국(비잔틴 제국)은 1090년대에 자신들을 직접적으로 위협하던 셀주크투르크 왕조가 내부 갈등으로 약해지는 틈을 '기회'라고 판단했다. 비잔틴 제국 황제 알렉시우스 1세Alexius I가 로마 교황청에 군사적 원조를 요청한 까닭이다. 교황 우르바누스 2세는 비잔틴 제국 황제의 군사적 원조 요청을 '신이 바라는 성스러운 임무'라고 화답했다.

역사가들은 교황이 비잔틴 제국 황제의 요청을 적극 받아들인 이유가 그의 연설처럼 '이슬람교도들'로부터 기독교 세계를 지키기 위한 것만은 아니었다고 분석한다. 당시 우르바누스 2세는 성직자를 누가 임명하느냐

---

† 지브롤터 해협은 지중해와 대서양을 연결하는 해협이다. 유럽의 에스파냐 남쪽과 아프리카 북서쪽 사이에 있으며, 길이 58킬로미터로, 마로키 곶(에스파냐)과 키레스 곶(모로코) 사이는 너비가 13킬로미터까지 좁아진다. 유럽과 아프리카의 경계이다. 지중해 서쪽 끝에는 흑해로 들어가는 보스포루스('여울'이라는 뜻) 해협이 있다. 유럽과 아시아 대륙을 잇는 해협으로 가장 가까운 곳은 750미터이다. 터키 정부는 1973년 다리를 놓아 두 대륙을 이었다. 지중해는 지브롤터와 보스포루스 사이에 있는 셈이다.

를 두고 신성로마제국 황제 하인리히 4세와 갈등 관계에 있었다. 교황은 '십자군 전쟁'을 통해 서유럽에서 '교황권'을 강화하고, 동유럽에선 비잔틴 제국의 교회들까지 모두 로마 교황청 아래 흡수할 수 있다고 판단했다.

1095년 교황은 '십자군 연설'에서 성지 예루살렘의 해방 전쟁을 '성전'이라 명명하고 참가하는 사람들에게 '신의 구원'을 약속했다. 교황의 호소를 전하려고 곳곳에 성직자들을 파견했다. 정규 십자군이 결성되기 전에 '은자'라고 불리던 피에르 Pierre l'Ermite를 비롯해 평범한 사람들이 교황의 호소에 감동받아 신의 구원을 받으려고 예루살렘으로 떠났다.

하지만 그들의 뜻과 현실은 달랐다. 대규모로 이동하면서 아무런 '군수 계획'도 없었기에 식량이 떨어지자 약탈을 할 수밖에 없었다. 그들이 거쳐 가는 곳마다 현지 주민들 사이에 원성이 높아갔다. 더구나 성지를 해방한다는 명분을 내세운 그들은 가는 길에 유대인들을 집중적으로 박해했다. 유대인이 예수를 십자가에 매달았기 때문이라고 '명분'을 내걸었다. 실제로는 지역마다 부유하게 살고 있는 유대인들의 재산을 털고 싶은 욕망이 강했다.

마침내 그들은 투르크 군대를 만났다. 정규 군사훈련을 전혀 받지 못한 채 떠난 '군중 십자군'은 당연히 괴멸될 수밖에 없었다.

정규 십자군은 1096년 여름에 5만여 명의 대군으로 출발했다. 땅과 바다, 두 길로 떠난 십자군은 1097년 봄 콘스탄티노플(현재 터키 이스탄불)에서 합류했다. 이어 예루살렘을 공격 목표로 전진해갔지만 길목에 있는 안티오크에서 8개월이 넘는 공방전을 벌였다. 십자군의 인명 손실이 컸고 유행병도 돌기 시작했다. 안티오크 성문의 위병장을 매수해서 가까스로 성 안에 들어선 십자군은 역사에 기록될 만큼 잔인한 학살극을 벌였다.

마침내 십자군은 예루살렘에 도착한다. 1099년 7월 십자군이 예루살렘에 입성할 때도 참혹한 유혈극이 벌어졌다. 십자군은 여자와 아이 들까지 성 안에 있는 사람들을 무차별 학살했다. 열광적인 신앙심에 '이교도'에 대한 증오심이 겹쳐 이른바 '십자군 정신'을 형성한 셈이다.

예루살렘 해방의 목적을 달성한 십자군은 애초 비잔틴 제국에 땅을 돌려주겠다는 약속을 폐기하고, 그들이 점령한 지역에 작은 규모이지만 독립적인 국가들을 세웠다. 교회와 수도원을 지어 유럽의 제도와 관습도 들여왔다. 요한기사단, 템플기사단, 독일기사단[††]은 '성지'를 방어하는 주요 군사력이 되었고, 십자군에 참전한 영주들은 성을 거점으로 지배층을 형성했다. 십자군 전쟁 과정에서 수만 명이 움직였기에 상인들의 이익도 커져갔다. 다만, 농민들은 여전히 예속당했을 뿐 희생을 치른 전쟁에서 어떤 이익도 얻지 못했다.

1차 십자군 전쟁 뒤 이슬람 세력이 내분을 벗어나고 전열을 정비하면서 상황은 달라진다. 예루살렘이 다시 함락되자 신성로마제국 황제와 프랑스

[†] 피에르는 '은자'라는 수식어처럼 출생도 성장 과정도 알려지지 않았다. 허름한 옷에 조랑말을 타고 다니던 그는 교황의 십자군 연설 이후 민중을 선동했다. 그의 감성적 선동에 넘어간 농노들로 구성된 '군중 십자군'은 4만여 명에 이르렀다. 하지만 그들은 예루살렘으로 가는 길에서 식량과 물자가 부족하자 곧바로 마을을 약탈하는 만행을 저질렀다.

[††] 요한, 템플, 독일 기사단은 십자군의 3대 기사단으로 불린다. 요한기사단은 부상한 사람들을 보살펴주는 구호단으로 시작해 전투적 기사단으로 활동하며 영지도 확보했다. 훗날 프랑스 혁명으로 들어선 정부는 기사단 영지를 몰수했다. 수도회의 한 분파로 현재도 활동하고 있다. 템플기사단은 순례 보호를 목적으로 결성한 기사단으로 예루살렘의 솔로몬 신전을 중심으로 성지 방어의 주력부대로 활동했다. 부를 크게 축적했지만 14세기에 이단으로 몰려 재산을 몰수당하는 탄압을 받았다. 독일기사단은 튜턴기사단으로도 불리는데 성지를 방위하며 이교도와 싸우는 임무를 부여받았다. 광대한 영지를 확보했지만 교회 개혁 시기에 세속 영주에게 몰수당했다.

왕, 영국 왕까지 모두 십자군에 참전했다.

그러나 예루살렘을 탈환하지는 못했다. 1204년의 4차 십자군은 목표와 달리 엉뚱하게 비잔틴 제국의 콘스탄티노플을 대대적으로 약탈했다. 비잔틴 제국으로선 로마 교황에 구원을 요청했다가 오히려 '침략자들'을 불러들인 꼴이 되었다. 그 뒤 8차 십자군까지 이어지며 집요하게 전쟁을 일으켰지만 모두 실패했다.

십자군 전쟁이 '신의 뜻'이라고 주창했던 교황의 권위는 어떻게 되었을까. 1차 십자군 전쟁에선 예루살렘을 회복했기에 교황의 권위가 한껏 올라갔다. 교황과 황제 사이에 '성직 서임권'[†]을 둘러싼 오랜 갈등에도 타협이 이뤄졌다. 교황과 신성로마제국 황제는 1122년 '보름스 협약'을 맺고, 성직자의 세속적인 지위와 종교적 지위를 엄격하게 구분해서 후자는 교황이 갖게 되었다. 그 시기까지 성직에 정치권력이 개입해온 '관행'에 마침표를 찍은 셈이다.

그런데 그 뒤 십자군의 연이은 실패는 교황의 권위를 시나브로 실추시켰다. 신의 이름으로 '베드로의 후계자'—1대 교황으로 베드로를 삼았다. 물론 베드로는 살아 있을 때 자신이 '1대 교황'으로 불리리라고는 상상도 못했을 터다—가 선동해 200년에 걸쳐 피비린내 나는 전쟁을 벌였음에도 끝내 이슬람 세력을 이기지 못했기에 교황에 대한 회의가 유럽 전반에 퍼져갔다.

[†] 가톨릭의 주교, 수도원장을 비롯한 성직을 임명하는 권한.

이슬람에서는 십자군을 어떻게 보나?

200년에 걸쳐 여덟 차례나 전개된 십자군 전쟁을 톺아보면, 1차를 제외하고 모두 이슬람군에 패했다. 1차 십자군의 성공은 당시 동로마제국(비잔틴 제국)의 황제가 언급했듯이 이슬람 세계가 정치적으로 분열되어 있었기에 가능했다. 하지만 이슬람 세력이 내분을 정리한 뒤에는 언제나 패퇴했다.

십자군 전쟁은 이슬람 사람들에게 기독교를 다시 생각하게 해주었다. 십자군의 가장 큰 폐해는 지금까지 1,000년에 걸쳐 지속되고 있다. 기독교와 이슬람교 사이에 돌이킬 수 없는 갈등의 씨앗을 뿌렸기 때문이다. 기독교인들은 십자군 전쟁을 이교도와 싸우는 '정의로운 성전'으로 보았고, 심지어 이를 '고행'으로 여겨 속죄 의식으로 삼기도 했다. 초기부터 십자군을 구성할 때 성직자, 수도사, 설교사가 참여했고, 그들의 '순례 호위자'로서 영주, 기사, 보병 군단이 배속되는 모양새였다.

하지만 십자군이 이슬람 사람들을 상대로 끔찍한 살인과 약탈을 자행하면서 '종교 갈등'이 역사의 무대에 불거진다. 1098년 6월 3일 매수자의 손에 안티오크의 성문이 열리자마자 들이닥친 십자군은 성 안에 있는 군인은 물론, 민간인까지 마구 학살하고 약탈했다.

십자군 전쟁이 벌어질 때까지 이슬람 세력은 영토를 넓혀가면서도 다른 종교에 관용을 펴갔었다. 하지만 200여 년에 걸쳐 십자군의 공격을 받으면서 기독교에 대한 적대감이 커져갔다. 전쟁을 시작한 교황 우르바누스 2세가 "무엇 때문에 좁고 가난한 땅에서 기독교도들이 서로 죽고 죽이고 있느냐"며 "성경에도 나와 있지 않느냐. 젖과 꿀이 흐르는 땅으로 가서 이교도를 쳐부수고 성지를 회복하라"고 선동했을 때, 그 뒤 1,000년 가까이 이어지는 비극이 시작된 셈이다. "땅이든 바다에서든 이교도와 싸우다 죽는다면 그 즉시 면죄되고 천국의 영광이 보장된다"는 십자군의 믿음은 이 책의 후반부에 자세히 논의하겠지만 21세기까지 이어진다.

여덟 차례에 걸친 십자군 전쟁은 어떻게 전개됐나

십자군 전쟁은 유럽의 기독교인이 이슬람교인들을 적으로 규정하고 1095년부터 1270년까지 여덟 차례에 걸쳐 벌인 전쟁이다.

1차 십자군(1096~1099)은 가까스로 예루살렘을 '탈환'한 뒤 잔혹한 학살극을 벌였다. 이어 동로마제국에 독립적인 예루살렘왕국을 비롯해 영주들의 나라를 세웠다.

하지만 이슬람 세력이 분열에서 벗어나 반격하며 에데사를 비롯해 십자군이 점령했던 지역을 하나둘 되찾아가기 시작했다. 유럽은 2차 십자군 전쟁(1147~1149)을 벌였다. 프랑스 왕 루이 7세Louis VII와 신성로마제국의 황제 콘라트 3세Konrad III가 직접 지휘했지만 병사들의 대규모 이탈로 성과를 거두지 못했다. 반면에 이슬람권에선 전설적인 영웅 살라딘Saladin이 등장한다. 살라딘의 지휘 아래 이슬람군은 예루살렘을 탈환했다. 살라딘은 예루살렘에 들어가면서 병사들에게 학살은 물론, 약탈을 철저히 금한다. 1차 십자군이 예루살렘을 함락할 때 저지른 잔혹함과 대조적이다. 살라딘은 기독교인 포로들이 몸값을 치르면 석방했고, 가난한 포로는 몸값도 받지 않고 풀어주었다.

그럼에도 십자군은 예루살렘을 목표로 3차 전쟁(1189~1192)을 벌였다. 신성로마 황제 프리드리히 1세, 프랑스 왕 필리프 2세 Philippe II, 영국 왕 리처드 1세 Richard I가 앞장섰다. 하지만 살라딘에게 패배한다. 더구나 프리드리히 1세가 강에 빠져 죽으면서 서둘러 철수했다. 살라딘은 3차 십자군을 격퇴한 뒤 기독교인의 평화적 예루살렘 순례는 허용한다.

4차 십자군(1202~1204)은 교황 인노켄티우스 3세 Innocentius III가 선동한다. 그런데 콘스탄티노플에 도착한 십자군은 돌연 같은 기독교 국가인 비잔틴 제국을 대대적으로 약탈한다. 교황은 예루살렘을 되찾아야 한다며 5차 십자군 전쟁(1217~1221)도 선동하지만 그 또한 실패로 끝난다. 6차 십자군(1228~1229)은 신성로마 황제 프리드리히 2세 Friedrich II가 주도했다. 그는 협상을 통해 이슬람 세력으로부터 예루살렘을 양보받는 데 성공했다. 하지만 귀국하자마자 예루살렘에 주둔하던 십자군 사이에 내분이 일어나 다시 이슬람에 넘어간다.

7차 십자군(1248~1254)과 8차 십자군 전쟁(1270)은 모두 프랑스 왕 루이 9세 Louis IX가 앞장섰다. 지금도 유럽의 기독교인들이 '청순한 성인 왕'으로 꼽는 루이 9세는 열병에 걸려 위독했을 때, 병에서 회복되면 반드시 십자군을 일으키리라는 서원을 했다. 하지만 그가 주도한 두 차례의 십자군 전쟁은 참패로 끝났다. 7차 전쟁에서 왕 자신이 포로가 되었고 협상을 통해 풀려났지만 전쟁의 미련을 접지 못했다. 안티오크가 이슬람에 함락됐다는 소식을 듣고 다시 8차 십자군을 일으켰다. 하지만 예루살렘에 도착하기도 전에 전투에서 패해 숨을 거뒀다. 프랑스 왕의 죽음을 계기로 긴 십자군 전쟁은 막을 내렸다.

십자군을 일으킨 이유는 정말 '신의 뜻'이었을까?

십자군은 첫출발부터 '신의 뜻'을 내세웠다. 하지만 '명분'과 달리 정치적·경제적 이해관계가 더 결정적 요인이었다고 분석하는 학자들이 많다. 기독교와 이슬람교 사이의 종교전쟁이라는 양상은 분명했지만, 그것만으로 풀이할 수 없는 '물증'들이 많기 때문이다. 십자군이 이슬람교도뿐만 아니라 같은 기독교 국가인 비잔틴 제국의 기독교인을 상대로 살인과 약탈—쉽게 말하면, 아무 범법 행위 없이 행복하게 살고 있는 집에 들어가 온 가족을 죽이고 그 재산을 모두 뺏는 야만적 범죄—을 서슴지 않은 역사적 사실이 가장 결정적 증거다.

십자군 전쟁의 이해관계는 명확하다. 교황은 앞서 언급했듯이 신성로마제국 황제와의 갈등을 유리하게 풀어가려는 의도가 또렷했다. 봉건 영주들과 기사들은 새로운 영토를 지배하고 싶은 정치적·경제적 야망이 강렬했다. 상인들은 경제적 이익을 얻으려는 욕망이 기대를 부풀렸다. 전쟁이 거듭되면서 왕들 또한 자신의 권력기반을 강화할 수 있었다. 십자군 전쟁에 참전했다가 전사함으로써 대가 끊긴 귀족 가문의 땅이 왕에게 편입되었기에 더 그랬다.

이탈리아 북부의 여러 도시들도 큰 이익을 보았다. 대규모 군대가 장거리를 이동하면서 도시와 상업의 발달을 촉진했다. 유대인이 독과점하던 교역과 상업의 주도권도 기독교인에게 넘어갔다. 반면에 유대인들은 십자군 전개 과정에서 학살되거나 재산을 몰수당했다.

결국 '신의 뜻'을 전면에 내걸고 교황이 앞장서서 200년 동안 전개한 십자군 전쟁의 '핵심 동력'은 이해관계였다. 교황, 국왕, 영주, 기사, 상인들은 모두 '주 예수 그리스도'를 위한 '성전'을 다짐했지만 저마다 자기 이익을 좇았다. 그것은 예수가 지상에 머물 때 가장 경멸한 위선적 행위이자 악이었다.

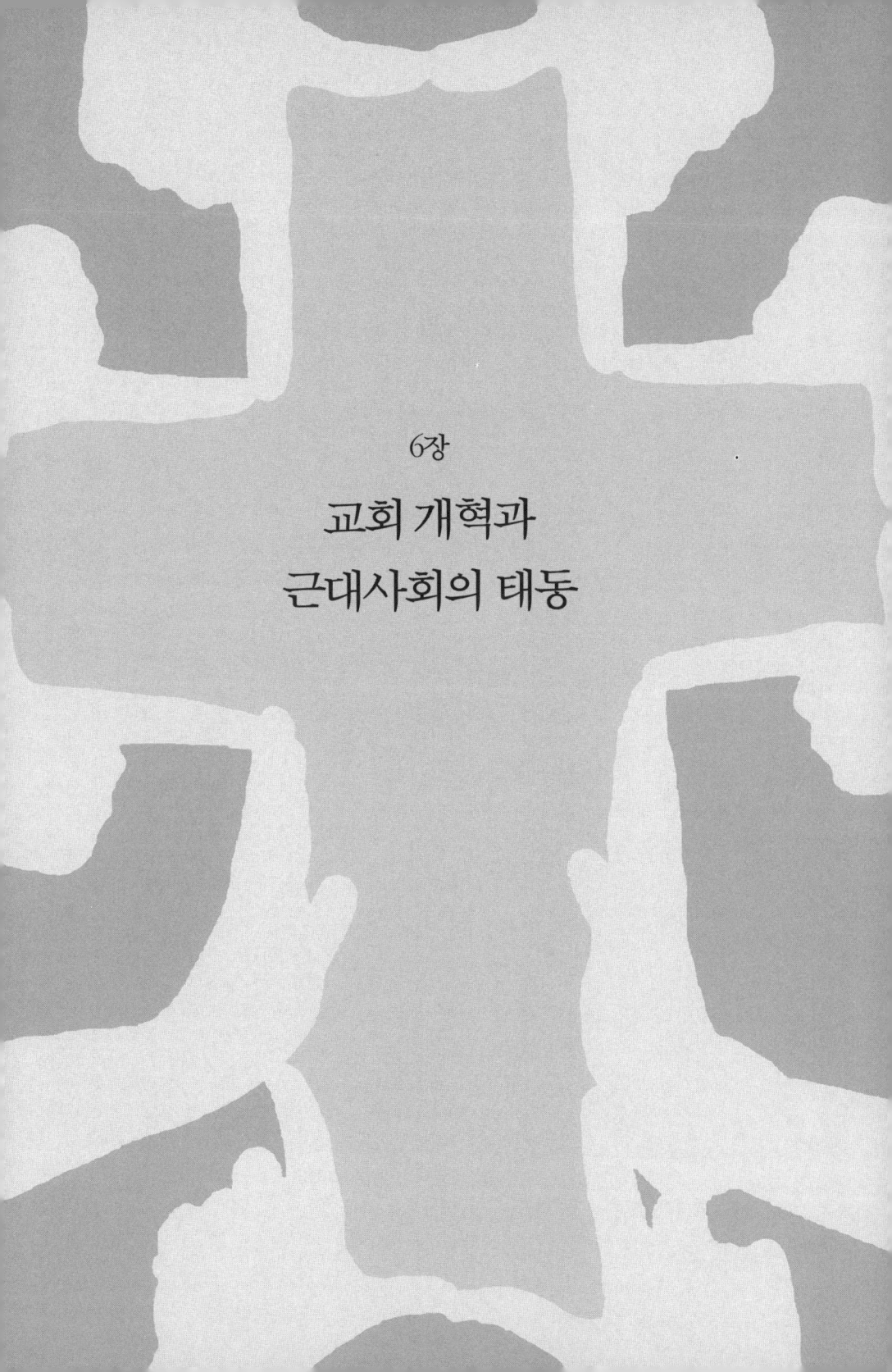

6장

교회 개혁과
근대사회의 태동

예수가 십자가에서 못 박혀 처형당할 때, 아우구스티누스가 로마로 진격해오는 '야만족'의 포성을 들으며 《신의 나라》를 집필할 때, 언젠가 기독교인들이 세상을 지배하면 평화와 정의가 넘실대는 '사랑의 공동체'가 구현되리라고 기대했을 터다.

하지만 어떤가? 기독교가 로마의 국교가 되고 그 이후 대다수 황제들이 기독교인이었을 때, 더구나 교황이 정신적 권위만이 아니라 정치적 권력마저 행사하고 있을 때, 과연 세상은 얼마나 달라졌던가?

평화가 아니라 전쟁(십자군)이, 정의가 아니라 살육과 약탈이, 사랑의 공동체가 아니라 억압적 중세가 현실로 나타났다.

왜 그렇게 되었는가를 차분하게 톺아볼 필요가 있다. 과거로부터 아무것도 배우지 못할 때, 과거는 반드시 '복수'하기 때문이다. 여기서 '복수'는 과거가 되풀이된다는 뜻이다.

교황은 '그리스도의 진정한 대리자'인가?

우리는 앞서 교황이 십자군 전쟁을 시작했고, 그 이유가 '신의 뜻'이나 '예수 그리스도의 영광'에 있지 않고 세속적 이해관계에 있었다는 사실을 짚어보았다.

그렇다면 대체 교황은 언제부터 그랬을까? 교황 제도 자체부터 냉철하게 분석해볼 필요가 있다. 이미 살펴보았듯이 '초대 교황'은 예수의 수제자 베드로이다. 물론, '어부' 베드로는 결코 자신을 '교황'이라고 생각하지 않았다. 지금도 '로마 교황'이라고 부르는 교황 제도의 뿌리는 초대교회의 '감독'에 있다.

2세기 중엽이 지나면서 대다수 교회에 감독(또는 주교, 이후부터 '주교'로 옮김)을 두는 제도가 정착된다. 교회가 커져가면서 주교 위에 대주교를 두고 예루살렘, 안티오크, 알렉산드리아, 로마, 콘스탄티노플의 5대 교구가 형성되었다. 본디 5대 교구의 대주교는 지위와 권위가 동등했다.

그런데 3세기 말부터 로마의 대주교가 다른 대주교들보다 위상이 높아지기 시작했다. 기독교가 제국의 공인을 받으면서 로마 대주교의 우위성은 누구도 의심할 수 없는 상황이 된다. 로마 대주교는 로마 교회가 모든 교회의 모체인 동시에 세계의 모든 교회를 다스릴 권한을 지닌다고 주장했다. 베드로의 사도권이 로마의 대주교에게 전수되어왔다는 논리도 이때부터 정립되어갔다.

그런데 330년 콘스탄티누스 황제가 제국의 수도를 콘스탄티노플로 옮기면서 갈등이 불거진다. 콘스탄티노플 교회는 당연히 자신들이 로마 교회에 버금가는 지위를 가져야 옳다고 주장했다. 결국 381년 제1차 콘스탄티노플 회의를 통해 콘스탄티노플 대주교는 로마 대주교와 대등한 권한을 공인받게 된다. 로마 교회와 콘스탄티노플 교회 사이에 균열이 생기는 것은 필연이었다.

서로마제국이 무너진 뒤 로마 교회가 서유럽의 정신적 중심 —아우구스티누스의 《신의 나라》가 주된 논리였다— 이 되어가면서 '교황'의 권위가 커져간다. 교황권 정립에 가장 적극적으로 나선 인물은 겔라시우스Gelasius이다. 서유럽 교회의 최고 책임자인 그가 동로마제국의 황제 아나스타시우스Anastasius에게 보낸 편지를 읽어보자.

"세계는 원칙적으로 두 세력이 통치한다. 하나는 성스러운 교황권이며, 다른 하나는 세속의 왕권이다. 둘 가운데 사제가 지닌 중요성이 훨씬 더 크다. 왜냐하면 신의 심판대 앞에서 사제는 제왕을 위하여 변호해야 하기 때문이다. 그리고 교황을 심판할 수 있는 분은 오직 신이다."

물론, 교황 제도가 진통 없이 뿌리내린 것은 아니다. 오랜 논쟁을 거쳤다. 590년에 로마 대주교 그레고리우스 1세Gregory I가 최초로 '교황'의 칭호를 가졌다. 베드로를 초대 교황으로 삼은 것도 그때이다. 교황이 서로마제국 멸망 뒤 여러 왕조 국가에게 강력한 정치력을 행사하면서 '카노사의 굴욕'이 일어났던 사실, 세속 권력에 밀리자 다시 십자군 전쟁을 일으킨 사실을 앞서 짚어보았다. 십자군 초기에 예루살렘을 함락했을 때 교황의 권위는 한껏 높아졌지만, 그 뒤 연이은 실패로 추락해갔다.

십자군이 최종 실패한 직후 일어난 '아비뇽 유수'는 교황의 권위가 얼마나 약화될 수 있는가를 여실히 보여준다. 아비뇽 유수는 프랑스 왕이 로마 교황청을 자신의 지배 아래 두기 위하여 프랑스 남부의 아비뇽으로 옮긴 사건이다. 당시 프랑스 왕은 필리프 4세Philippe IV로 마지막 십자군 전쟁에서 숨진 루이 9세의 손자이다. 그는 교황 보니파키우스 8세Bonifacius VIII와 갈등을 빚자, 군사력을 바탕으로 교황을 몰아내려고 시도한다. 그 결과 프랑스인 교황인 클레멘스 5세가 등장하자 아예 교황청을 아비뇽으로 옮겼다. 교황청이 로마를 떠나 아비뇽에 머물던 기간은 70년 남짓이다. 교황의 권위는 교황청이 로마로 복귀하면서 다시 살아나기 시작한다.

카노사의 굴욕과 아비뇽의 유수, 교황의 힘이 정점에 이르렀을 때와 밑바닥에 이르렀을 때를 상징하는 두 사건 사이에서 교황은 중세 내내 권력을 행사했다. 교황 그레고리우스 7세는 "저열한 사제도 가장 훌륭한 왕보다 인류를 위해 더 좋은 일을 한다"고 주장하며 교회의 정치 개입을 정당화했다.

교황의 권위는 구원을 바라는 사람들에게 절대적이었다. 구원을 갈망할 때 기독교와 교회, 교황의 존재가 어떤 의미가 있는가를 역사에서 확인할 수 있는 사례는 많다. 가령 십자군 전쟁과 아비뇽 유수로 교황의 권위가 떨어졌다고 하지만, 페스트가 14세기 유럽을 휩쓸며 수천만 명의 목숨을 앗아갔을 때, 죽음에 대한 사람의 공포는 그 시대 사람들로 하여금 이미 '구원'을 팔아먹고 있던 교회와 교황에 기꺼이 머리를 조아리도록 했다.

교황 제도의 고갱이는 〈피렌체 선언문〉(1438)에 잘 나타나 있다.

"우리는 거룩한 사도직과 로마 교황직이 모든 교회 직위에 으뜸가는 직분임을 선언한다. 로마 교황은 사도들 중의 왕자, 성 베드로의 후계이며 그리스도의 진정한 대리자이며 모든 교회의 머리이며 온 교인의 아버지이시고 스승이시다. 그에게 우리 주님께서 우주적인 교회를 다스리고 지배하며 먹이는 능력을 허락하시고 축복하신 품성이 있으심을 선언한다."

선언문에 나타나듯이 로마 교황은 '베드로의 후계'일 뿐만 아니라 '예수 그리스도의 진정한 대리자'였다. 예수가 승천한 뒤, 그 대리자라는 위상은 결코 가볍지 않다. 교황은 단순히 정신적 권위나 종교 내부적 권력만 쥐고 있지 않았다. 신분을 초월해 뭇사람들의 존경을 받아온 교황은 '예수의 대리자'로서 누구의 간섭도 받지 않는 권력을 누릴 수 있었다.

타락과 부패의 길을 걸은 교황들

'예수의 진정한 대리자'로서 역대 교황 가운데 가장 최악으로 꼽히는 교황의 삶을 짚어보면, 우리는 역설적으로 사람의 연약함을 새삼 발견할 수 있다.

르네상스 시대의 로마 교황 알렉산데르 6세 Alexander VI가 그 주인공이다. 1431년 에스파냐의 카탈루냐 귀족인 보르자 가문에 로드리고 보르자 Rodrigo Borgia가 태어난다. 탄생부터 예수의 '환경'과는 확연히 다르다. 그는 삼촌이 1456년 교황(칼릭스투스 3세 Calixtus III)에 오르자 로마로 간다.

15세기의 거의 모든 교황들이 그랬듯이 칼릭스투스 3세도 친인척을 추기경으로 임명했다.† 26세 청년 로드리고도 추기경에 '추대'된다. 로드리고는 이듬해 발렌시아 대주교가 된다. 그런데 삼촌이 사망하면서 '위기'를 맞았다. 하지만 타고난 처세술로 후임 교황 피우스 2세 Pius II의 신임을 얻어

---

† 그들이 교황령에 속한 지역을 아들이나 조카에게 봉토로 주거나 아예 교황령에서 빼내 독립 공국으로 만들려고 한 족벌주의에는 나름대로 '명분'이 있었다. 세속주의의 흐름 속에 점점 힘이 커지는 세속 군주들의 도전에 맞서려면 교황도 그에 상응해 강력한 중앙집권 체제를 구축해야 한다는 논리였다. 폐해는 말할 나위 없이 컸다. 그렇게 임명된 추기경단이 어떤 교황을 선출할지는 불을 보듯 명확한 일이다. 자질이 크게 부족한 교황들이 줄줄이 이어진 이유이다.

교황청 고위직으로 일한다.

로드리고는 성직자이면서도 여성 편력이 심했다. 숱한 여성들과의 사이에 4남 1녀를 두었다. 그럼에도 음모를 꾸미는 데 능수능란해서 1492년 추기경단을 매수한 끝에 교황 자리에 오른다. 교황이 된 뒤에도 문란한 사생활은 이어졌다.

성직자였기에 공식적으로는 밝히지 못한 아들 체사레 보르자 Cesare Borgia를 추기경으로 임명했다. 거기서 그치지 않는다. 보르자를 앞세워 교황청 가까운 지역에 강력한 나라를 세우려고 교황의 권위를 이용해 프랑스 왕에게 도움을 요청한다. 결국 프랑스군이 가세한 교황청의 군대는 이탈리아 중부 지역을 정복한다.

하지만 독립적인 나라를 세우려는 교황과 아들 보르자의 꿈은 갑작스러운 교황의 병사로 물거품이 된다. 후임 교황이 보르자를 지원하지 않았음은 물론, 전격 체포했기 때문이다.

교황으로서 알렉산데르 6세의 생활은 전혀 성직자답지 못했다. 세속적인 군주보다 더 호화로운 '궁정 생활'을 영위했다. 성직을 매매했고, 무절제한 성적 쾌락을 추구했다. 바로 그 '패륜적 교황'이 다름 아닌 '이단'을 박멸한다며 '서적 검열제'를 만들었고, 실제로 피렌체의 교회 개혁론자 사보나롤라 Girolamo Savonarola를 화형에 처했다.

더러는 그가 문화 예술을 사랑했다며 비호하기도 한다. 당대 최고의 예술가인 미켈란젤로 Michelangelo와 라파엘로 Raffaello를 끌어들여 교황청을 장식한 사실을 '증거'로 든다. 하지만 교황의 '예술 사랑'은 예술 자체에 있다기보다는 공명심이나 사치 차원으로 보는 게 옳다.

알렉산데르 6세가 교황이 되기 전은 물론, 교황으로 있으면서 저지른 성적 편력, 권력을 추구하고 유지하기 위해 범죄도 서슴지 않은 행태는, '예수의 대리인'으로 추앙받은 자가 얼마나 끔찍한 사람일 수 있는가를 '증언' 해준다.

그런데 알렉산데르 6세가 교황으로 온갖 세속적 탐욕에 젖어 있을 때, 이미 시대는 전환기를 맞고 있었다. 교황청 밖에선 '르네상스Renaissance'의 물결이 출렁였다.

르네상스가 로마를 비롯해 이탈리아 북부에서 싹튼 데에는 여러 요인이 있다. 말뜻 그대로 '재생'인 르네상스는 중세의 신 중심주의에서 벗어나 고대 그리스와 로마의 인문주의를 다시 살려내자는 새로운 흐름이었다. 바로 그렇기에 고대 로마의 역사 유적이 그대로 남아 있던 곳에서 활발하게 일어났다.

당시 이탈리아 북부는 십자군 전쟁을 계기로 동서를 교류하는 중심지였다. 동로마의 비잔틴 제국은 물론, 이슬람 세계의 문화가 서유럽과 만나는 지점이었다. 콘스탄티노플의 함락으로 동로마제국이 멸망한 뒤 그리스 문화를 지닌 비잔틴 계열의 학자들이 대거 유입됐다. 교회 권력(교황)과 세속 권력(황제) 사이의 오랜 갈등으로 양쪽 모두 지쳐 있는 상태였기에 새로운 움직임이 싹틀 수 있는 여건도 충분했다.

더구나 경제적 요인이 변화를 끌어갔다. 11, 12세기에 상업이 발달하면서 곳곳에서 도시가 발달하고 그 안에서 살아가는 상공인들이 '시민계급'으로 성장해가고 있었다. 그들은 중세의 교황 질서에 맞서 세속주의와 개인주의를 적극 옹호하기 시작했다. 인쇄술이 등장하면서 시민계급의 움직임은 더 탄력을 받았다.

그럼에도 알렉산데르 6세가 상징하듯 교황들은 거꾸로 타락과 부패의

forma confessionalis.

Pateat vniuersis presentes literas inspecturis. Qualiter deuoti in xpo
dioces ad op9 sancte cruciate p Sanctissimi in xpo patre et dnm nrm dnm Sixtu diuia prudentia
papa quarti ordinatu debitam fecerint contributionem. Quapropter Quilibet eor auctoritate pfati dni nostri pape
ptatem habet eligendi confessorē presbiteru tibi ydoneu religiosi vel secularem qui audita diligenter eius confessione
absoluere eu possit auctoritate pdicta ab oibus comissis p eu excessibus et pctis quibuslibet quatucuq enormibus
Etiā si talia forent ppter q sedes aplica esset consulenda. Et a censuris et penis ac excoicationibus omnibus. A iure
vel per statuta quecuq pmulgatis et sedi apostolice reseruatis semel dumtaxat. A non reseruatis vero eadem sedi
toties quoties id petierit. Ac semel in vita et in mortis articulo plenariā omnium pctor suor indulgentiā et remis
sionem impendere. Nō obstantibus quibuscuq reseruationibus a pfato pontifice, vel eius pdecessoribus factis prout
in bulla data. M. CCCC. LXXX. pridie nonas decembris pontificatus eusdē anno decimo plenius cōtinetur.
In cuius rei fidem et testimoniū Ego frater   ordinis minorum subcommissarius
eusdem sanctissimi dni nostri Sixti pape quarti super prefato negocio deputatus presentes litteras fieri fec. Et
sigilli cruciate impressione munin. Anno domini. M. CCCC. LXXXij. die

forma absolutionis.

Misereatur tui oipotens deus &c. Dns noster ihesus cristus per suā pijssimā misericordiam te absoluat. Et auco
ritate eius et beator Petri et Pauli apostolor ac Sanctissimi dni nostri pape mihi cōmissa et tibi concessa Ego te
absoluo a vinculo excoicationis si incidisti et restituo te sacramentis ecclesie ac vnioni et participationi fidelii. Et
eadem auctoritate te absoluo ab omnibus et singulis omnibus delictis et peccatis tuis quātumcunq grauibus et
enormibus. Etiā si talia forent propter que sedes apostolica consulenda esset. ac de ipsis eadem auctoritate tibi ple
nariam indulgentiā et remissionem confero. In nomine patris et filii et spiritussancti. Amen.
Nota q in mortis articulo adiungenda est hec clausula. Si ab ista egritudine nō decesseris plenaria remissionē et
indulgentiā tibi eadem auctoritate in mortis articulo conferendam reseruo.

길을 걸었다. 1440년에서 1520년까지 르네상스 시기에 교황으로 '군림'한 이들은 변화하는 시대적 흐름에 맞춰 교회를 개혁하기는커녕 오히려 자기 탐욕에서 헤어나질 못했다. 알렉산데르 6세만 사생활이 문란했던 게 결코 아니었다. '예수의 대리인'을 자처한 자들이 타락의 극한을 달리고 있었다.†

교황들은 자신의 사생아나 친족에게 성직은 물론 영주 자리를 주려는 데 혈안이 되어 있었다. 시스티나 성당을 설립한 교황 식스투스 4세Sixtus IV는 두 명의 조카를 추기경으로 임명했다. 그 가운데 한 명이 나중에 교황 율리우스 2세Julius II가 된다. 뒤를 이은 교황 인노켄티우스 8세Innocentius VIII는 두 명의 사생아 결혼식을 바티칸에서 호화롭게 거행했다. 자신의 '사돈'이자 당대의 '재벌'인 메디치 가문의 13세 소년을 추기경으로 임명하는 '파격'을 보이기도 했다. 그 소년이 바로 교황 레오 10세Leo X다.

레오 10세는 이미 또렷해진 르네상스 흐름에 조응해 학자, 문인, 예술가들을 적극 후원함으로써 로마의 문화적 번영을 일궈나갔다. 하지만 '재벌'의 아들로 소년 시절에 이미 추기경이 된 그의 끝없는 사치 생활로 인해 교황청의 재정이 바닥나기 시작한다. 결국 그는 성베드로 대성당(산피에트로 대성당)을 건립한다는 명분으로 '면죄부' 판매를 단행한다. 기독교 역사의 큰 획인 '교회 개혁'††이 이루어지는 결정적 계기는 그렇게 찾아왔다.

---

† 역대 교황들의 식탐도 기록으로 전해진다. 교황들이 즐겨먹은 음식 기록에는 다음과 같은 요리들이 등장한다. 거세한 수탉, 공작새 요리, 꿩고기, 메추라기 요리, 두루미 요리, 와인에 절인 삶은 소 혀 요리, 와인에 절인 삶은 돼지 궁둥이 요리, 비둘기 요리, 돼지 배 요리, 토끼 튀긴 요리, 염소 간 요리, 송아지 발 요리, 개구리 요리, 곰 요리. 자기 부엌에 요리만으로 11명의 일꾼을 둔 황제도 있다.

†† '교회 개혁'이란 말이 적잖은 독자에게 낯설 수 있다. 하지만 종교개혁이라는 익숙한 개념에는 사실 '아메리카 발견'과 같은 시각의 '편향성'이 있다. 역사 속에 종교는 기독교만이 아니기 때문이다. 《10대와 통하는 미디어》에선 혼돈을 피하기 위해 '종교 개혁'으로 표기했지만, 이 책에선 '교회 개혁'으로 쓴다.

루터, 교회 개혁을 부르짖다

가톨릭 신부 마르틴 루터 Martin Luther 는 교황이 판매하는 면죄부를 도저히 이해할 수 없었고 그래서 용서할 수 없었다.

교회 개혁의 '대명사'가 된 루터는 1483년 지금의 독일 동부 지방인 작센에서 광산업으로 자수성가한 집안에서 태어났다. 부모는 모두 부지런하고 검소했다. 자녀 교육에도 엄격했다. 루터가 어린 시절에 호두 한 알을 몰래 먹다가 어머니에게 들켰을 때, 피가 나도록 맞았다. 아버지는 어머니보다 더 엄격했다.

루터는 아버지의 뜻에 따라 사회적 성공을 추구한다. 법학을 공부했다. 하지만 그에게 일어난 사건이 인생을 송두리째 바꾼다. 어느 날 학교 가던 길에 갑자기 장대비가 쏟아졌다. 루터는 큰 나무 밑으로 뛰어가 비를 피했다.

그런데 바로 그 순간 벼락이 떨어졌다. 루터는 진창으로 고꾸라지며 자기도 모르게 소리쳤다.

"저를 도우소서! 신부가 되겠습니다!"

그것을 신의 음성으로 받아들인 루터는 곧장 수도사의 길로 접어들었다. 아버지는 루터가 '신의 음성'이라고 이야기한 벼락 소리는 '사탄의 소리'라고 설득했다. 그러나 루터의 마음을 꺾지 못했다. 아우구스티누스 수도회의 신부가 된 루터는 자신에게 엄격한 수도사였다. 온갖 고행을 마다하지 않았다. 사소한 일까지 참회하며 고해성사하는 루터에게 선배 사제는 "간통이나 살인 같은 죄다운 죄를 짓고 와서 고백해야지. 그걸 죄라고 고백하니?"라며 웃을 정도였다.

면죄부를 팔아 돈을 긁어모은 교황청의 대리인 요한 테첼과 사기 치는 상인들.
외르크 브로이 형제 중 형, 1530년 무렵.

루터는 로마를 순례하면서 또 한 번 운명이 바뀐다. 수도회에서 불거진 문제를 해결하기 위해 교황청을 방문할 기회가 생겼다. 당시 로마 순례는 모든 수도사들에게 '꿈의 여행'이었기에 루터 또한 설렘이 컸다.

로마에 도착한 루터는 교황이 머무는 성당의 '거룩한 계단'[†]을 무릎으로 기어올라가 주기도문을 외우며 참회했다. 다른 사람들이 그랬듯이 루터도 그 계단을 무릎으로 올라갔지만, '속죄'에 대해 회의가 들었다.

성당에서 나와 로마를 돌아다니며 루터는 큰 충격을 받았다. 썩은 구린내가 진동할 정도로 부패와 타락의 현장을 실감했다. 특히 교황 알렉산데르 6세가 사생아인 자신의 친딸(루크레치아 Lucrezia)과 근친상간의 죄를 범했다는 소문이 나돌고 있었다. 더구나 교황이 내놓고 족벌주의를 추구하며 일상적으로 성직을 매매한다는 사실에 루터는 절망했다. 교황청에서 뇌물로 성직을 얻은 사제들이 신에게 "당신은 밥줄, 영원한 밥줄이다"라고 기도한다는 우스갯소리도 수도원 수도사들로부터 전해 들었다.

게다가 교황청 안팎에 상업주의가 판치고 있었다. 예수의 발자국, 가시면류관의 한 조각, 유다의 은화 한 닢, 모세의 '불타는 떨기나무'를 돈을 받고 보여주는 행사가 열리고 있었다. 그 '성물聖物'을 관람하는 사람은 1,000년 동안 연옥의 고통에서 구원받는다고 선전하는 풍경에 루터는 아연했다.

썩은 구린내 가득한 로마를 순례하며 젊은 루터의 가슴에 교회 개혁의 불꽃이 타오르기 시작했다. 루터는 훗날 "내 눈으로 교회의 부패를 보았고, 이와 싸울 것을 결심했다"고 그 순간을 회고했다.

루터의 결심에 직접 불을 지른 것은 1515년부터 시작된 수도사 테첼Johann Tetzel의 면죄부 판매였다. 당시 테첼은 '모금의 귀재'로 꼽히고 있었다. 먼저 서커스로 사람들을 불러 모은 뒤, 면죄부의 효과를 선전했다.

본디 가톨릭의 면죄부는 누군가 교회에 죄를 지었을 때, 교황이 용서하며 처벌을 면해주는 것을 뜻한다. 그런데 그 면죄부가 돈을 받고 온갖 죄를 사해주는 증명서가 된 것이다. 교황 레오 10세는 수입을 늘리기 위해 면죄부를 대량으로 판매했다.

루터는 더는 참을 수 없었다. 1517년 교회의 면죄부 판매에 대한 95개조의 논박문을 작성해 비텐베르크 교회의 문에 붙였다. 루터는 로마 교황을 겨냥해 용기 있게 물었다.

"가장 부자였던 크로이소스Kroisos 왕보다 더욱 부유한 교황이 성베드로 대성당을 자신의 돈으로 짓지 않고 가난한 신도에게 돈을 뜯어서 짓는 이유가 뭔가?"(86조)

교황을 직접 겨냥한 루터의 논박문은 인쇄술의 발달에 힘입어 급속도로 퍼져갔다. 일파만파가 일었다. 테첼은 루터의 글을 곧장 로마 교황청에 보고한다. 분노한 교황은 루터를 로마로 소환했다.

그러나 루터가 머물던 작센의 선제후†† 프리드리히Friedrich III가 교황에 순순히 동의하지 않았다. 결국 교황청은 카예타누스Cajetanus 추기경을 아우크스부르크로 보냈다.

추기경이 루터를 심문하며 '면죄부를 승인한 교황의 권위'에 순종할 것

---

† 예수가 빌라도 총독에 불려갈 때 올라갔던 28개의 계단을 천사들이 완벽하게 로마로 옮겨왔다고 한다. 계단 하나하나가 9년 동안의 속죄를 보증하는데, 특히 십자가 표시가 된 계단은 예수가 무릎을 꿇은 곳이어서 속죄 기간이 두 배로 계산된다.

†† 선제후選帝侯는 신성로마제국에서 황제 선출에 참여하는 자격을 가진 제후諸侯(영주)를 뜻한다. 6, 7명의 제후들이 선출한다고 하지만 왕위 계승의 기본은 '혈통'이었다. 선제후는 혈통에 의한 왕위 계승을 정당화하는 절차였지만, 계승자가 명확하지 않을 때는 강력한 힘을 발휘하게 된다. 선제후의 영토는 분할할 수 없고 반드시 장남에게 상속되었다. 권력 또한 국왕에 버금갔으며, 선제후에 대한 공격은 대역죄로 취급받았다.

을 강요하자, 루터는 씩씩하게 "교황보다 공의회가 더 높으며, 모든 사람은 오류를 범할 수 있기 때문에 기독교 신앙의 최종적인 권위는 교회가 아닌 성경이 가진다"라고 반박했다. 루터는 '독일 민족의 그리스도인 귀족을 향한 연설'에서 황제를 포함한 귀족들이 사도의 청빈과 소박함으로 되돌아감으로써 교회를 개혁해야 한다고 호소했다.

로마 교황청은 1520년 루터를 정죄하고 파문한다. 그런데 한 달 뒤 루터의 공식 대응은 놀라움이었다. 루터는 교황청이 보낸 파문 교서의 사본과 교회 법전을 사람들이 보는 앞에서 공개적으로 불태웠다. 교황의 교서를 불사르면서 그것을 지켜본 사람들의 가슴에 불을 지른 셈이다.

마침내 신성로마제국의 황제가 루터를 소환한다. 1521년 루터를 소환한 젊은 황제는 논박문을 철회하라고 요구했다. 루터는 황제에게 당당하게 말했다.

"우쭐거리지도 않고, 또 악의를 가지지도 않고 대답하고자 합니다. 나는 성경과 명석한 이성에 의해 유죄 평결을 받지 않는 한, 내 양심은 신의 말씀에 사로잡혀 있습니다. 나는 아무것도 철회할 수 없고 또 그럴 생각도 없습니다. 왜냐하면 양심에 반해서 행하는 것은 위험하며, 불가능하기 때문입니다. 신이여, 저를 도우소서. 아멘."

황제의 소환에 응하기 전에 '신변 안전'을 보장받았기에 안전할 수 있었지만, 황제는 칙령으로 "루터는 법에서 추방된 자"라고 선언한다. 당시 그 말은 누군가 루터를 죽여도 된다는 의미이다.

개신교와 프로테스탄트의 등장

위기를 맞은 루터를 다시 작센의 선제후 프리드리히가 도와준다. 길에서 루터를 위장 납치해 바르트부르크 성에 숨겨놓았다.

루터가 성에 은신해 있을 때, 루터를 따르는 사람들은 인쇄술을 이용해 교회 개혁 사상을 곳곳으로 퍼트려갔다. 특히 루터가 1520년에 출판한 《기독교인의 자유 Von der Freihit eines Christenmenchen》가 매개체였다. 전문이 30구절 정도인 작은 팸플릿에서 루터는 "오직 믿음만으로! 은총만으로! 성경만으로!"를 부르짖었다.

그 시대에 루터만 교회 개혁을 주장한 것은 아니었다. 루터는 개혁론자들 대다수가 교회의 일상에 집중해 성직자들의 죄를 비판하는 데 그쳤지만, 자신은 교회의 교의까지 비판했다고 당당하게 밝혔다.

로마 가톨릭은 사람들이 고백과 고해성사로 죄를 용서받을 수 있다고 강조했다. 하지만 루터에게 사람은 자신이 지은 죄를 모두 기억할 수도 없고, 심지어 인지할 수도 없는 존재였다. 따라서 죄를 제거하려는 시도는 천연두에 걸린 환자가 부스럼의 딱지를 떼어내 병을 고치려는 어리석은 짓이라고 비유했다.

루터는 인간성 전체가 병들어 있다고 생각했다.

엄격한 금욕 생활을 하며 사소한 일까지 고해성사하던 루터가 절감한 것은 인간성의 근원적인 '죄'였다. 루터는 사람을 근본적으로 약하게 만들어놓고는 사람에게 저주를 퍼붓는 신의 선의에 의문을 품었다. 그 번민은 신에게 호소하는 〈시편〉 22장†을 읽으며 풀렸다. 루터는 사람에게 요구되는 것은 오직 믿음으로 신의 은총을 받아들이는 것이라고 결론 내렸다.

따라서 루터에게 그때까지 강력한 권한을 쥐고 있던 사제(신부)들의 의미는 약해질 수밖에 없었다. 루터가 "모든 사람이 신을 섬기는 사제"라고 역설한 이유다. 루터는 사제가 빵과 포도주를 나눠주며 이를 예수의 몸과 피라고 말하는 의식도 부정했다. 예수의 몸과 피는 모든 곳에 있다고 보았다.

당시 90퍼센트 정도가 문맹이었지만, 루터에 공감한 사람들은 사람들이 모인 자리에서 루터의 글을 낭독하며 교회 개혁에 적극 동참했다.

교회 개혁의 목소리가 유럽 전역으로 공감을 얻어갈 때 루터 신부는 파격적으로 결혼을 발표한다. 가톨릭 사제들의 독신 생활을 정면으로 반대했다. 루터는 다른 사제들에게도 결혼을 권유하며 "결혼하는 것이 신의 명령"이라고 주장했다. 루터는 "만일 결혼이라는 제도가 없다면 세상은 황폐해지고, 모든 피조물은 무로 돌아가며, 신의 창조도 무의미한 것이 된다"고 역설했다.††

교회 개혁의 불길이 걷잡을 수 없이 서유럽 전체로 번져가자 신성로마제국 황제는 상황을 더는 좌시할 수 없다고 판단했다. 1529년 제국의회를 소집하고 '루터와 그의 추종자들에게 허락했던 관용 정책'을 무효화했다.

하지만 14개 도시와 여섯 명의 제후들이 그 결정에 이의를 제기하고 나섰다. 1529년 4월 19일 그들이 공동으로 발표한 항의서는 자신들이 제국의회 결정에 참여하지 않았기에 그것을 따를 수 없다고 선언했다. 이어 '신에 대한 복종과 황제에 대한 복종 가운데 어느 하나를 택할 수밖에 없다면, 신에 대한 복종을 선택하지 않을 수 없다'고 밝혔다. 문제를 진정으로 해결하려면 모든 기독교를 포괄하는 공의회나 모든 독일 민족의 총회를 열어 거기서 결정해야 옳다고 주장했다.

신성로마제국 황제와 교황은 항의서를 작성해 발표한 사람들을 '프로테스탄트Protestant'라고 지칭했다. 말 그대로 '항의하는(또는 저항하는) 사람들'이다. 그때부터 교회 개혁에 나선 사람들과 그들의 모임은 '프로테스탄티즘Protestantism'으로 불리기 시작했다. 1755년에 나온 《새뮤얼 존슨 사전 A Dictionary of the English Language》은 프로테스탄트를 "교회 개혁 초기에 로마 교회의 오류에 항거한 사람들을 추종하는 사람들"로 정의했다.

프로테스탄트의 등장으로 서방 기독교는 로마 교황을 중심으로 한 가톨릭과 개신교로 나눠진다. '개신교'의 등장은 교회 개혁의 열매였다.

루터가 불붙인 교회 개혁은 근대사회의 태동과 시기적으로 일치한다. 실제로 프로테스탄티즘이 당시 형성되어가던 자본주의 사회의 이념적 기

† 시편 22장은 다음과 같이 시작한다. "내 신이여 내 신이여 어찌 나를 버리셨나이까 / 어찌 나를 멀리하여 돕지 아니하시오며 내 신음 소리를 듣지 아니하시나이까 / 내 신이여 내가 낮에도 부르짖고 밤에도 잠잠하지 아니하오나 응답하지 아니하시나이다 / 이스라엘의 찬송 중에 계시는 주여 주는 거룩하시니이다 / 우리 조상들이 주께 의뢰하고 의뢰하였으므로 그들을 건지셨나이다 / 그들이 주께 부르짖어 구원을 얻고 주께 의뢰하여 수치를 당하지 아니하였나이다 / 나는 벌레요 사람이 아니라 사람의 비방 거리요 백성의 조롱 거리니이다 / 나를 보는 자는 다 나를 비웃으며 입술을 비쭉거리고 머리를 흔들며 말하되 / 그가 여호와께 의탁하니 구원하실걸, 그를 기뻐하시니 건지실걸 하나이다 / 오직 주께서 나를 모태에서 나오게 하사 내 어머니의 젖을 먹을 때에 의지하게 하셨나이다 / 내가 날 때부터 주께 맡긴 바 되었고 / 모태에서 나올 때부터 주는 나의 신이 되셨나이다 / 나를 멀리하지 마옵소서 / 환난이 가까우나 도울 자 없나이다 / 많은 황소가 나를 에워싸며 바산의 힘센 소들이 나를 둘러쌌으며 내게 그 입을 벌림이 찢으며 부르짖는 사자 같으니이다 / 나는 물같이 쏟아졌으며 내 모든 뼈는 어그러졌으며 내 마음은 말랍 같아서 내 속에서 녹았으며 내 힘이 말라 질그릇 조각 같고 내 혀가 입천장에 붙었나이다 / 주께서 또 나를 죽음의 진토 속에 두셨나이다 / 개들이 나를 에워쌌으며 악한 무리가 나를 둘러 내 수족을 찔렀나이다 / 내가 내 모든 뼈를 셀 수 있나이다 / 그들이 나를 주목하여 보고 내 겉옷을 나누며 속옷을 제비 뽑나이다 / 여호와여 멀리하지 마옵소서 / 나의 힘이시여 속히 나를 도우소서 / 내 생명을 칼에서 건지시며 내 유일한 것을 개의 세력에서 구하소서 / 나를 사자의 입에서 구하소서 / 주께서 내게 응답하시고 들소의 뿔에서 구원하셨나이다 / 내가 주의 이름을 형제에게 선포하고 회중 가운데에서 주를 찬송하리이다 …"

†† 결혼이 '신의 명령'이라는 루터의 주장에 얼마든지 다른 견해가 있을 터다. 가톨릭 신부들은 지금도 독신 생활을 한다. 성직자들이 결혼을 해서 가족이 생길 때 나타나는 문제점은 개신교에서 이미 드러나고 있다. 다만 루터가 살던 당시에 결혼하지 않은 성직자들 가운데 무엇보다 교황이 사생아를 줄줄이 낳고 그들에게 성직과 땅을 물려주던 '위선'에 견주면, 루터의 결혼은 오히려 깨끗한 선택 아니었을까.

초를 제공했다는 분석이 있다.

막스 베버Max Weber가 사회학의 고전으로 평가받는《프로테스탄티즘의 윤리와 자본주의 정신Die protestantische Ethik und der Geistes des Kapitalismus》에서 제시한 명제다. 베버는 근대사회를 열어간 시민계급이 프로테스탄티즘과 교회 개혁을 적극 수용한 사실에 주목했다. 더구나 대표적인 프로테스탄트 국가들은 경제가 성장해갔지만 같은 시기에 가톨릭 국가로서 세계 최강이었던 에스파냐가 경제적으로 몰락한 이유도 궁금했다.

베버는 프로테스탄티즘이 돈을 추구하는 사람의 기본적인 욕망을 윤리적으로 적절히 통제함으로써 향락과 방탕, 낭비를 자제하고 최선을 다해 일하도록 고취했다고 보았다. 그렇게 해서 얻은 재산은 신앙의 진실성을 나타낸다고 주장함으로써 부의 획득을 도덕적으로 정당화했고, 그 결과 자본주의의 발전을 돕는다고 분석했다.

기실 소유욕이나 금전욕, 더 많은 이익을 얻으려는 욕망은 비단 자본주의 사회만의 특성은 아니다. 자본주의 사회 이전 사회에서도 곳곳에 나타났다. 관건은 이익 추구를 윤리적으로 정당화하는 것인데, 그것을 프로테스탄티즘이 담당했다고 보았다.

베버가 말하는 자본주의 정신에서 '돈벌이'는 자신의 물질적 생활 욕구를 충족하려는 수단이 아니라 '소명'으로서 삶의 목적이다. 자본주의 정신의 정립으로 비로소 이윤을 추구하는 행위가 정당성을 갖게 되었다. 프로테스탄트 윤리는 금욕적 생활에 기반을 둔 '저축 관념'으로 이어져 자본을 축적하는 데에도 유리하게 작용했다.

자본주의 정신의 뿌리를 16, 17세기의 교회 개혁과 금욕적인 프로테스탄트 윤리에서 찾은 베버는 특히 칼뱅주의Calvinism를 주목했다. 칼뱅Jean Calvin

은 신앙과 은총, 성경을 강조하는 루터의 사상을 계승하면서 독자적인 사상을 전개했다.

　신의 절대적 주권, 구원을 받는 사람과 멸망에 이르는 사람을 오랜 옛날부터 신이 결정해놓았다는 예정설, 성찬에서 빵과 포도주에 예수가 현존하는 것이 아니며 오직 성령의 힘과 신앙으로 예수의 몸과 피의 실체에 참여할 수 있다는 성찬론이 칼뱅 신학의 뼈대다. 신앙생활에서도 자신을 신의 그릇으로 인식하는 루터의 수동적 경건을 넘어서서, 자신을 신의 영광을 위한 도구로 보며 적극적 활동을 강조한다. 루터가 국가의 권력을 영광으로 보는 반면에, 칼뱅은 세속 국가에 대해 교회의 자유를 확보했다. 예배에서도 미사를 폐지하고 예배를 설교 중심으로 만들었다.

　칼뱅주의에 따르면 사람의 운명은 태초부터 정해져 있으며, 부의 추구와 직업적 성공을 신의 섭리로 받아들일 때 구원이 가능하다. 자본주의가 정착해갈 때 잘 어울리는 '신앙'이 칼뱅주의였다.

신부인 루터와 수녀의 결혼은 '불륜' 아닌가?

1525년, 42세의 신부 루터는 자신보다 열여섯 살 어린 여성과 결혼한다. 교회 개혁의 막이 올랐지만, 대다수 사람들에게 사제는 당연히 독신으로 살아야 한다고 믿던 시절이었다. 더구나 젊은 아내는 수녀였다. '신부와 수녀'의 결혼이라면, 21세기인 지금도 사람들의 눈길을 모을 사건이다.

아내 카테리나 폰 보라Katharina von Bora는 수녀원을 '집단 탈출'한 수녀 가운데 하나였다. 수녀원에 청어를 정기적으로 헌납하던 사람이 청어를 가득 담고 들어가 모두 건넨 뒤 그 빈 통에 자신의 딸과 열한 명의 수녀를 숨겨서 데리고 나왔다. 루터는 이 일이 이집트에서 유대인들을 구출한 모세의 행위와 같다고 격찬했다. 수도원을 탈출하다 걸리면 사형을 면치 못했기 때문만이 아니다. 당시 부모들은 자신의 신앙심으로 어린 딸을 수녀원으로 보내는 일이 많았다. 수녀원으로 간 소녀들은 독신 서약을 한다. 그런데 철이 들어 서약을 철회하고 싶다고 해도 받아주지 않았다. 오히려 가두고 조롱하며 심지어 채찍질까지 했다.

착실하게 수녀로 커가면 되지 않느냐고 생각한다면, 단순하고 순진한 생각이다. 중세 시대의 수녀원은 '강제 노동'으로 운영됐고, 때로는 교황을 비롯해 타락한 고위 성직자들의 노리갯감으로 전락하기도 했다. 루터가 당시 수도원의 실상을 너무나 잘 알고 있었기에 그 탈출을 모세의 노예해방에 비유했다고 한다.

　루터가 화제를 일으키며 결혼한 이유는 명백하다. 그에게 결혼은 자신이 꿈꾼 교회 개혁의 일환이었다. 결혼은 자신이 종교적 진리로 믿고 있는 것의 실천이었다. 그에게 결혼은 신이 창조한 질서를 지키는 길이고, 신의 명령이었다. 루터 이후 개신교 목사들은 가톨릭 신부와 달리 자유롭게 결혼한다.

부자는 정말 신의 선택을 받은 사람인가?

사회학자 베버가 분석한 칼뱅주의에 따르면 그렇다. 사람은 진정으로 신을 위하여 부유해지도록 노력해야 한다는 게 칼뱅주의적 부의 관념이다. 다만, 무조건 부를 추구하는 것이 신을 위한다고는 여기지 않았다.

게으른 휴식이나 삶의 향락을 위해, 또는 아무 걱정 없이 안일하게 살기 위해 부를 추구하는 것은 사악하고 위험하다고 경계한다. 반면에 신을 위한 영리 추구는 신의 명령이기에 더욱 증식되어야 한다. 이윤 추구에 대한 칼뱅주의의 독특한 윤리는 자본주의를 주도해나가는 기업가들의 영리 활동을 정당화해주었음은 물론, '소명'의 차원으로 끌어올렸다.

직업적 성공도 그들에게는 독특한 의미가 있었다. 직업은 개인적으로 받은 신의 은총을 알려주는 시험대였다. 루터도 신 앞에서 자신을 증명하는 것은 수도원에 얼마나 있었느냐가 아니라 직업의 일상에서 나온다고 주장했다. 칼뱅주의는 더 나아가 직업을 개개인의 뛰어난 도덕적 자질을 확인할 수 있는 징표로 보았다. 따라서 직업적 성공이나 실패로 한 개인이 신의 은총을 받게 될지 아닐지가 나타난다고 주장했다. 직업적 성공은 신의 은총을 인식할 징표이다.

따라서 부를 추구하고 경제적 이익을 얻는 일이 프로테스탄트에겐 양심의 가책을 줄 수 없다. 오히려 자신의 부를 신으로부터 선택받았다는 확실한 징표로 여길 수 있었다.

베버는 프로테스탄트들의 금욕, 절약, 계산되고 미리 계획된 행동, 수익을 다시 기업에 투자하기, 수익을 가져올 수 있는 모든 형태의 변화에 대한 개방성, 이 모든 것이 자본주의적 경제 질서를 가능하게 만들었다고 강조했다.

종교적 확신에서 출발한 자본주의 정신은 18세기에는 수공업 공장을, 19세기에는 기계화된 공장을, 20세기 초에는 세계적 기업을 세우는 원동력이라고 보았다. 베버의 논리를 따른다면, 언제나 합리적으로 계산하고 모든 생활의 영역에서 절제하며 자기 자신을 창조하는 인물들로서 '현대 기업가'를 상정할 수 있겠다. 다만, 칼뱅주의가 자신의 삶을 향락하기 위한 부의 추구는 사악하다고 한 사실도 거듭 새겨볼 필요가 있다.

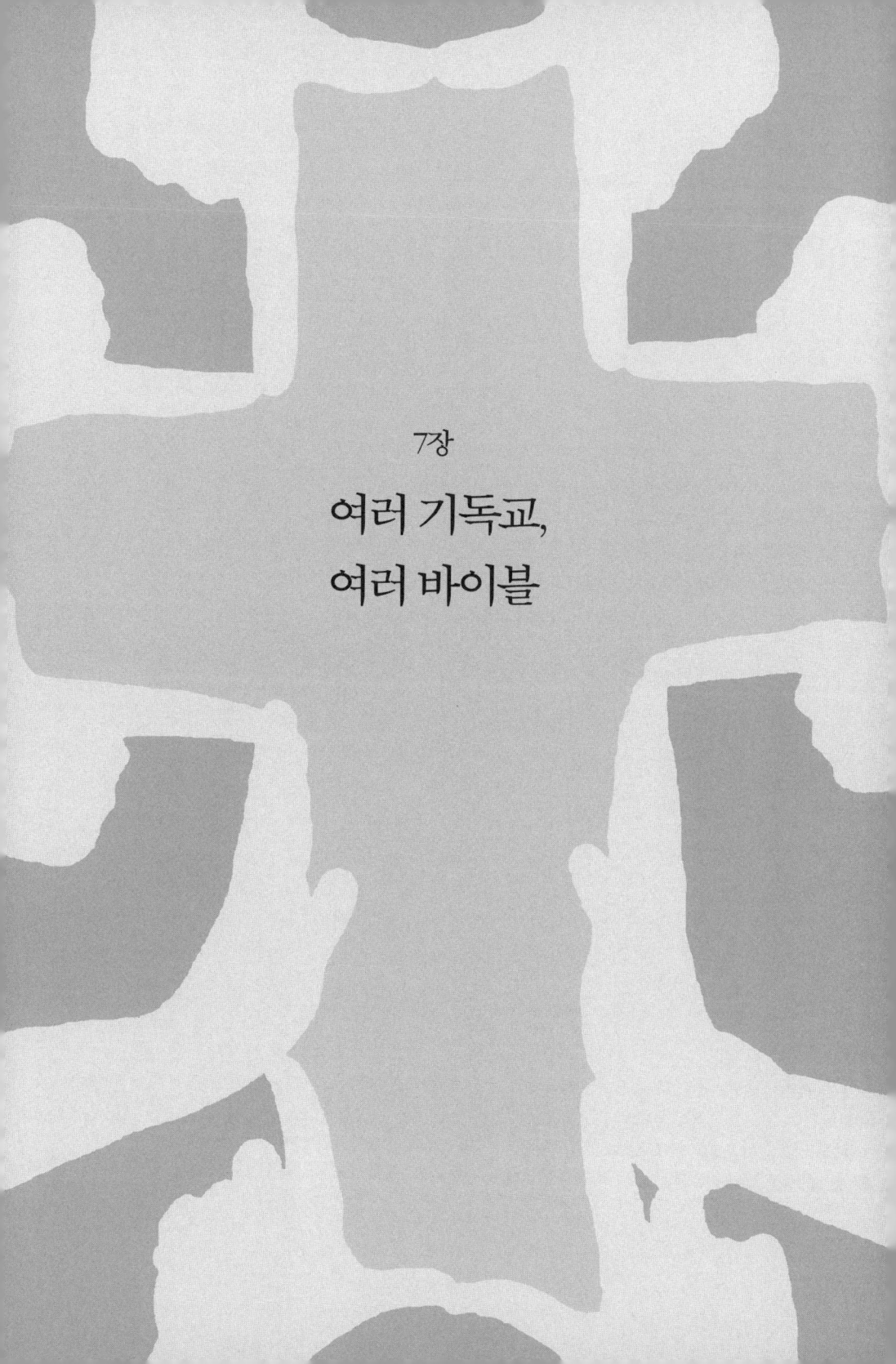

7장

여러 기독교,
여러 바이블

16세기 마르틴 루터가 불 지핀 교회 개혁 이후 프로테스탄트인 '개신교'는 빠른 속도로 퍼져갔다. 근대 자본주의 사회의 성장 과정과 맞물려 더 그랬다.

개신교는 그때까지의 교회인 가톨릭과 또렷한 차별성을 드러냈다. 눈에 들어오는 가장 큰 차이는 가톨릭의 성직자인 신부가 독신인 반면, 개신교 성직자인 목사들은 거의 예외 없이 결혼한다는 사실이다. 이미 루터 자신이 수녀 출신의 아내를 맞은 사실을 앞에서 살펴보았다.

한국 사회에선 흔히 기독교라면 가톨릭과 개신교만 떠올리지만 그건 사실이 아니다. 한국의 기독교 문화가 미국 개신교의 영향을 많이 받았기에 한국인들에겐 낯설지만 기독교는 이미 11세기에 로마 중심의 가톨릭과 콘스탄티노플 중심의 정교회로 쪼개졌다.

한국의 개신교인들은 '오직 하나의 신'을 강조하며 '갓'을 '하나님'으로 번역해 쓰고 있다. 하지만 기독교는 하나가 아니다. '여러 기독교들'이 있다. 그 말은 어떤 기독교를 믿고 있는가의 문제와 이어진다. 여러 기독교들 가운데 대체 어떤 기독교가 가장 예수의 뜻과 맞는 걸까? 그 기독교와 여러분이 믿는 기독교는 일치할까? 이것은 참된 신앙인에게 결코 가볍게 넘길 문제가 아니다.

'보편교회'의 길, '정통교회'의 길

지금까지 살펴본 기독교의 역사적 전개 과정에서 우리는 삼위일체를 놓고도 많은 갈등이 불거졌고, 그 과정에서 '이단'으로 배척받은 사람들이 '새로운 교회'를 만든 사실을 알 수 있었다.

교회 전체가 처음 두 동강 난 사건은 1054년에 일어났다. 흔히 '대분열 Great Schism'이라고 부른다. 적어도 그때까지 기독교는 하나였다. 처음에는 예루살렘, 안티오크, 알렉산드리아, 로마, 콘스탄티노플의 5대 교구가 동등한 지위로 활동한 사실, 하지만 점차 로마 교구가 중심이 되었던 사실, 330년 콘스탄티누스 황제가 제국의 수도를 콘스탄티노플로 옮기면서 콘스탄티노플이 로마와 대등한 권한을 공인받은 사실을 앞서 알아보았다.

서로마제국이 무너지고 로마 교회가 서유럽의 정신적 중심이 되어가면서 '교황'이라는 말이 나오기 시작했지만, 그 '제도'는 어디까지나 서유럽 세계에 한정되어 있었다. 동로마제국이 아직 건재했고, 콘스탄티노플이 '중심'이고 '정통'이라는 이야기가 얼마든지 나오는 상황이었다.

하지만 서유럽에서 프랑크 왕국이 떠오르고 신성로마제국을 형성하면서 '균형'이 깨진다. 신성로마제국과 로마 교황이 몇 차례 갈등을 빚으면서도 공존해나갔던 반면에, 동로마제국은 기울어갔다. 콘스탄티노플의 '권

영성을 중시하는 정교회의 기독교인들이 청결한 신앙을 지키기 위해 기암절벽에 세운 메테오라 수도원. 유네스코 세계문화유산에 등재되었다. © Gabriel

위'도 타격을 받을 수밖에 없었다.

결국 교회가 동서로 분열된 뒤 서쪽 교회들은 로마 교황을 중심으로 '보편적'이라는 뜻의 '가톨릭'으로 커나갔고, 동쪽 교회들은 자신들이 '정통적' 교회라는 뜻에서 '정교회Orthodox Churches'로 성장해갔다. 두 종교 사이의 갈등은 제4차 십자군이 동로마제국의 콘스탄티노플을 약탈하면서 돌이킬 수 없는 상황으로 접어들어 오늘까지 이르고 있다.†

한국에는 소수 교인만 있지만, 정교회는 세계 3억의 신도 수를 지닌 기독교의 3대 종파 가운데 하나다. 정교회의 '오소독스Orthodox'는 그리스어 '진리 또는 올바름'이라는 뜻의 'orthos'와 '믿음'이라는 뜻을 지닌 'doxa'의 합성어이다. 정교회는 지역적—예수와 제자들이 주로 활동했던 무대—으로나 교리로도 자신들이 기독교의 정통이며, 초대교회의 맥을 이어왔다고 자부한다. 실제로 5대 교구 가운데 예루살렘, 안티오크, 알렉산드리아, 콘스탄티노플 4대 교구가 정교회로 들어갔다.

1054년 동서 교회가 공식적으로 결별하고 제 갈 길을 가면서 서로에게 큰 손실을 주었다. '정통교회'(정교회)는 서유럽이 주도해나간 근대 역사에서 소외되었고, '보편교회'(가톨릭)는 동쪽 교회들이 지녔던 '영적·신학적 깊이'를 잃었다.††

콘스탄티노플 대교구는 9세기 후반부터 북동쪽의 슬라브인들 속으로 들어가 본격적으로 선교해갔다. 10세기 말까지 불가리아, 세르비아, 러시아를 '교화'했다. 하지만 동로마제국이 이슬람 세력에 멸망당하고, 4대 교구가 모두 그 세력권에 들어가면서 콘스탄티노플 대교구도 힘을 잃게 된다. 정교회의 중심이 러시아 교회로 옮겨간 이유다.

러시아의 이반 3세Ivan III는 동로마제국(비잔틴 제국) 마지막 황제의 조카

소피야와 결혼하고, 로마제국의 전통적 문장인 '쌍두 독수리'를 채택하면서 스스로 '황제'(차르)를 선포했다.

동로마제국의 후계자를 자임하며 러시아를 '제3의 로마'라고 선언했다. 그 뒤 정교회는 러시아와 동유럽을 중심으로 발전해갔다. 현재 세계적으로 러시아 정교회, 그리스 정교회, 이집트 정교회가 주류를 이루고 있는데, 각 교회별로 독자적으로 전승된 전례를 사용한다. 러시아 정교회는 1917년 러시아혁명으로 위기를 맞았지만, 1991년 소련(소비에트사회주의공화국연방)이 해체되면서 빠르게 성장해가고 있다.

보편교회의 분열: 가톨릭과 개신교

한편 로마 교황을 중심으로 한 가톨릭은 16세기에 교황 레오 10세 시절의 면죄부가 촉발시킨 루터의 교회 개혁 운동으로 쪼개진다. 가톨릭(천주교)과 개신교로 양분되어 현재까지 이르고 있다.

† 대분열이 일어나고 900년이 더 지난 1965년에 로마 교황 바오로 6세Paulus VI와 정교회 아테나고라스Athenagoras 대주교는 1054년 동서 교회가 서로를 파문했던 결정을 동시에 무효화한다. 하지만 이미 두 교회는 제도로 굳어져 별다른 의미를 가질 수 없었다.

†† 정교회가 영성을 중시한 모습은 여러 측면에서 발견할 수 있다. 현재 그리스 중부 지역에 자리한 메테오라 수도원도 그 하나이다. 거의 수직으로 300~600미터에 이르는 기암절벽의 꼭대기에 수도원들이 세워져 지금도 찾는 이들의 감탄을 자아내고 있다. 유네스코 세계문화유산에 등재되어 있다. 로마 가톨릭이 부패와 타락으로 치달을 때 정교회의 기독교인들이 청결한 신앙을 지키기 위해 세운 수도원들이다. 한때 수도원 수만 24개였는데 지금은 16개가 남아 있다. '메테오라'는 그리스어로 '공중에 매달려 있다'는 뜻이다. 평생 이곳에서 기도하며 살다 죽은 수도사들을 위해 무덤 대신 해골을 보관하는 방이 있다. 해발 613미터로 가장 높은 수도원에 수백 개의 유골이 여러 단의 선반에 쌓여 있는 모습을 볼 수 있다. 성직자나 성도가 타락하면 수도원으로 보내 자성과 회개로 잘못을 뉘우치게 했다. 신학자들은 그 치열한 영성이 있었기에 정교회가 분열 없이 지속되어왔다고 분석한다.

개신교가 가톨릭의 교황을 비판한 것은 레오 10세를 비롯해 당대 교황들의 부패와 타락 때문만은 아니다. 만일 그렇다면 올곧은 교황이 들어설 때 굳이 다른 종단으로 존재할 필요가 없을 터다.

개신교가 가톨릭에 항의(프로테스탄트)한 까닭은 네 가지로 간추릴 수 있다.

첫째, 교회를 다스리는 '머리'는 교황이 아니라 오직 '예수 그리스도'라고 개신교는 본다. 그 '명백한 근거'로 성경을 제시하다. "신께서는 만물을 그리스도의 발아래 굴복시키시고 그분을 만물 위에 교회의 머리로 삼으셨다"(에베소서 1:22, 4:15, 골로새서 1:18, 2:10)라거나 "주님도 한 분이시요, 믿음도 하나요, 세례도 하나요, 신도 한 분"(에베소서 4:5)이라는 구절이 그것이다.

둘째, 개신교는 예수가 베드로에게 '특권'을 주었다는 가톨릭의 설명에 동의하지 않는다. 예수는 모든 제자들을 동등하게 대했기에 베드로에게 '우위성'을 부여하지 않았다. 베드로만이 아니라 자신을 따르는 모든 이에게 '양들을 먹이라'는 사명을 주었다고 본다.

셋째, 예수가 설령 베드로를 '수제자'로 생각했다고 하더라도, 베드로의 후계자가 로마 교황이라는 주장에는 아무런 성경적 근거는 물론, 논리적 근거가 없다. 실제로 로마 가톨릭과 갈라선 정교회는 자신들이 '정통 가톨릭'이라고 주장하고 있다.

마지막으로 개신교는 교황의 무오류성을 강도 높게 비판한다. 교황은 신이 아니라 어디까지나 사람이기에, 교황이 오류를 범할 수 없다거나 교황이 절대권을 지닌다는 설명은 옳지 않다고 본다. "의인은 없다. 한 사람도 없다"(로마서 3:10)는 성경 구절을 근거로 제시한다.

개신교가 볼 때 '교황 통치'는 성경적 근거가 없다. 교황 통치는 교회가 동서로 분리된 원인이 되었고, 면죄부 판매로 촉발된 교회 개혁 운동의 책임 또한 교황에게 있다. 교황 통치는 교회 내부의 권력을 강화하면서 부패를 심화시켰고, 십자군을 조직해 200년에 걸쳐 전쟁을 일으켰다고 비판했다. 더구나 사상과 학문의 자유로운 발전을 통제함으로써 중세를 '암흑기'로 몰아넣었다고 강조한다.†

가톨릭은 '항의자들'(개신교)이 교회의 역사를 지나치게 매도한다고 본다. 교황의 부패나 타락 또한 교회 개혁이 일어나던 시기의 '특수성'으로 볼 수 있는데 그 또한 과장되어 있다고 반론을 편다.

더구나 개신교의 등장 이후 가톨릭은 현상 유지만 해온 게 아니라 끊임없는 내부 개혁을 통해 건강한 조직을 일궈왔다고 자부한다. 곧 자세히 논의하겠지만, 20세기에 들어와서는 해방신학이라는 새로운 흐름도 나타났다.

무엇보다 가톨릭을 비판하며 등장한 개신교가 걸어온 지난 500년의 모습은 과연 얼마나 '신의 말씀'과 일치했는가를 물을 수도 있겠다.

로마 가톨릭은 교황권을 인정하지 않는 개신교는 교회로 볼 수 없다고 주장한다. 교황의 수위권을 인정하지 않는 정교회는 '불완전한 교회'로 규정한다. 1958년 교황에 취임한 요한 23세 Johannes XXIII는 1962년 바티칸 공의회를 소집하고 가톨릭이 아닌 개신교인들도 '진정한 기독교인'이며, 교회 밖에도 구원이 있고, 불교를 비롯해 세계 여러 종교와 대화할 것을 공식 천명했다. 가톨릭 역사상 가장 큰 변화라는 평가를 받았다.††

---

† 　정교회는 예수가 베드로에게 권한을 주었고, 대대로 그 후계자에게 계승되어 기독교인들을 '지도'하는 권한을 준다는 로마 가톨릭의 논리를 인정한다. 하지만 정교회는 5대 교구가 모두 동등하며, 로마 교황도 그 대주교 가운데 한 명이라고 본다. 대주교들 또한 '명예'일 뿐, 실질적인 통치권을 행사하거나 무오류성을 주장하는 것에 반대한다.

†† 　요한 23세는 이탈리아의 가난한 농촌에서 태어나 23세에 사제 서품을 받았다. 77세인 1958년에 교

여러 종단, 여러 종파

결국 교회 개혁 이후 21세기 현재까지 기독교 세계는 세 종단으로 성장해 왔다. 가톨릭Catholic(천주교), 정교회Orthodox, 개신교Protestant가 그것이다. 흔히 기독교 내부에선 천주교는 조직과 교리에, 정교회는 영성과 기도에, 개신교는 말씀과 실천에 강하다고 한다. 각 종단마다 다른 특성으로 그들이 합하여 전체 기독교를 이룬다는 설명이다.

다만, 좋게만 보기엔 문제가 있다. 세 종단도 서로 힘을 모으지 못하고 있음은 물론, 프로테스탄트들(개신교) 또한 하나가 아니라 계속 분열되어 왔기 때문이다. 이를테면 루터교, 장로교, 성공회, 감리교, 침례교, 성결교가 있다. '이단'으로 낙인찍힌 종파도 많았고, 지금도 많다. 들머리에 소개한 '구원파'도 그 가운데 하나다.

따라서 기독교는 단일 종교가 아니라는 사실을 직시할 필요가 있다. 여러 갈래의 기독교가 있다. 기독교 가운데 무엇을 믿느냐에 따라 세상을 보는 눈은 물론, 예수를 바라보는 마음이 달라진다.

개신교가 가톨릭에 항의하고 비판할 때 성경을 근거로 한 이유는 그것이 '신의 말씀'이라는 믿음 때문인데, 그 성경 또한 하나가 아니다. 기독교가 단일 종교가 아니라 '여러 기독교'(또는 '기독교들')가 있듯이, 바이블 성경도 하나가 아니라 '여러 바이블'이 있다.

영어 '바이블Bible'의 어원 자체가 복수이다. '책들'이라는 그리스어 '비블리아biblia'—'책'을 의미하는 '비블론biblon'의 복수형—이다. 인쇄술은 물론, 책이 거의 없었던 시기였기에 전해오는 책들은 정말 귀했다.

기독교의 성전인 성경은 구약성경Old Testament, 신약성경New Testament으로 이루어진다. '구舊'와 '신新'이라고 한 기준은 예수다. '약約'은 계약을 의미한다. 사람에 대한 신의 구원을 계약, 약속으로 받아들인 의미를 담고 있다. 라틴어 'testamentum'의 문자적 의미는 '의지'이지만, 히브리어로 '언약'을 의미하는 '브리트brit'의 번역어다.

그러니까 구약은 '옛 언약', 신약은 '새 언약'이다. 구약은 모세를 중심으로 이스라엘 백성(유대인들)에게 주어진 신의 약속이다. 신약은 예수의 복음을 통해 주어진 신의 약속이다. 구약과 신약을 함께 '성경'이라고 부른 것은 4세기 후반이 되어서이다.

그럼 성경은 언제 어떻게 만들어졌을까? '신의 말씀'이니까 어느 날 어느 순간에 십계명처럼 주어진 걸까? 전혀 아니다. 성경은 1,000년에 걸쳐 전해 내려온 기록과 이야기에서 취사선택 과정을 통해 편집된 '책들', 더 정확히 말하면 '책 묶음'이다. 요즘 표현으로 한다면 '문집'인 셈이다.

성경을 어떻게 받아들이든 독자의 자유이지만, 분명한 사실을 잊지는 말아야 한다. 성경은 한 권의 단일한 또는 통일된 책이 아니라 여러 책을 모아놓은 '여러 책' 또는 '책들'(바이블)이다. 성경에 묶인 개개의 책들은 대체로 기원전 800년에서 기원후 100년 사이에 세 가지 언어로 파피루스나 양피지에 쓰였다. 아랍어, 히브리어, 그리스어(희랍어)이다. 그 각각의 책을 쓴 사람 또한 한 사람일 수 없다. 더러는 목동이, 더러는 왕 자신이 썼다.

2세기에 초기 교회의 지도자들이 비로소 그 책들을 묶는 데 나섰다. 신

황으로 선출돼 6년이 채 안 되는 재임 기간 동안 바티칸 공의회를 소집하고 현대사회에서 가톨릭 교회가 나아가야 할 방향을 제시했다. 가령 교회법을 수정해서 그때까지 라틴어로 드린 미사를 여러 나라 언어로 드리게 했고, 사제와 신자가 마주보며 미사를 봉헌하게 했다.

의 언약과 관련된 모든 책이 묶인 것은 당연히 아니다. 신도들에게 반드시 필요한 글들을 '엄선'했다. 문제는 누가 그 판단을 했느냐이다. '신도들에게 반드시 필요한' 기준을 정한 사람은 누구인가, 성숙한 신앙인이라면 그런 질문을 던질 필요가 있다.

성경이 1,000년에 걸친 책들의 묶음이고, 각각의 책들은 다양한 저자가 다른 언어들로 썼으며, 초기 교회 지도자들이 회의를 통해 엄선했다는 역사적 사실들은 성경의 약점이 아니라 강점이다. 1,000년에 걸쳐 숱한 사람들의 슬기가 녹아들었다는 이야기다. '천 년이 빚은 책'이니만큼 그만큼 내용이 풍부하고 다채로울 수 있다. 그만큼 해석의 여지도 많다는 뜻이 된다.

구약으로 묶인 책들이 다루는 사건들의 연대는 사뭇 길다. 1,500년 넘은 유대인의 역사가 담겼다. 신약은 짧아 100년 남짓이다. 예수의 삶과 가르침에 나타난 '언약'이기에 그렇다. 신약의 고갱이는 처음 네 권이다. 흔히 '4복음서'라고 한다. 이 짧은 책들의 저자는 네 명의 사도, 마태Matthew, 마가Mark, 누가Luke, 요한Johannes이다. 신학자들은 그들을 '기자'로 부르기도 하는데, 일어난 사건을 기록했다는 의미이다. 사건을 취재해서 보도하는 현대적 의미와 기자와 견주어도 크게 차이가 없다.

네 권의 책이 맨 앞에 놓이고 22편의 편지가 이어진다. 기독교 초기 교구라 할 수 있는 지역에서 살아가는 기독교인에게 보내는 편지들인데, 예수의 가르침과 그것을 일상에서 실행하는 지침들이 담겨 있다. 편지의 대부분을 쓴 사람은 바울이다.

천주의 어린양을 중앙에 놓은 십자가와 4복음사가의 상징을 새긴 상아 판, 11세기 전반, 상아, 이탈리아 남부 유래로 추정, 23.5×13.7×0.9 cm, 메트로폴리탄 미술관, 뉴욕. 신약성경의 핵심인 4복음서는 마태, 마가, 누가, 요한이 기록했다. 날개를 단 사람은 마태, 날개를 단 사자는 마가, 날개를 단 황소는 누가, 독수리는 요한을 상징한다.

'신의 말씀' 성경의 탄생 과정

오랫동안 입으로 전해 내려오던 이야기들이 문자화되어 각각 독립된 책자로 돌아다니던 것을 하나의 책으로 묶고 오늘날의 성경으로 확정 짓는 과정†을 있는 그대로 살펴볼 필요가 있다.

먼저 유대교의 학자들이 서기 90년께 히브리어 성경을 확정 지었다. 지금과 같은 내용으로 유대교에서 확정한 히브리어 성경(유대경전)을 기독교 초기 지도자들은 그대로 받아들였다. 지금의 '구약성경'이다.††

예수의 삶과 가르침을 담은 책자도 오늘날의 신약 성경에 묶인 것보다 많았다. 예수가 처형된 뒤 40년 정도 지나 서기 70년대부터 입으로만 전해 오던 이야기들과 자료들을 모아 처음 기록에 나섰다.

마가의 기록인 〈마가복음〉이 첫 작품이다. 마태와 누가는 〈마가복음〉을 바탕으로 각각 자신들이 구한 다른 자료들을 덧붙여 서기 80년께 〈마태복음〉과 〈누가복음〉을 썼다. 이어 100년께 〈요한복음〉이 나왔다. 그 뒤에도 적잖은 기록들—인쇄술이 없던 당시 손으로 옮겨 쓴 필사본들이다. 옮기는 과정에서 아무리 노력해도 오탈자가 생기게 마련이다—이 이어져 나왔다.

문서들을 취사선택해 '신약성경'으로 확정한 '사람'은 서기 367년 알렉산드리아의 주교 아타나시우스이다. 황제의 지지를 받은 그는 당시까지 떠돌던 책자들 가운데 27권을 선정했다. 그것이 지금 우리가 만나는 '신약성경'이다.

아타나시우스가 '바이블'을 고를 때 초기 교회 공동체들이 '성경'으로 생각했던 많은 복음서들이 빠졌다. 더구나 선정한 27권 외에는 모두 폐기하라는 지시가 내렸기에 전해오기도 어려웠다.

그로부터 1,500여 년이 지나 1945년 이집트의 나그함마디에서 한 농부가 땅속에 묻혀 있던 항아리를 발견한다. 우연히 꺼내든 항아리 안에서 폐기된 복음서들의 사본이 나왔다. 가장 눈길을 모은 책자가 〈도마복음〉이다. 〈도마복음〉을 비롯해 탈락되어 폐기된 문서들은 개개인이 자기 안에 있는 신을 만나야 한다는 '깨달음'을 강조했다. 그러니까 기독교에서 영성을 강조하는 복음의 흐름은 영지주의의 이단화, 367년 신약성경 확정으로 체계적으로 배제되어왔다. 특히 11세기 동서 교회의 분열로 서방 교회, 곧 가톨릭과 거기서 갈라진 개신교 모두 영성을 자유롭게 파고들지 못했다.

아타나시우스 주교의 선정을 두고 여러 논란이 이어졌지만, 세월이 흐르면서 성경의 체계는 굳어졌다. 더구나 그 과정에서 대다수 성직자들이 선교를 위해서는 물론, 자신들의 권위를 지키기 위해 성경을 '성령'이 쓴 '신의 말씀'으로 강조해갔다. 그들은 성경에 절대로 오류가 있을 수 없으며, 성경의 글자 하나하나에 성령이 깃들어 있다고 가르쳤다.

물론, 성경에 성령이 임할 수도, 글자 하나하나가 모두 신의 말씀일 수도

---

† 성경은 기록 과정부터 '인간의 시각'이 들어갈 수밖에 없었다. 가령 구약을 기록해가던 기원전 4세기에 제사장 업무를 수행하는 기록자들을 '제사 문서 기자 the Priestly writers'로 불렀다. 그들이 지금의 구약성서를 기록해갈 때 제사장 업무 수행에 맞춰 편집했다. 그들의 시각에 맞지 않는 내용의 글들은 모두 삭제되거나 폐기당했다. 그 과정을 중국 진시황제의 분서갱유에 비유하는 학자도 있다. 문서 훼손은 신약의 정착 과정에서도 자행되었다.

†† '역사 비평학적 접근'으로 성경을 연구하는 성경학자들에 따르면 구약의 '모세 오경'은 모세가 직접 쓴 게 아니다. 오경 가운데 〈신명기〉에 모세의 죽음에 관한 기록이 나오기 때문이다. 자신이 죽은 사건을 쓸 수는 없는 일이다. 〈모세 오경〉의 내용도 서로 충돌하는 게 있다. 〈창세기〉의 천지창조 이야기부터 두 갈래이다. 〈창세기〉 1장 1절에서 2장 4절까지 나오는 이야기와 2장 4절 이후에 나오는 이야기가 서로 다르다. 편집자가 여러 사람이 쓴 책을 '짜깁기'한 결과다.

있다. 하지만 적어도 역사적 사실은 그렇지 않다. 모두 구전되어온 이야기를 문자화한 것이기에 '원본'은 있을 수 없다. 원본이 있다면, 예수의 말을 녹음했을 때 가능하겠지만 당시로선 불가능했던 일이다.

그런데 원본 아닌 '원본'을 로마 가톨릭은 신의 말씀으로 이야기하며 그 해석까지 '독점'해왔다. 인쇄술이 발달하지 못했기에 일반인들은 성경을 지닐 수 없었다. 성직자가 성당에서 성경을 들고 '신의 말씀'이라고 할 때, 그대로 믿을 수밖에 없었다.

루터는 교황의 '성경 독점'에 반대했고 실제로 성경을 독일어로 번역했다. 작센의 선제후 도움으로 신분을 바꾸고 숨어 지낼 때 그리스어 신약성경을 원본으로 삼아 독일어로 옮겼다.

각국 언어로 된 성경의 등장은 기독교 역사에 새로운 장을 열었다. 루터 번역 이전에 성경은 거의 모두 라틴어로 쓰여 있었기에 몇몇 지배 세력(성직자와 왕족·귀족)만 읽을 수 있었다. 루터가 성경을 번역하며 쓴 독일어는 현대 독일의 표준어가 되었다. 독일 문학을 꽃피우는 데에도 루터의 번역은 큰 힘이 되었다.

아무튼 인쇄술의 발달로 지배 세력이 아닌 사람들도 성경을 직접 읽을 수 있게 된 것은 기독교 역사의 큰 전환점이다.

지배 세력은 성경을 각국의 말로 옮기는 걸 가로막고 나섰다. 성경을 라틴어 이외에 다른 언어로 번역하는 걸 다름 아닌 성직자들이 금지한 것은 지금 짚어보면 어처구니없는 일이지만, 사실이었다. 루터가 교회 개혁 운동을 벌이며 모국어인 독일어로 번역한 성경조차 교회 개혁을 지지하는 지역에서만 통용될 수 있었다.

그래서다. 성경을 영어로 옮기던 윌리엄 틴들 William Tyndale 은 비밀경찰의 집요한 추격을 피해가며 작업했다. 번역을 모두 마치고 인쇄를 앞두었을 때 비밀경찰이 들이닥쳐 창문을 통해 급히 도주하느라 원고의 대부분을 그들 손에 빼앗기기도 했다.

그럼에도 틴들은 성경을 거의 완벽하게 번역해냈다. 하지만 끝내 체포되어 '교살 뒤 화형'을 선고받았다. 그런데 형 집행인의 실수로 화형 때까지 살아 있었다. 화형을 당할 때, "주여, 영국 왕의 눈을 뜨게 하소서!"라고 부르짖었다. 그의 번역본을 지닌 변호사, 그 성경을 가죽으로 제본한 상인까지 화형을 당했다.

대체 교회는 왜 그런 야만을 저질렀을까? 당시 영국 교회는 성경을 영어로 번역하는 일은 교회의 권위를 훼손할 뿐만 아니라 라틴어 성경에 대한 모욕이라고 '확신'했다.

하지만 그것이 전부일까? 그렇지 않다. 당시 라틴어 성경은 소수의 성직자만이 읽을 수 있었다. 심지어 영국 교회의 대다수 목회자들도 성경을 온전히 읽지 못했다. 성경은 교회 고위 성직자들의 입을 통해서 해석되고 유포되었다.

더러는 자신들의 목적을 위해 성경을 왜곡해서 전달했고, 심지어 성경에 없는 말까지 덧붙이기도 했다. 그 목적이 무엇이었을까? '권위'를 '무기'로 온갖 사리사욕을 채우는 데 있었다.

성경이 영어로 번역되어 모든 사람이 그것을 읽을 때, 성직자로서 자신의 기득권이 무너질 수 있다고 우려했다. 그들이 결사적으로 성경의 영어 번역을 막은 이유다. 자신들의 기득권을 '수호'하려는 이해관계가 컸기 때문에 죽은 사람도 '용서'할 수 없었다. 번역이 정확하지 못했지만 틴들에 앞서 성경을 영어로 처음 옮긴 위클리프John Wycliffe는 이미 죽었는데 그냥 넘어

가지 않았다. 무덤을 파헤쳐 시신을 화형에 처했다. 남은 뼈는 갈아버렸다.

　그 광기의 야만을 저지른 성직자들이 바로 성경을 '신의 말씀'이라 주장하며, 한 글자 한 글자가 모두 성령이 쓴 것이라고 부르댄 사람들이다. 일반인들이 성경을 읽을 수 없도록 해놓고 자신들의 이해관계에 따라 성경을 왜곡한 바로 그들이다. 성경에 없는 말을 성령이 쓴 '신의 말씀'이라며 설교한 바로 그들이다.

성경 해석 다양한 교파들

성경이 여러 나라 언어로 번역되면서 개신교의 교세는 탄력을 받았다. 당장 루터의 교회 개혁 운동은 신성로마제국의 여러 지역(오늘의 독일 전역)으로 퍼져갔고, 북쪽—남쪽은 로마의 영향이 강했다—으로 옮겨가 덴마크, 스웨덴, 노르웨이 등 스칸디나비아 국가들과 에스토니아, 라트비아, 리투아니아 등 발트 해 국가들로 확산됐다. 이어 독일인과 스칸디나비아 사람들이 미국으로 이주하면서 개신교는 미국 전역으로 퍼져갔다.

　그런데 개신교가 교황의 권위를 전혀 인정하지 않고 성경에 근거하여 성장하면서 문제—보기에 따라선 그것을 '문제'로 생각하지 않을 수도 있지만, 서로 자신들만 옳다며 상대를 인정하지 않을 때는 큰 문제가 된다—가 발생한다. 개신교 안에 자신들이야말로 진정으로 '주님'을 따르고 있다는 새로운 교파들이 수없이 생겨났기 때문이다. 그들 모두 자기 교파야말로 성경에 근거하고 있다고 강조한다.

　루터를 따르는 사람들의 루터교 Lutheran Church에 이어 프로테스탄티즘 윤리로 널리 알려진 칼뱅을 따르는 사람들이 새로운 교파, 장로교Presbyterian Church를 만든다.

장로교는 칼뱅의 신학과 신앙고백을 중심으로 만들어진 교파이다. 교회를 주교나 감독 없이 장로presbyter, elder들의 의사 결정을 통해 운영하기 때문에 붙여진 이름이다. 칼뱅 자신이 장로들을 통해 교회를 이끌었다. 그의 가르침을 찾아 칼뱅이 머물던 제네바로 온 사람들은 다시 프랑스, 네덜란드, 영국을 비롯해 유럽 여러 나라로 가서 교회를 세운다. 프랑스의 위그노Huguenot, 영국의 청교도Puritans도 장로교이다.

장로교의 교회 운영은 의회 민주주의가 그렇듯이 교인을 대표하는 장로들이 목사와 함께 회의체를 구성해 교회의 주요 정책을 결정해나간다. 교인들이 투표로 장로를 선출한다. 스코틀랜드에서는 국교The Church of Scotland가 되었다. 네덜란드와 헝가리에서는 '개혁교회Reformed Church'로 불린다. 그 외 지역에서는 '장로교'라고 한다.

영국에서도 교회 개혁이 전개되어 '영국 국교회The Church of England'(성공회)가 나타난다. 다만, 종교적 이유가 아니라 정치적 이유가 더 짙었다. 당시 영국 왕 헨리 8세Henry VIII는 왕비와의 사이에 아들이 없자 이혼하고 새 왕비를 맞으려 했다. 교황에게 이혼을 허락해달라고 요청했는데 거절당했다. 그 시점까지 교황으로부터 '믿음의 수호자'로 격찬을 받았던 헨리 8세는 분노한다. 조금도 망설임 없이 새 왕비를 맞아들이고 로마와의 '관계'를 청산했다. 1534년 헨리 8세는 영국 국교회를 세우고 자신이 '수장'을 겸한다. 성직자의 결혼을 허락하는 것 외에는 교리나 예배 형식, 교회 체제에서 로마 가톨릭과 차이가 없다.

가톨릭은 헨리 8세의 결정에 반대한다. 헨리 8세가 죽은 뒤, 에드워드

6세 Edward VI를 거쳐 왕좌에 오른 메리 여왕 Mary I은 가톨릭 옹호를 내걸고 '이단 박멸'에 나섰다. 성직자 300여 명을 처형해 '피의 메리'라는 별칭이 붙었다. 하지만 그를 이어 엘리자베스 1세 Elizabeth I가 왕위에 오르면서 로마 가톨릭 예배를 금하고 영국 국교회를 정립한다. 한국에서는 '성공회'로 부른다. 영국 왕이 교회의 수장이 되고, 영국 의회가 교회법을 제정한다.

회중교 Congregational Church는 성공회가 국왕을 수장으로 삼기 때문에 온전한 교회 개혁을 이룰 수 없다고 판단한 청교도들이 1581년 로버트 브라운 Robert Browne을 지도자로 내세워 만들었다. 회중교는 장로 제도에 대해서도 여러 제약을 가져온다며 비판적이었다. 교회의 유일한 '머리'는 예수 그리스도라고 판단한 회중교는 언약으로 연합한 교인들(회중)이 자율적으로 목사를 선출하고, 성경에 근거한 신앙과 양심에 따라 믿음을 실천해가야 옳다고 보았다. 이들 가운데 일부가 1620년 메이플라워호를 타고 미국으로 건너간 '필그림'(순례자)들이다. 그들이 세운 교회가 회중교회이다. 약 200년에 걸쳐 미국 동북부 지방에서 실질적으로 '국교'의 위상을 지녔다. 자신들의 목회자를 길러내기 위해 세운 대학이 하버드 대학과 예일 대학이다.

침례교 Baptist Church는 1608년에 영국 청교도 목사로 회중교에 기울었던 존 스미스 John Smyth가 설립했다. 회중교회의 영향을 받아 모든 사람이 사제라고 강조(만인사제론)하며, 전체 교인들이 모여 의사 결정을 해야 옳다고 주장한다. 다만, 자각적인 신앙고백에 기초한 침례를 중시하다. '침례浸禮'라는 말뜻 그대로 온몸을 물에 잠그는 방법만을 세례로 인정한다. 유아세례는 '자각적 고백'이 아니므로 인정하지 않는다. 영국 국교회와 달리 각 교회의 독립, 교회와 국가의 분리를 주장한다. 1639년 미국으로 건너가 로드아일랜드 침례교회를 설립한 뒤 곳곳으로 퍼져갔다. 현재 미국 개신교파들 가운데 가장 크다.

감리교Methodist Church는 1720년대 영국에서 존 웨슬리John Wesley 목사가 시작한다. 성공회 신부의 열다섯째 아들이었는데, 옥스퍼드 대학 재학 시절 동생과 함께 '신성 클럽Holy Club'을 만들어 신을 체험하는 '방법'을 모색했다. 그러다가 '회심'으로 사물을 보는 눈은 물론, 삶 자체가 바뀌는 걸 체험했다. 자신의 경험을 주위 사람들에게 전했지만 성공회를 떠날 뜻은 없었다. 그런데 그를 따르는 사람들이 크게 늘어나면서 새로운 교파가 형성된다. 칼뱅의 예정론과 달리 감리교는 '모든 사람은 이미 구원받을 수 있는 조건을 갖추고 있으며, 구원의 과정에는 사람이 신앙을 받아들이느냐 않느냐 자유의지가 중요하다'는 만인 구원 사상을 신앙의 기초로 삼았다. 또 사회봉사를 중시해서 사회 참여에 적극적이다. 실제로 미국에서 소외된 노동자들 속으로 들어갔다.

감리교는 '감독제'를 두어 가톨릭이나 성공회, 구세군 교회처럼 상부 조직이 목사들의 인사권을 비롯해 주요 결정권을 행사한다. 당연히 교회에서 감독bishop(가톨릭에서는 '주교')의 권한이 크다. 감리교는 현재 미국에서 침례교 다음으로 큰 교단이다.

성결교Holiness Church는 감리교가 초기의 전통에서 벗어나고 있다고 느낀 사람들이 중심이 되어, 본디 정신을 되찾자는 뜻을 모아 설립한 교파이다. 성결 운동에 나선 기독교인들은 미국의 감리교회가 '신학적 자유주의'에 물들었고 도시 중산층 중심이 되었다고 비판한다. 신학적 보수주의와 빈민층에 대한 관심을 강조한다. 성결 운동의 뼈대는 중생, 성결, 신유, 재림의 '사중복음'이다. 중생은 구원을, 성결은 구원 이후의 거룩한 삶을 세워 가는 성화의 과정이다. 신유는 신의 은혜로 육체적 질병으로부터의 해방을, 재림은 말 그대로 예수의 재림을 뜻한다.

구세군 교회Salvation Army Church는 1858년 영국 감리교 목사이던 윌리엄 부스William Booth가 빈민 구제를 목적으로 창설한 교파이다. 미국 감리교에서 나온 성결 운동이 빈민층에 대한 관심을 호소한 배경과 맥락이 같다. 다만, 교회를 군대식으로 조직해 운영한다. 세계의 모든 구세군 교회와 교인들이 정점에 있는 사람의 통솔을 받는다. 사회사업을 선교의 가장 중요한 방법으로 여긴다.

지금까지 개신교 교파의 큰 줄기를 간략히 살펴보았지만, 실제 교파는 훨씬 더 많다. 가령 '통합'이나 '합동'을 주장하며 그 이름을 내건 교파도 나타났지만, 그들 또한 특정한 교파에 지나지 않고, 통합과 합동의 이름으로 다시 갈라져왔다. 각 나라에서 '이단'으로 규정된 '교파'도 수없이 많다. 지금까지 개신교에 출현한 모든 교파를 소개하려면 책 수십 권으로도 부족하다.

가톨릭, 정교회, 개신교 3대 교단과 개신교의 수많은 교파를 짚어보면 누구나 '여러 기독교, 여러 바이블'의 현실적 의미를 실감할 수 있다. 따라서 지금 독자가 다니는 교회를 객관화해서 볼 필요가 있다.

개신교의 대다수 교파들이 각각 '오직 성경'을 강조하며 성경을 그대로 믿고 그대로 따라야 한다고 주장한다. 문제는 교파마다 성경에 대한 해석이 다르다는 데 있다. 더 심각한 문제는 자기들과 다르게 성경을 해석하는 사람을 이단시하고, 자신만 '성경을 믿는 사람들'로 확신하는 데 있다.

루터가 성경을 강조한 까닭은 그것이 '신의 말씀'이라는 판단에서 비롯했지만, 그 신의 말씀을 해석하는 주체가 여러 교파로 갈라져왔고—지금이 순간도 갈라지고 있다—그들이 읽는 성경은 저마다 해석이 다르다.

그래서다. 자신이 속한 교파를 전체 기독교의 범주에서 되짚어보고, 그 틀을 넘어 신의 언약과 예수 앞에 겸손하게 다가서야 옳지 않을까.

동과 서로 교회 '대분열'이 일어난 까닭은 무엇인가?

분열은 1054년에 일어났지만, 오랜 세월에 걸친 갈등이 쌓인 결과다. 동과 서 두 교회는 교리와 성직자 위계에서 차이가 뚜렷하다.

대표적인 교리 차이는 니케아-콘스탄티노플 신조를 둘러싸고 불거졌다. 동쪽에서 공용하는 그리스어 문건에는 성령이 성부인 아버지로부터 나온다고 되어 있는데, 서쪽에서 공용하는 라틴어 문건에는 "아버지와 아들로부터 나온다"라고 되어 있다. 콘스탄티노플과 로마는 각각 자신의 문건이 원문이라고 주장한다. 십자가나 마리아상과 같은 성상도 쟁점이 되었다. 동로마제국을 압박해온 이슬람 세력은 자신들이야말로 올바르게 신을 믿는다며 기독교인은 "십자가와 마리아상을 숭앙하는 우상숭배자들"이라고 비판했는데, 콘스탄티노플 대교구는 그런 지적을 수용해 성상을 숭배하지 못하게 했다. 로마는 그것을 '성상 파괴'라고 비판했다.

성직자 위계를 둘러싼 쟁점은 로마 '교황'의 수위권이다. 서쪽 교회는 교황이 '예수의 대리인'으로서 다른 대주교들 위에 있고, 오류를 저지르지 않으며, 교단 전체를 통솔한다고 주장했지만, 동쪽 교회는 교황이 대주교의 하나일 뿐이며, 다른 대주교들을 지휘할 수 없다고 보았다. 로마 교회가 성직자의 결혼을 인정하지 않은 반면에 콘스탄티노플 교회는 주교급 이상의 고위 성직자를 제외하고는 혼인할 수 있도록 했다.

교리와 성직자 위계의 차이가 있지만, 두 교회의 결정적 분열 원인은 교구 관할의 실질적 이권이었다. 교회의 수입이 로마 대교구와 콘스탄티노플 대교구 가운데 누구에게 귀속되는가의 문제이다. 가령 전도되어 창설되는 신생 교구의 관할권이 당장 쟁점이 될 수 있다. 신생 교구는 그나마 큰 문제가 아니었다. '수입'이 많지 않아서다. 그런데 부유한 지역의 교구를 누가 관할하느냐는 민감한 문제였다.

이탈리아 남부 교구를 누가 관할하느냐를 놓고 갈등을 빚던 두 교회는 마침내 1054년 7월 16일 정면으로 충돌한다. 교황을 자임한 로마 대주교가 콘스탄티노플 대주교를 파문하고, 이어 콘스탄티노플 대주교도 로마 대주교를 파문했다. 서로를 파문한 뒤, 두 교회는 각각 제 갈 길을 걸어갔다.

무교회주의인 '퀘이커교'는 어떤 기독교인가?

퀘이커교는 개신교 가운데 하나이지만, 무교회주의는 아니다. 종교사상가 함석헌이 무교회주의에 기울었다가 퀘이커교로 옮겨갔기 때문에 그런 오해가 제법 퍼져 있지만 결이 다르다. 무교회주의는 1920년대 일본에서 우치무라 간조內村鑑三가 제기하고 식민지 조선에서 김교신과 함석헌이 나선 교회 혁신 운동이다. 교회 출석이나 세례 의식보다 '신과의 살아 있는 교제'를 강조한다. 신앙의 고갱이는 생활 속에서 신과의 결합인데, 교회는 그것을 하나의 기관과 조직, 교의, 예배 형식으로 대체했다고 비판한다.

퀘이커교의 공식 명칭은 '종교적 친구 모임Religious Society of Friends'으로, 영국인 조지 폭스George Fox가 1646년 교회의 형식주의나 십일조에 반대하며 시작했다. 퀘이커교도에게 종교의 핵심은 교리 체계도, '뾰족한 집'(교회)을 찾아 '직업적 성직자'의 설교나 기도를 듣는 것도 아니었다.

'내면의 빛'으로 스스로 밝아지는 체험을 가장 중시한다. 모든 사람은 그런 체험을 할 수 있는 가능성을 지니고 있기에 동등한 '친구'가 된다. 기득권 세력이 좋아할 수 없는 생각이고, 실제로 숱한 투옥과 박해를 받았다. 윌리엄 펜William Penn이 1681년 영국 왕으로부터 식민지 미국의 땅 일부를

'하사'받아 자기 이름을 딴 '펜실베이니아'(펜의 숲)로 숱한 퀘이커교도들이 이주했다.

목사가 따로 없이 모든 교인이 침묵 속에 앉아서 '내면의 빛'을 기다리는 예배를 드리고, 누군가 '영감'이 오면 조용히 발언함으로써 그것을 다른 이들과 나눈다. 17세기에 이 운동이 일어났을 때 영감을 받는 사람은 그 순간 온몸이 떨렸다고 해서 '퀘이커Quaker'(떠는 사람)라는 이름을 얻었다. 미국에서 노예제도 폐지와 평화운동에 앞장섰다.

퀘이커교와 무교회주의는 '교회'를 '기독교'와 동일시하는 '상식'에 경종을 울린다. 그들의 교회나 모임에는 기성 교회로 상징되는 설교단, 성가대, 헌금, 목사, 장로, 집사가 없다. '교회주의'에 오염되지 않은 순수한 기독교를 추구한다.

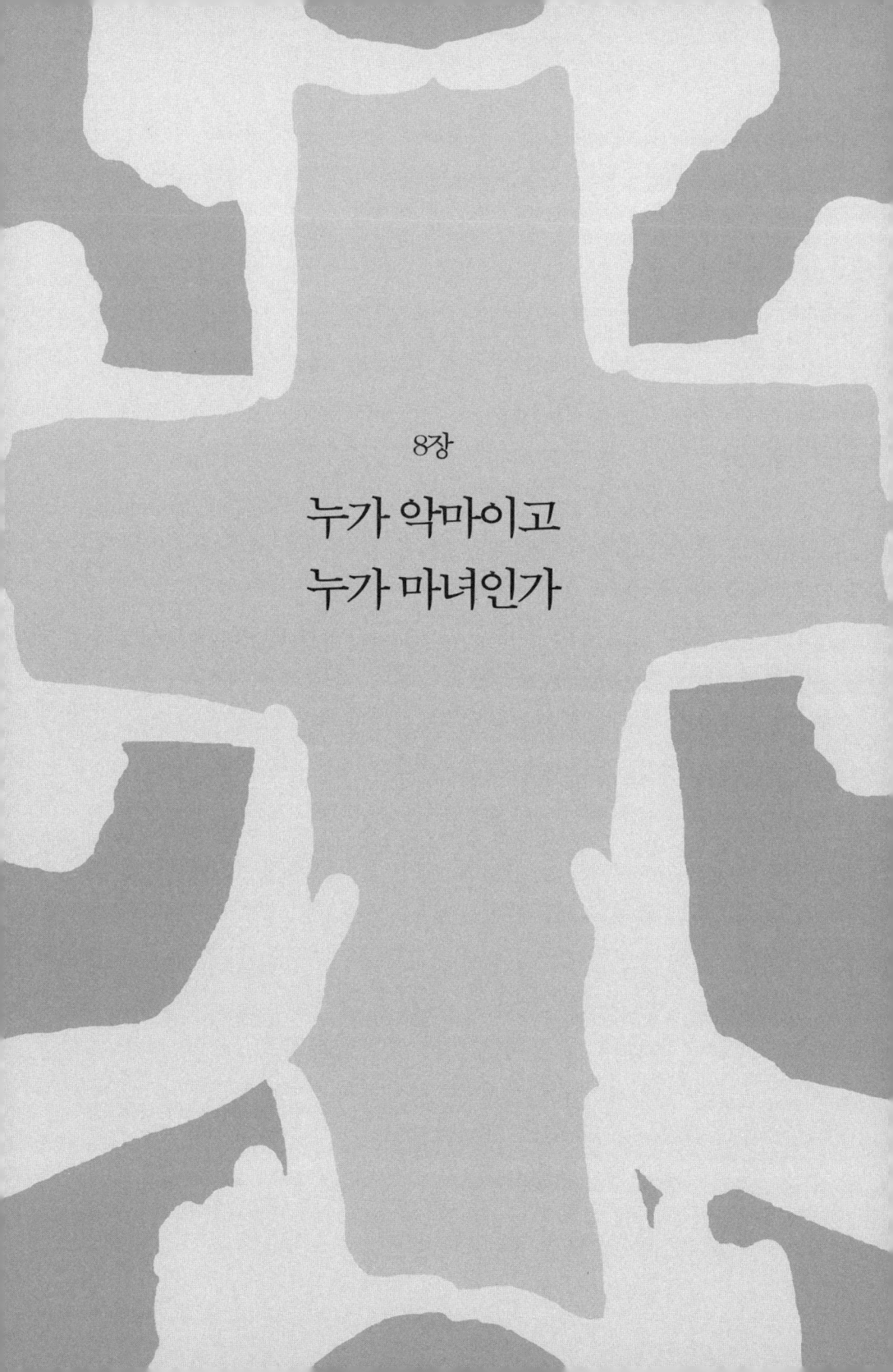

8장

누가 악마이고
누가 마녀인가

성직자의 권위와 부패를 정면으로 비판한 루터. 그의 용기는 교회 개혁만이 아니라 근대 민주주의 사회를 여는 데에도 큰 영향을 끼쳤다.

 루터가 1517년 면죄부를 비판하는 격문을 쓰고 난 뒤 교회 개혁의 불길은 거세게 번져갔다. 루터가 교황과 황제의 탄압을 피해 작센 선제후가 마련해준 성에 은신하고 있을 때, 교회 개혁을 이끈 사람은 카를슈타트Andreas Karlstadt였다. 그는 당시 비텐베르크 대학 교수로 루터에게 신학 박사 학위를 수여한 사람이었다.

루터의 한계를 비판한 카를슈타트와 뮌처

카를슈타트는 가톨릭에 존재하는 계급적 차이를 없애고 사회적 평등을 실현하려고 나섰다. 성직자가 평신도와 구별되는 옷을 입는 것부터 반대했다. 성경의 가르침에 맞지 않는다며 제단, 성상, 성화도 모두 없앴다. 신부

복장을 거부하며 농부들이 일상에서 입는 옷을 입고, 교회에서는 서로 '형제'라고 부르도록 했다.

교회에 들어오는 돈은 평신도 위원회에 맡겼다. 평신도 위원회는 그 돈을 가난한 사람을 위한 구제금, 살림살이가 어려운 집안의 처녀를 위한 '결혼 지참금'으로 분배했다. 성직자의 결혼도 찬성했다. 매매춘은 엄격히 금지했다. 비텐베르크 시의회는 카를슈타트와 그의 동조자들이 주창한 '종교적 공동체'를 위한 법안을 통과시켰다.

하지만 카를슈타트의 개혁에 불안한 사람들이 있었다. 누구보다 작센의 선제후 프리드리히가 그랬다. 프리드리히는 루터를 보호해주었지만, 카를슈타트의 개혁엔 동의할 수 없었다. 그는 신성로마제국의 모든 지역이 교회 개혁에 동참할 때까지 아무것도 바꾸지 말라고 시의회에 명령했다. 이어 그의 도움으로 은신해 있던 루터를 비텐베르크로 불러들였다. 프리드리히의 도움으로 '설교'에 나선 루터는 카를슈타트의 개혁을 '급진적'이라 비난하고, 사회 혼란을 불러오며 '적그리스도'가 좋아할 빌미를 준다고 공격한다.

루터의 갑작스러운 귀환과 설교는 명백하게 정치권력(프리드리히 선제후)을 대변하는 언행이었다. 루터는 개혁이 혼란으로 이어져서는 안 되며 자유와 질서가 존중되어야 하고, 신이 세운 정부의 도움을 받아야 한다고 역설했다.

카를슈타트와 그를 따르던 사람들은 루터가 지나치게 권력과 타협한다고 비판했다. 하지만 작센의 선제후 프리드리히와 루터의 영향을 받아 시의회는 카를슈타트의 글을 금지하고, 원고를 압수했다. 그 과정에서 루터를 비판하는 글이 발견된다.

"당신은 다시 그들의 비위를 맞추고 있소. 당신은 새로운 교황으로 그들에게 수도원과 교회들을 선물로 주고 있소. 그래서 그들은 당신에게 만족하는 것이오."

루터를 비텐베르크의 '새로운 교황'이라고 비판한 글의 필자는 토마스 뮌처Thomas Müntzer였다. 뮌처의 지적은 날카롭다. 실제로 교황과 황제의 결정에 맞선 선제후를 비롯한 영주들의 지지가 없었다면, 루터는 일찌감치 이단으로 몰려 화형을 당했을 게 분명하다. 그렇다면 궁금하지 않은가. 왜 선제후를 비롯한 영주들이 루터를 지지했을까. 뮌처는 영주들이 루터를 지지 또는 보호 해준 이유를 현실적 이해관계 속에서 찾았다. 당시 영주들은 '교회 재산의 세속화'에 관심이 컸다. 루터가 영주들에게 주기로 약속한 교황 소유의 수도원들은 물리치기 어려운 유혹이었다.

루터에 견주면 역사 속에 묻혀 있지만, 뮌처는 루터와 같은 시대를 호흡했던 교회 개혁자이다. 뮌처와 루터 모두 독일 작센 출신이다. 루터보다 일곱 살 아래인 뮌처는 대학에서 신학을 배운 뒤 신부가 되어 고등학생을 가르칠 때부터 면죄부를 비판했다. 루터가 면죄부를 공개 비판하기 전이다. 루터가 격문을 썼을 때 그는 뜨겁게 지지했고 루터와도 만났다.

뮌처는 상류층과 중산층 지역이 아닌 곳에서 신부로 일하며 노동자, 수공업자, 광부 들이 얼마나 비참한 삶을 살아가며 고통받고 있는지를 깨달았다. 그곳에서 교회 개혁 성향을 띤 '예언자들'도 만났다. 그들 가운데 니콜라우스 스토르흐Nicholaus Storch는 정치권력자와 성직자들을 다음과 같이 신랄하게 비판했다.

"만약 모든 사람이 (신 앞에) 똑같고 평등한 위치라면, 또한 모든 것이 공동의 필요에 따라 사용되고 쥐새끼 같은 왕을 더는 섬기지 않아도 된다면

토마스 뮌처 기념 우표.

얼마나 좋겠는가? 색욕에 가득 차고 나쁜 성직자들과 뚱뚱한 호색가들은 없어져야 한다."

과도한 욕설이라고 볼 수도 있겠지만, 당시 교황과 고위 성직자들의 호색, 왕의 탐욕을 아무런 권리도 없이 살아가던 사람들이 어떻게 보았을까를 헤아릴 필요가 있다. 뮌처는 민중이 살아가는 삶의 현실을 체험하면서, 그가 신학자로서 관심을 기울여온 신비주의나 문자주의적 성경 공부와 결별한다.

중산층을 중심에 놓고 '훌륭한 삶'을 설교하는 교회에서 벗어나 뮌처는 예수의 고난과 성령 체험을 적극 강조해갔다. 그 결과다. 뮌처는 교회 성직에서 해임됐다. 이어 교회 개혁가 얀 후스 Jan Hus †의 고향인 프라하로 건너간다. 그곳에서 설교하며 '프라하 선언'을 쓴다. 그는 루터의 '문자적 믿음'은 성령과의 만남이 없을 때 현학적이게 되고, 더 나아가 기만적으로 변질될 수 있다고 판단해 '영적 믿음'을 강조했다.

민중 대다수가 문맹인 당시 현실을 직시한 뮌처는 기독교 성직자들이 성경에서 증언되고 있는 '가난한 민중의 살아 있는 목소리'를 차단하고 심지어 은폐했다고 비판했다. '차갑고, 죽은 문자'만을 제공하는 성직자들은

---

† 얀 후스는 신학자로 14세기 유럽 굴지의 대학인 프라하 대학의 총장이었다. 후스는 당시 가톨릭교회가 '예수 그리스도의 참된 교회' 모습과 큰 거리가 있다고 생각했다. 교황권은 성경에서 근거를 찾을 수 없다고 주장했다. 1414년 가톨릭교회의 종교회의가 열렸을 때, 교회 개혁을 설득할 마음으로 참석했다. 하지만 곧바로 체포되어 모든 주장을 철회하라고 강요당했다. 후스는 성경에 근거해서 자신의 주장이 잘못되었다는 것을 지적해주지 않는 한 생각을 바꿀 수 없다고 맞섰다. 로마 교회는 결국 후스를 '이단자'로 정죄하고 화형에 처했다. 프라하 대학은 총장의 죽음을 '순교자'의 죽음으로 선포했고, 그는 국민적 영웅이 되었다. 오늘날도 체코인들이 가장 추앙하는 인물이다. "주님의 진리가 승리하리라!"라는 그의 말은 현재 체코공화국의 공식 표어이다. 프라하 도심의 광장에 그의 동상이 세워져 있다.

뮌처에게 '신의 말씀을 이웃의 입에서 훔친 도둑이요, 강도'였다.

'프라하 선언'에서 뮌처는 세 무리를 비판한다. 성경을 은폐하는 성직자들, 민중을 착취하며 살아가는 영주들, 죽은 지식을 대변하는 '멍청한 신학박사들'이다.

뮌처는 '프라하 선언'을 발표한 뒤 다시 고향으로 돌아왔다. 알슈테트의 요한 교회에서 사제로 일하며 '독일어 성경'을 바탕으로 예배를 보기 시작했다. 독일어 예배는 루터보다 3년이나 앞선 선구적 시도이다. 독일어로 예배한 목적은 가난한 신도들에게 성경의 말씀을 직접 들려줌으로써 그들이 신과 만나도록 하자는 데 있었다.

자유롭고 평등한 '신의 나라' 갈망한 농민들

당시 교회 개혁 운동에 영주와 농민들 모두 공감했지만, 그 이유는 서로 달랐다. 영주들은 수도원을 비롯해 로마 교황청이 관할하고 있던 '부동산'들이 탐났지만, 농민들은 새로운 기독교 세상을 기대했다.

루터가 "사람은 누구나 신 앞에 평등하며 모든 사람이 사제"라고 주장했을 때, 농민들은 박수를 치며 환호했다. 더구나 루터가 농민의 요구를 무시해온 영주들과 고리대금을 즐겨온 자본가들을 비판했을 때, 루터의 명성은 절정에 이르렀다. 당시 농민들은 종교와 정치권력의 결탁 아래서 힘겨운 노동과 과도한 세금에 시달리고 있었다. 교회에 내는 십일조는 의무화되어 세금이나 마찬가지였다.

마침내 1524년 6월 남부 독일에서 농민들이 들고일어났다. 백작 부인이

연회에 쓴다며 영지 농민들에게 딸기와 달팽이 껍데기를 모아 오라고 지시했는데, 농민 다수가 이를 거부하면서 갈등이 전면에 불거졌다. 한스 뮐러Hans Müller라는 평범한 농민이 주도한 봉기는 삽시간에 영주와 귀족들에 대항하는 농민전쟁으로 커나갔다. 농민들의 봉기는 마른 광야를 태우듯이 퍼져가 그해 말에는 지금 독일 지역의 3분의 1이 농민 수중에 들어갈 정도였다.

그런데 루터는 농민들의 요구에 동의하지 않았다. 뮌처가 루터를 비판하기 시작한 이유다. 뮌처는 루터가 민중과 함께 걸어간 예수의 고난과 십자가는 강조하지 않은 채 '반쪽'만 가르친다고 지적했다. 뮌처의 설교에 '소문'이 퍼져가면서 영주들은 직접 확인에 나섰다. 뮌처 신부를 초청했다. 1524년 7월 영주들을 앞에 놓고 설교한 뮌처는 조금도 굽힘 없었다. 신의 복음을 민중을 위해 실천하지 않으면 신이 "그들에게서 칼을 빼앗아 성난 백성들에게 줄 것이고, 신을 모르는 자들은 파멸할 것"이라고 선언했다. 영주들은 뮌처의 설교에 위협을 느끼고, 법정에 출두하라고 요구했다.

뮌처는 다시 도피해 뮐하우젠으로 몸을 숨겼다. 곧이어 그곳에서 농민봉기가 일어났다. 뮌처가 주동했다는 설도 있다. 실제로 뮌처는 기드온†의 칼을 들어 저 경건치 못한 자들에 맞서라고 호소했다.

1525년 뮐하우젠 근처 프랑켄하우젠에서 농민들과 영주들 사이에 운명을 가르는 결전이 벌어졌다. 뮌처는 직접 농민을 이끌었다. 하지만 수적으

---

† 기드온은 구약성경에 나오는 인물이다. 므나쎄족 출신 300명의 정병을 이끌고 평야에서 미디안인의 대군을 맞아 크게 이겨 이스라엘을 구했다(판관기 6:11~8:32). 기드온은 '베어 쓰러뜨리다'라는 뜻이다. 용감한 장군을 상징하기도 하다.

로도 압도적일 뿐만 아니라 조직된 영주들의 군대를 농민들이 이길 순 없었다. 농민들이 패하면서, 뮌처도 사로잡혔다. 가혹한 고문을 당하면서도 그는 "영주이든 백작이든 귀족이든 (신 앞에) 만인은 평등하다는 원리를 행하고자 하지 않는 사람은 누구나 그 목을 치거나 교수대에 매달아야 한다"고 당차게 주장했다.

뮌처의 꿈은 또렷했다. 모든 사람이 자유롭고 평등한 '신의 나라'였다. 뮌처는 농민전쟁이 신의 나라로 가는 시작이라고 판단했다. 사람 영혼의 심연에 직접 호소하는 성령의 말에 귀 기울여 따르고, 이기적·현세적인 욕망 추구를 벗어나 만인 평등의 생활을 실현하는 것이 '예수 그리스도에 속하는 사람들'의 사명이라고 역설했다. 뮌처는 자신이 살고 있는 시대는 마침내 '악마에 속하는 자'의 지배가 타도되고 신의 정의가 실현되는 시기, 모든 것이 공유되고 개개인은 필요에 따라 사용하는 '천년왕국'을 실현할 시기라고 역설했다. 가난한 농민, 도시 평민들에게 봉기를 호소한 이유이다.

뮌처는 참혹한 고문을 당한 끝에 1525년 5월 27일 53명의 동료들과 함께 참수당했다. 그해 농민전쟁에서 죽은 농민은 10만 명에 이른다.

루터는 뮌처와 정반대 쪽에 섰다. '강도와 도적 같은 폭동에 반대하여'라는 제목으로 직접 글을 쓰고 발표했다. 루터는 농민들이 소요를 일으킴으로써 '정부에 대한 복종의 의무'를 어겼고, 강도와 도적질로 공공의 질서와 평화를 파괴했으며, 자신의 요구를 정당화하려고 성경의 복음을 끼워 맞춰 "신을 비방하는 죄"를 범했다고 몰아세웠다. 이어 '공권력'을 가진 정부는 농민들의 '폭동'에 모든 수단을 다 동원하라며 "미친개를 죽이듯 목을 졸라 죽이고, 찔러 죽이라"는 살벌한 표현까지 서슴지 않았다.

루터는 "반란을 일으키는 사람보다 더 유독하고 해로운 악마는 없다"고

루카스 크라나흐 1세 공방, 마르틴 루터의 초상, 1528, 목판에 유화, 34.3×24.4cm, 루터하우스, 비텐베르크.

주장했다. 성직자가 부과한 십일조 세금†과 권력자의 억압에 맞서 봉기를 일으킨 농민은 루터에게 '악마'였다. 심지어 "지금 지옥은 텅 비었다. 지옥의 악마들이 모두 폭도로 변한 농민 속으로 들어갔기 때문이다"라고 설명했다.

어떤가? 교회 개혁가 루터의 말이라고 믿기엔 너무 섬뜩하다? 하지만 엄연한 사실이다. 더구나 오늘날의 기독교 내부, 특히 개신교에선 루터의 선택을 적극 옹호하는 흐름이 주류이다. 루터로서는 교회 개혁이 채 꽃을 피우기도 전에 싹부터 잘리는 상황을 용납할 수 없었다고 두남둔다. 루터가 로마 가톨릭이라는 '거대한 적'과 상대하기도 힘겨운 상황에서 자신에게 우호적인 영주(제후)들을 적으로 돌릴 수 없었다는 논리다. 루터를 지지하는 사람들도 농민전쟁으로 루터와 농민들 사이에 '거리'가 벌어지고 교회 개혁이 제후들 중심으로 전개되어간 사실을 인정은 한다. 다만, 그렇다고 해서 교회 개혁 운동이 대중성을 상실했다고 볼 수는 없다고 주장한다.

그런데 당시 농민들의 요구는 민주주의 기준에서 볼 때 '급진적'이기보다는 상식적 수준이었고, '교회 개혁'이 대부분이었다. 십일조도 모두 부정한 게 아니라 가축에 대해서만 내지 않겠다는 정도로 소박했다. 그들은 영주나 성직자와 대화를 통해 문제를 풀고 싶어 했지만 철저히 외면당했을 뿐만 아니라 생존권마저 위협받았다. 봉기가 많은 농민의 지지를 받은 이유다.

오랜 세월에 걸쳐 영주와 성직자에게 억압받아 왔던 농민들이 자신을 새롭게 발견하도록 결정적 계기를 마련해준 사람이 바로 루터였다. '만인제사장'을 주장한 루터가 "신이 보기에는 가톨릭의 교황이나 밭을 가는 농부나 모두 같다"고 설파했을 때, 농민들은 귀를 의심할 정도였다. 루터의 설교를 통해 자기도 권리가 있다는 자각이 싹트기 시작했다. 그들은 마지막 순간까지 루터를 믿었다.

하지만 루터는 그들을 "지옥에서 온 악마들"로 규정하며 영주들에게 "미친개를 죽이듯 목을 졸라 죽이고, 찔러 죽이라"고 선동하고 다녔다.

뮌처와 그를 따르던 농민들과 빈민들이, 아니 '악마들'이 대량 학살당했던 바로 그 시점에 루터 신부는 결혼한다. 과연 그는 수녀였던 아내 폰 보라와 행복했을까? 아내를 두고 "프랑스나 베네치아를 줘도 바꾸지 않겠다"고 공공연히 말할 정도였다면 그랬다고 보아야겠다.

루터의 아내는 수도원을 개조해 학생들과 손님들의 숙소로 만들었고, 맥주 공장도 운영했다. '루터 맥주'는 당시 선제후의 궁정에 납품될 정도로 명성이 높았다. 말년의 살찐 루터의 모습은 아마도 맥주 때문이라고 추정된다.

뮌처보다 일곱 살 연상인 루터는 뮌처와 농민들이 참수당한 뒤 21년을 더 아내와 더불어 살았다.

† 십일조는 중세 유럽의 교회에서 고대 유대교에게 수입의 10분의 1을 야훼에게 바칠 것을 명한 구약성서의 율법에서 비롯됐다. 제사에 참여하는 유대인들은 생활 형편에 따라 빵과 포도주를 들고 와서 나누어 먹는 정도였다. 초기 기독교에서는 교인들이 신에게 자발적으로 즐겨 바치는 경건한 신앙 행위였다. 하지만 기독교가 로마제국의 국교가 된 뒤 성격이 '변질'되기 시작해 6세기 이후 교회는 교인들에게 이를 강요했다. 8세기에는 아예 의무화했다. 결국 십일조는 교구민들로부터 수입의 10분의 1을 징수하는 세금이 되었다. 10분의 1세, 10분의 1교구세로 불렀다. 작은 교구의 사제도 자신의 생활과 교회 관리·유지를 명분으로 곡물·포도주·가축·채소·개간지에 십일조를 부과했다. 민중들로부터 비판의 대상이 되어 1789년 프랑스대혁명 과정에서 공식적으로는 폐지되었다.

신의 이름으로 사냥한 악마와 마녀

신의 이름으로 학살당한 것은 '악마'만이 아니다. 그 이름으로 숱한 마녀가 화형당했다. 그렇다고 '악마'와 '마녀'들 사이에 무슨 연관성이 있었던 것은 결코 아니다. '마녀'는 농민전쟁과 전혀 무관한 여성들이었다.

마녀사냥은 교회 개혁 직후인 16세기 말과 17세기가 '전성기'였다. 루터에게 '악마'로 몰린 신성로마제국의 농민 10만여 명이 학살당한 시대와도 겹친다.

본디 '이교도'를 심판하기 위해 조직된 종교재판소가 마녀사냥의 주체로 나섰다. 종교재판소는 악마를 추종하는 마녀가 공동체를 파괴하고 있다며 '색출'해서 화형에 처하겠다고 선포하고 실제로 '혈안'이 된다.

왜 교회 개혁 직후에 마녀사냥이 '극성'했을까? 역사적 뿌리를 파고들면 저절로 이해할 수 있다. 유럽 역사에서 마녀†가 처음 '사냥감'이 된 것은 십자군 전쟁이 참담하게 끝난 직후이다.

로마 대주교인 교황의 주도로 전개된 십자군이 실패한 뒤, 가톨릭교회는 종교적 위기를 넘어서기 위해 '이단적 신앙'에 공격을 시작한다. 그게 마녀사냥의 출발점이다.

십자군 전쟁 뒤 사냥이 '개막'될 당시 마녀는 '예수 그리스도에 대한 믿음을 버리고 악마와 계약을 맺어 그를 섬기는 대가로 마술을 전수받아 공중을 날아다니는 자'로 규정되었다. 마녀는 그들만의 집회에 참석해 악마와 '교접'을 하기에 몸에서 악마의 손톱자국을 발견할 수 있다는 말도 유포되었다.

누가 '마녀 같다'는 소문이 나거나, 아니면 밀고만으로도 피의자는 전격 체포되었다. 마녀를 체포한 뒤 가혹한 고문을 가했다. 자백을 받아내겠다는 명분을 내세웠고, 당사자가 극한적인 고통에서 잠깐이라도 벗어나기 위해 '마녀'라고 자백하면 고문의 정당성을 확신했다.

마녀인지 아닌지 '판정'을 하겠다며 내놓은 방법들은 참으로 황당하다. '마녀'로 지목된 사람을 깊은 강물에 던지는 '실험'을 공개적으로 하면서, 몸이 가라앉으면 무죄이고, 떠오르면 유죄라고 태연하게 설명했다. 던진 사람은 그것으로 '감별'한다고 했지만, 던져진 사람은 어느 쪽이든 목숨을 잃을 수밖에 없다.

여성을 체포한 뒤 악마의 흔적을 찾아낸다며 벌거벗긴 뒤 온몸을 샅샅이 '조사'하는 종교재판관들도 떠올려볼 일이다. 몸에 바늘을 찔러 마녀를 '감별'하기도 했다. 바늘로 찔러도 아프지 않거나 피가 나지 않으면, 그것만으로 마녀로 단정해 화형에 처했다.

그런데 바늘로 찔러 피 안 나는 사람이 있을까? 없다. 그렇지만 있었다. 바늘을 몸에 찌르면 곧바로 바늘 끝이 뒤로 밀려나는 장치를 고안했다. 그렇게 '찔러도 피가 나지 않는 마녀'임을 군중에게 확인시킨 뒤 화형에 처했다.

왜 그런 짓을 했을까? 처형된 마녀가 지니고 있던 재산을 몰수할 수 있었기 때문이다. 영주와 주교, 이단 심문관 들은 '마녀'의 재산을 배분해 착복했다. 그러니까 마녀사냥은 영주와 주교 모두에게 큰 경제적 이익을 가

---

† 마녀로 화형당한 사람이 모두 여성은 아니었다. 이따금 마녀에 대응하는 남성이 올가미에 걸렸는데, 그들은 '마법사'라고 불렸다. 하지만 수적으로는 여성이 압도적이었고, 유럽어에서 '마녀'는 양성을 대표한다.

져다주는 '장사'였고 '산업'이었다. 마녀사냥으로 부를 축적해간 자들의 '경제적 합리성'은 사뭇 뛰어났다. 체포하여 처형할 때까지 모든 비용을 마녀에게 물렸다. 설령 마녀로 판정나지 않더라도 손해를 볼 게 전혀 없었다. 사냥당한 여성에게는 평화롭게 신앙생활을 하던 가운데 떨어진 '날벼락'이었지만, 사냥하는 성직자와 권력자에게는 '돈벼락'이었다.

구체적 실례를 톺아보면 종교재판의 야만성을 새삼 절감할 수 있다. 1582년 바이에른 어느 백작의 작은 영지에서 '마녀'가 체포된다. 그 마녀의 '자백'을 받아 줄줄이 48명이 마녀로 낙인찍혀 화형당했다. 1587년 도릴 지역의 200여 마을에선 1587년부터 7년 동안 368명의 마녀가 불에 타 죽었다.

주교의 영지(승정령)에서도 죽음의 불은 타올랐다. 소소크만텔 승정령에서 1639년에 2,428명이 화형당했다. 밤베르크 승정령에서도 1627년 이후 4년간 '마녀' 285명이 처형당했다. 이 승정령의 전체 인구가 10만 명이 안 되었는데, 그 뒤에도 30년에 걸쳐 종교재판소에 계류된 마녀는 900명이 넘었다. 뷔르츠부르크 승정령에서도 1623~1631년 사이에 900명을 화형에 처했다.

희생당한 마녀들을 살펴보면, 고급 관리나 시의회 의원의 부인, '지역에서 가장 아름다운 자매'도 있었다. 풀다 지역의 마녀 재판관 발타자르 누스는 19년 동안 700명의 마녀를 불살라 살해했다. 자신의 일생 동안 1,000명 처형을 '소망'했다고 한다. 그 '살인의 소망'을 신 앞에서 날마다 기도했을 고위 성직자를 상상해볼 일이다. 사람은 도대체 어디까지 사악할 수 있는가. 로트링겐의 니콜라스 레미 Nicholas Rémy 는 15년 동안 900명을 죽였다. 참으로 엽기적이다.

마녀사냥의 미친바람이 교회 개혁 이후에 '전성기'를 맞은 이유는 크게 두 가지로 짚을 수 있다.

첫째, 교회 개혁으로 분열된 기독교의 위기 상황이다. 애초 마녀사냥이 십자군 전쟁 직후 실추된 교권을 다시 세우려는 의도에서 시작했던 사실과 같은 맥락이다. 마녀사냥은 가톨릭이든 개신교든 성직자들이 기득권을 챙기면서 평신도들의 종교적 회의나 번뇌를 해결해주는 '비상구'였다.

둘째, 중세 사회의 위기이다. 엄격한 신분제와 토지에 기반을 둔 중세 사회 곳곳에 균열이 일어나던 시기였다. 자본주의 체제가 형성되어가면서 중세 사회를 흔들고 있었다. 농촌 사회가 분열되면서 개개인의 관계 또한 파국으로 치달았다. 농민들은 자신들에게 끝없이 이어지는 불행과 고통을 쉽게 설명해주는 '논리'를 찾고 있었다. '불순한 사람'인 마녀가 그들 앞에 '해답'으로 제시되자 이를 적극 받아들였다. 마녀가 악마와 계약해서 빗자루를 타고 다니며 질병, 악천후, 흉작을 가져왔다는 '홍보' 또는 '기만'에 사로잡혔다.

18세기에 접어들면서 마녀사냥의 야만은 시나브로 사라진다. 계몽주의의 영향으로 이성적 세계관이 퍼져가면서 옳고 그름을 판단할 수 있는 사람이 늘어났기 때문이다.

유럽에서 수백 년 지속된 마녀사냥은 당대의 성직자와 정치권력이 기득권을 지키려는 '공동 전략'이었다. 지배 세력은 마녀사냥을 통해 밑에서 올라오는 농민들의 불만을 '대리 해소'시킬 수 있었고, 동시에 마녀들의 재산까지 착복하는 '일거양득'을 300, 400년 동안 누렸다.

여기서 독자에게 진정으로 묻고 싶다.

정말이지 마녀는, 악마는 과연 누구였을까?

역사를 보는 데는 아무리 시각 차이가 있다고 하지만, 신 앞에 평등한 세상을 요구하는 농민들을 교회 개혁가 루터가 '지옥에서 온 악마들'로 규정해 대량 학살을 정당화한 사실, 흔들리는 지배체제를 유지하기 위해 성직자들이 마녀사냥에 앞장서온 사실은 용서할 수 없는 죄악 아닌가. 다시 강조하지만, 만일 예수가 자신의 이름으로 그런 야만이 벌어진 사실을 알았다면 어떤 생각에 잠겼을까 성찰해볼 일이다.

가톨릭과 개신교 사이로 30년 흐른 '피의 강'

교회 개혁운동의 여파로 죽은 것은 악마와 마녀만은 아니었다. 가톨릭과 개신교로 갈라지면서 둘 사이에 전쟁이 벌어졌다. 말 그대로 '30년 전쟁Thirty Years' War'이다.

루터의 교회 개혁운동이 벌어지고 농민전쟁까지 벌어지자 신성로마 황제 페르디난트 1세Ferdinand I는 1555년 아우크스부르크 제국회의에서 가톨릭과 개신교의 대표를 불러 모아 타협을 모색했다. 이 회의에서 루터파 개신교인들은 가톨릭교인과 동등한 권리를 인정받았다. 그런데 '각 지역의 주민의 신앙은 지역 통치자의 신앙에 따른다cuius regio, eius religio'는 원칙이 '불씨'로 남았다.

아우크스부르크만 하더라도 주민의 다수는 개신교로 바뀌었지만 신성로마제국의 황제는 여전히 '로마 교황의 보호자'였기 때문이다.

언제 터질지 모를 '화약고'는 1618년 보헤미아† 왕 페르디난트 2세Ferdinand II가 가톨릭 신앙만을 허용하겠다고 나서면서 터졌다. 보헤미아와 오스트리아의 개신교인들은 저항운동을 벌였다. 하지만 1619년 신성로마제국의 황제에 오른 페르디난트 2세가 강력 대응으로 패배할 수밖에 없었다.

상황은 여기서 종료되지 않았다. 중부 유럽의 광활한 영토를 눈여겨보고 있던 덴마크 왕 크리스티안 4세Christian IV가 '탄압받는 개신교인들'을 보호한다는 명분으로 깃발을 들었다. 개신교가 퍼져 있던 영국과 네덜란드도 덴마크를 지원했다. 신성로마제국으로 진군해갔지만 그 또한 패배했다. 북유럽의 강국 덴마크가 몰락하면서 '북방의 사자'로 불릴 만큼 용맹했던 스웨덴 왕 구스타프 2세Gustav II가 개신교 보호를 자임하고 나섰다. 그는 파죽지세로 중부 유럽을 석권하며 신성로마제국을 위협했지만, 종횡무진 누비던 전장에서 한순간의 방심으로 목숨을 잃었다.

이어 프랑스가 나섰다. 신성로마제국은 물론, 가톨릭 국가인 에스파냐에 선전포고를 하고 스웨덴군과 함께 공동으로 전쟁을 벌였다. 승패가 쉽게 나지 않는 가운데 1637년 신성로마제국은 페르디난트 3세Ferdinand III가 황제에 오르면서 긴 전쟁에 지친 제후들의 압력으로 종전을 제의했다. 결국 1648년 베스트팔렌 조약으로 30년 전쟁은 막을 내렸다. 프랑스는 알자스 지역과 라인 강 서쪽을 손에 넣었고 네덜란드와 스위스는 독립국가로 인정받았다. 스웨덴은 발트 해를 장악했다. 신성로마제국 황제의 지배를 받던 중부 유럽은 수많은 공국들로 분리되었다.

† 보헤미아Bohemia는 지금의 체코슬로바키아 지역에 5세기부터 형성되어 13세기에는 절정기를 이루며 중부 유럽을 지배한 국가다.

종교전쟁으로도 불리는 30년 전쟁을 통해 수많은 사람들이 참혹하게 숨졌다. 역설이지만 그 피의 강물을 보며 유럽인들은 종교적 관용을 배울 수 있었다. 전쟁을 막으려면 서로의 종교를 인정해야 한다는 '뼈저린 교훈'을 얻었기 때문이다. 오늘날 가톨릭과 개신교가 공존하고 있는 배경에는 30년 지속된 민중들 사이의 살육전, '악마'와 '마녀'를 사냥한 야만들이 깔려 있는 셈이다.

유럽에서 가톨릭과 개신교가 공존하는 전환점을 마련했다는 긍정적 결과를 얻었지만 전쟁은 그 못지않게 두 가지 진실도 가르쳐주었다.

첫째, 사랑을 가르친 예수를 서로 올바르게 믿는다는 명분으로 30년에 걸쳐 벌인 살육전은 종교가 세상을 얼마나 단순하게 선과 악으로 재단하는가를 깨우쳐주었다. 가톨릭과 개신교는 서로를 '악'으로 규정함으로써 사람들을 격정에 휩싸이게 하고 '사탄'을 물리치는 데 기꺼이 목숨을 바치게 했다.

둘째, 종교를 명분으로 내걸었지만 모든 종교 전쟁의 숨은 목적은 정치경제적 이해관계라는 진실을 확인할 수 있다. 이웃 도시와 국가를 침략해 부를 약탈하고 권력을 강화하려는 탐욕이 '이웃 사랑'의 종교를 '가면'으로 쓰고 나선 모습은 이미 십자군 전쟁에서도 나타났다. 그 야만이 기독교 내부에서도 벌어짐으로써 '종교'의 외피를 쓴 '학살극'이 언제든지 되풀이될 수 있다는 경각심을 30년 전쟁은 피로 일깨워주었다.

교회 개혁을 환호한 농민들은 무엇을 요구했나?

루터의 교회 개혁에 환호한 농민운동의 주도자들은 1525년 2월 자신들의 요구를 12개 조항으로 압축해 발표했다. 다음과 같다.

① 목사는 교인들이 선택한다. ② 가축의 십일조 제도를 폐지하고, 곡물의 십일조는 목사와 다른 공동체를 위해 사용한다. ③ 복음 정신과 기독교인의 자유사상에 배치되는 농노제도는 폐지한다. ④ 농노는 그리스도에 의해 구속된 자유인들이므로, 더는 누구의 소유물이 아니다. ⑤ 귀족들이 약탈해간 수렵권, 어획권, 벌목권 등을 농민들에게 되돌리도록 법을 개정한다. ⑥ 과도한 세금 제도는 폐지한다. ⑦ 농노에게 부과한 강제 노역을 폐지하고 정당한 보수를 지불한다. ⑧ 과도한 소작료는 폐지한다. ⑨ 귀족들에 의한 새로운 법 제정을 반대하며, 공정한 법의 집행과 성문화된 국가법이 필요하다. ⑩ 영주들이 돈을 지불하지 않고 소유한 모든 공유지는 영주와 농민이 공동으로 소유한다. ⑪ 과부와 고아를 불의하게 억압하는 상속세와 사망세는 폐지한다. ⑫ 위의 요구 가운데 신의 말씀에 저촉되는 것은 무엇이든지 철회한다.

농민들은 자신들이 제시한 12개의 요구 사항은 루터가 주창한 복음과 일치한다고 판단했다. 따라서 대화를 통해 얼마든지 문제를 풀어갈 수 있다고 기대했다. 루터는 급진적이라고 비판했지만 농민들은 자신들의 주장이 결코 '급진'이 아니라 판단했고, 대화를 통해 '협상'하겠다는 뜻도 밝혔다. 농민들의 요구가 급진적인지 아닌지는 그 뒤 역사가 판명해주었다. 지금의 기준에서 본다면, 그들의 요구는 너무나 당연한 주장이다.

하지만 왕족, 귀족, 성직자 들은 농민들의 요구를 들어줄 뜻이 전혀 없었다. '소탕 작전'에 나선다. 뮌처는 전쟁이 벌어지기 직전까지 루터에게 가난하고 억압받는 사람들 쪽에 서라고 호소했다. 그것이 진정한 '복음'이요, 신의 말씀을 실천하는 길이라고 강조했다. 루터는 끝내 합류하지 않았다. 같은 시대를 살며 교회 개혁에 나선 두 신부, 루터와 뮌처의 길이 갈라지는 순간이다.

마녀사냥은 권위적인 가톨릭의 범죄인가?

꼭 그런 것은 아니다. 마녀사냥에는 가톨릭은 물론, 개신교도 적극 나섰다. 유럽을 광란으로 몰아간 마녀사냥은 대서양을 건너가 미국 개신교로 퍼져 갔다.

미국이 아직 영국의 식민지였던 1692년에 매사추세츠의 작은 마을 세일럼이 사냥의 무대였다. 마을 목사 패리스의 아홉 살짜리 딸 베티와 열한 살짜리 조카 애비게일이 경련과 호흡 곤란을 일으키고 몸을 뒤틀었다. 패리스 목사를 비롯한 가족은 금식도 하고 기도도 했다. 하지만 아이들의 증상은 나아지지 않았다. 한 의사가 진단한 뒤 "마녀에게 홀렸다"고 말한다. 의사의 말을 듣고 패리스 목사와 마을 사람들은 두 아이에게 "마녀 이름을 대라"고 무섭게 윽박지른다. 아이들은 간신히 입을 열어 "티투바Tituba"라고 말한다.

티투바. 패리스 목사가 부리고 있던 '인디언 노예'였다. 아이들을 헌신적으로 돌봐주고 있었다. 티투바는 아기 때부터 아이들을 키워온 가족 같은 존재였다. 아이들에게 들려준 이야기는 '마법'이 되었고, 정성껏 만들어 먹인 케이크는 '마녀의 케이크'가 되었다.

목사와 마을 사람들은 두 아이에게 다른 마녀의 이름을 대라고 다그쳤다. 아이들은 가난한 여인과 병든 할머니를 지목했다. 세 여성이 마녀로 체포되었다. 이어 세일럼 마을에선 자신이 괴롭힘을 당했다며 '마녀 고발'이 쏟아진다. 새로 마녀로 고발당한 사람 가운데는 마을에서 술집을 운영하고 있던 부유한 상인 부부, 심지어 전임 목사들까지 포함되었다. 고발당한 사람들은 모두 '마녀'로 학살당했다.

1692년 가을까지 남자 여러 명을 포함해서 20명 이상이 사형 집행을 당했고, 100명 이상이 투옥됐다. 희생당한 사람들은 크게 두 부류였다. 한 부류는 마을에서 버림받은 사람들이고, 한 부류는 그 마을의 '유지'들에게 평소 밉보인 사람들이었다. 투옥된 사람들 가운데에는 마을에서 존경받던 이들도 다수 포함되어 있었다.

세일럼의 비극은 사람들이 마녀사냥에 얼마나 무분별하게 휩쓸릴 수 있는가를, 종교와 권력이 동시대인들을 얼마나 호도할 수 있는가를 생생하게 보여준다. 자신의 기득권을 유지하거나 확대하기 위해 특정인이나 특정 세력을 '마녀'로 몰아간 전형적 사례이다. 상대를 사실과 다르게 매도하거나 짓밟는 마녀사냥은 양상만 다를 뿐, 지금도 지구촌 곳곳에서 횡행하고 있다.

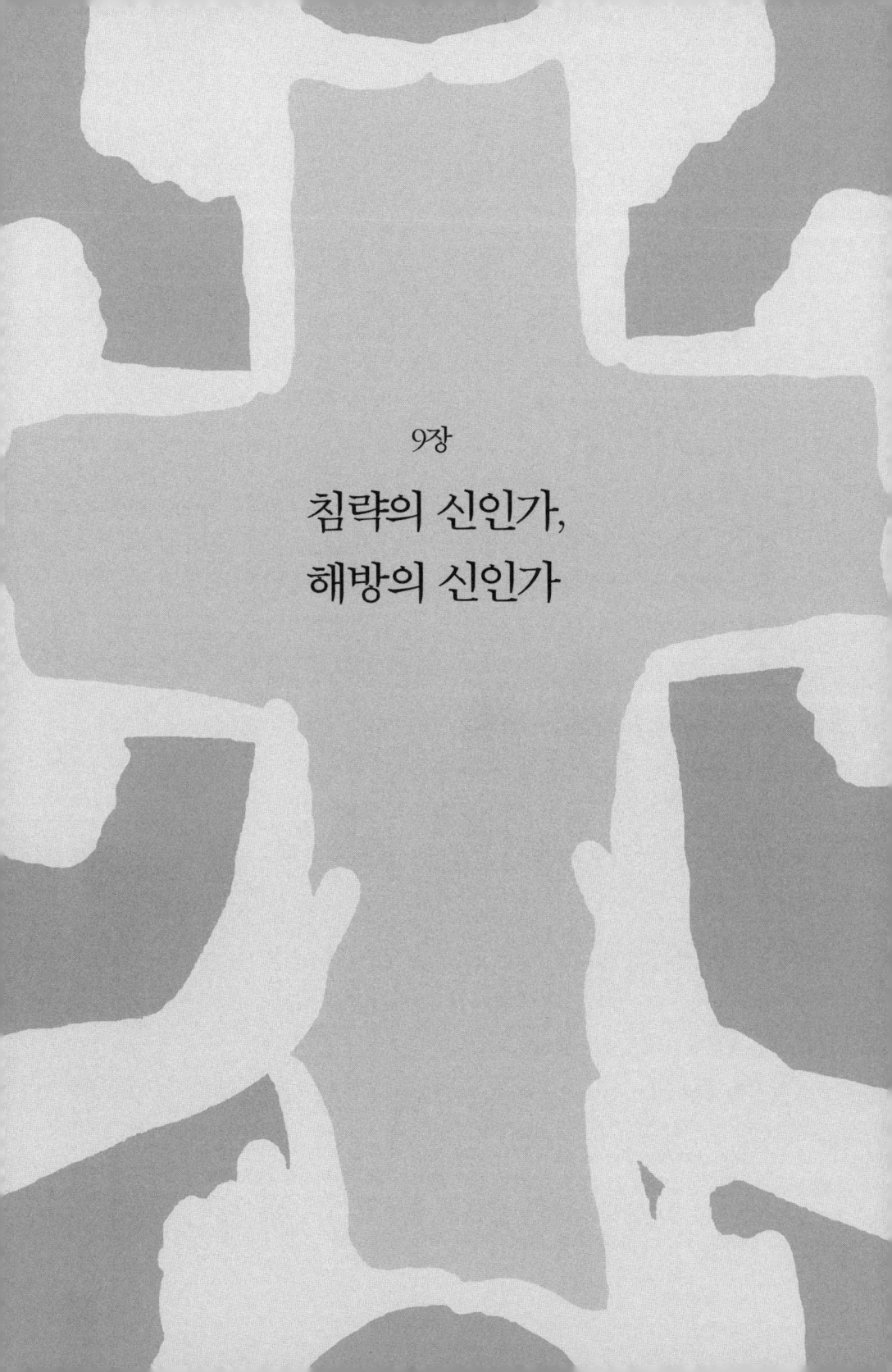

9장

침략의 신인가, 해방의 신인가

근대 이후 기독교는 유럽 대륙을 넘어 온 세계로 퍼져갔다. 그 '첫 단추'가 아메리카였다.

아메리카 대륙으로 기독교를 선교하던 초기에 꼭 짚어야 할 성직자가 있다. 에스파냐 출신의 신부 라스카사스Bartolomé de Las Casas이다. 그는 성직의 길로 들어서기 전에 일확천금을 노리고 '신대륙'으로 건너간 무리 속에 있었다. 실제로 '개척의 공로'를 인정받아 노예들이 딸린 땅(영지)을 하사받았다.

'영주'가 된 그는 잠시 에스파냐로 돌아와서는 성직자가 되는 '공부'를 한다. 왜 영지를 넉넉하게 확보한 그가 성직자가 되려고 했는지 정확히 알 수는 없다. 다만, 당시 성직자는 지금까지 우리가 보아왔듯이 지배 세력의 중추였다.

인디언 파괴에 대한 짧은 보고서

라스카사스의 야심은 성직자 꿈을 이루었다고 충족될 수 없었다. 아메리카 대륙 정복—흔히 '정복'이라고 쓰지만 엄밀하게 말하면 '침략'이다. 이미 그곳에 수많은 사람들이 오랜 세월에 걸쳐 나라를 이루어 살고 있었기 때문이다. 콜럼버스[†]가 '신대륙을 발견'했다는 말이 철저히 유럽인 중심의 언어인 것과 마찬가지이다. 이 책에선 '정복'을 국어사전 뜻에 맞게 '침략'으로 쓴다—에 나선 에스파냐 군대의 '군종 사제'로 종군하며 '복음'을 전파해간다. 라스카사스 신부는 쿠바 침략에도 '동참'했다.

물론, 그때마다 자기 몫으로 땅을 챙겼다. 당시 쿠바 인디언 추장 하타이는 말뚝에 묶여 화형을 당했다. 죽기 직전에 기독교 성직자들에게 "만약 신의 나라에 에스파냐 사람들이 있다면 나는 그곳에 가고 싶지 않다"고 또박또박 말했다. 그럼에도 신부 라스카사스는 원주민들을 노예로 사로잡는 데 적극 나섰다.

라스카사스의 언행을 지켜보다가 도저히 참을 수 없었던 몇몇 성직자들이 충고한다.

"우리(유럽인)와 똑같이 사람인 원주민에게 가혹한 노동을 강요하는 당신은 사제로서 자격이 없다."

"당신이 무슨 권한으로 평화롭게 살던 사람들과 파괴적 전쟁을 일삼는가? 당신은 그들에게 충분한 음식도 주지 않고 과도한 노동으로 몰아세웠으며, 고통에 신음하는 그들에게 편안한 죽음도 허락하지 않았다."

라스카사스 신부는 옳은 충고를 받아들이지 않았다. 원주민을 노예로 삼는 것이야말로 '정복자의 당연한 권리'이며, '열등한 원주민들을 개화하는 과정'이라고 반박했다. 더 나아가 라스카사스는 자신을 비판한 성직자들이 자신의 권리를 침해한다며 왕에게 고발했다. 라스카사스를 비판한 수도사들은 본국으로 송환되었다.

  바로 그것이 우리가 직시해야 할 기독교의 '선교 역사'이다. 물론, 모든 선교의 본질이 그렇다고 보는 것은 편견일 수 있다. 하지만 큰 흐름은 거의 같다고 보는 게 현실적이다. 다만, 역사는 언제나 새로움을 준비한다. 라스카사스만 보아도 그렇다. 그에게 지금까지와는 전혀 다른 삶을 걸어갈 전환점이 찾아온다.

  농장 경영에 바쁘면서도 사제로서 최소한의 책임 때문에 라스카사스가 설교를 준비할 때였다. 집회서[††]를 펴들고 34장을 읽어 내려갔다.

  "불의하게 얻은 것을 재물로 바치는 것은 부정한 일이므로, 악인들이 바치는 재물은 용납되지 않는다. 지극히 높으신 분은 불경한 자들이 바치는 재물을 기뻐하지 않으시며, 재물을 많이 바친다고 해서 죄를 용서받는 것도 아니다. 가난한 사람들의 재산을 빼앗아 재물로 바치는 것은 남의 자식을 재물로 바치려고 그 아비 앞에서 죽이는 것과 같다. 가난한 사람들에게

[†] 1492년 아메리카 대륙 인근의 한 섬에 도착한 콜럼버스Christopher Columbus는 자신이 '인도'에 도착했다고 믿었다. 수천만 명의 아메리카 원주민이 '인디언Indian'(곧 인도인)으로 불리는 황당한 계기가 되었다. 인도에 있으리라고 기대했던 값비싼 향신료와 금은보화가 보이지 않자, 인도로 가는 항로 개척에 큰돈을 투자했던 에스파냐 왕실은 원주민을 강제 동원하여 사탕수수나 담배 같은 상품작물을 대규모로 경작해갔다. 유럽인들이 가져온 전염병과 강제 노동에 시달린 원주민들은 빠른 속도로 인구가 줄어들었다. 가령 콜럼버스가 처음 도착한 히스파니올라 섬에서 긴 시간에 걸쳐 평화롭게 살아온 타이노족은 에스파냐인들이 도착하고 25년 만에 500만에 달하던 인구가 5만으로 줄어들었다.

[††] '집회서'는 구약의 외경이지만 초대교회 사람들이 애독한 문서이다. 라틴어 '에클레시아스티쿠스 Ecclesiasticus'의 번역으로, 본뜻은 '교회적인 책' 또는 '교회서'이다. 알렉산드리아의 유대인들은 구약성경의 일부로 받아들였다. 일상생활의 여러 문제를 설명하며 "지혜의 시작은 신을 두려워하는 것"이라고 강조한다. 가톨릭에서는 '제2정경'으로 채택하고 있다.

는 빵 한 조각이 생명이며, 그것을 빼앗는 것은 살인이다. 이웃의 살길을 막는 것은 그를 죽이는 것이며 일꾼에게서 품값을 빼앗는 것은 그의 피를 빨아 먹는 것이다." (집회서 34:18~22)

그 대목을 읽는 순간, 라스카사스는 벼락처럼 깨달았다. 다름 아닌 바로 자신이 소유한 모든 재산이 원주민으로부터 빼앗은 것임을, 그들의 노동을 정의롭지 못하게 착취한 것임을. 그리고 신은 그것을 '피 빨아 먹는' 살인 행위로 보며 그 죄를 용서하지 않는다고 명확하게 경고하고 있었다.

잠 못 이루는 깊은 자괴감이 며칠 동안 이어졌다. 이윽고 "내가 행한 모든 것이 부정한 것이며 끔찍한 것"이었음을 고백한다. 이어 자신이 소유하며 부리던 모든 노예를 해방하는 결단을 내렸다. 그리고 남은 평생을 원주민의 인권을 위해 헌신하겠노라고 다짐한다.

자신이 소유한 것을 나눠주는 것만으로 만족할 수 없었던 라스카사스는 에스파냐의 국왕을 움직여 전체 상황을 바꾸려고 노력한다. 기실 여기까지만 보더라도 훌륭하다. 바람직한 '회개'다. 말이 그렇지 자신이 소유하고 있던 재산과 노예를 포기하기란 쉬운 일이 아니잖은가.

그런데 어렵사리 국왕을 알현했을 때, 라스카사스는 결정적 실수를 범한다. 원주민들에게 자유를 보장해주고 싶은 다급한 마음에 다음과 같이 말했다.

"아메리카 원주민보다 육체적으로 훨씬 건강한 아프리카 흑인을 노예로 사용하는 것이 낫습니다."

라스카사스 신부가 왕에게 한 말은 곧 백인들이 수천만 명에 이르는 아프리카 흑인들을 '사냥'해 강제로 아메리카에 끌고 가는 결정적 계기가 된다.

더구나 국왕을 통해 문제를 해결하려는 라스카사스의 노력은 누구에게도 믿음을 주지 못했다. 현지의 농장 소유주들은 그를 죽이고 싶어 했고, 현지 농민들은 그의 호의를 불신했다. 실패를 거듭한 라스카사스 신부는 모든 것을 내려놓고 산토도밍고에 있는 도미니카 수도회로 들어가 신학 공부에 몰입했다. 하지만 현지에서 생명의 위협을 받아 에스파냐로 돌아왔다.

현실에서 뜻을 구현하는 데 한계를 절감한 라스카사스는 유럽의 기독교인들이 저지른 살육을 고발하는 데 집중한다. 《인디언 파괴에 대한 짧은 보고서Brevísima relación de la destrucción de las Indias》라는 작은 책자에서 그는 '그리스도인들의 탐욕'을 그려나갔다.

"기독교인들이 저 많은 영혼을 살해하고 파괴한 이유는 황금에 대한 탐욕과 단시간에 부자가 되려는 욕망에 있다."

라스카사스는 자신이 쓴 여러 책에 기독교인의 만행을 삽화로 그려 실었다. 사진기가 없던 시대에 생생하게 현장을 전달하려는 의도였다. 남녀 원주민을 모두 벌거벗겨 한 줄로 매달아놓고 그 아래 쌓아둔 장작에 불을 지르는 삽화나, 구덩이에 남녀노소를 몰아놓고 창으로 마구 찌르는 삽화는 당시의 참상을 짐작케 한다. 고발하는 그의 붓끝은 날카롭다.

"만행은 인디언을 살해하는 것에서 그치지 않았다. 그들은 죽은 사람의 배를 갈라 시신을 토막 내기 일쑤였다. 이러한 행동은 사람의 배를 단칼에 관통할 수 있는지 또는 단칼에 목이 잘리는지를 내기하는 과정에서 이루어졌다. 내가 머물던 3개월여에 걸쳐 살해된 어린아이의 숫자만 해도 6,000명 이상이었다."

라스카사스의 고발에 기득권 세력은 침묵만 하지 않았다. '이단'이라는 심문까지 받으며 고통스러운 나날이 이어졌다. 온갖 모함과 협박에 시달리던 라스카사스 신부는 1566년 쓸쓸히 세상을 떠났다. 죽기 직전에 출판한 저서에서 그는 자신이 아프리카 사람들을 아메리카로 끌어오게 한 장본인이었다고 참담하게 고백하며 "흑인의 권리는 인디오의 그것과 다를 바 없다"고 호소했다.

예수를 알기엔 두개골이 작은 사람들?

기실 유럽의 기독교인들은 콜럼버스가 처음 상륙한 이후 초기 50년 사이에 아메리카 원주민 1,500만~2,000만 명을 학살했다. 그들 눈에 비친 원주민은 게으른 야만족이고 열등해서 "두개골의 크기가 예수님의 가르침을 받아들이기에는 너무나 작은" 존재들이었다.

그들은 원주민의 '게으름'에 가장 좋은 치료법은 '광산 노동'이라고 주장했다. 더러는 옷을 '제대로' 입지 않은 원주민들이 "성적으로 문란"하다고 단정 지었다. 문란한 남자들을 '정리'하겠다면서 사나운 개를 풀어 물어뜯게도 했다(여기서 독자들은 바로 그 시기에 교황 알렉산데르 6세가 얼마나 문란한 생활을 했던가를 떠올려볼 일이다).

라스카사스는 자신이 죽은 뒤 발표해달라는 부탁과 함께 《인디언의 역사 Historia de las Indias》라는 책을 남겼다. 그 책에서 그는 아메리카에서 자행한 학살 행위 때문에 에스파냐 제국은 멸망의 길로 접어들 것이라고 '예언'했다.

실제로 에스파냐 제국은 쇠퇴했다. 하지만 몰락할 때까지 숱한 범죄를

라스카사스의 인디언 파괴에 대한 짧은 보고서에 실린 테오도르 드 브리의 삽화, 1664.

더 저지른다. 잉카제국의 학살도 '십자가'의 이름으로 저질러졌다.

 1532년 11월 16일 프란시스코 피사로Francisco Pizarro는 160여 명의 군대를 이끌고 안데스 고원을 넘어 잉카 국왕에게 만남을 요청한다. 잉카 국왕은 선의로 그들을 만나주었다. 피사로는 국왕을 전격 체포했다. 그들이 총과 대포를 지녔던 데 비해 잉카제국 용사들의 무기는 도끼와 돌멩이가 전부였다. 피사로가 잉카제국의 왕을 체포한 죄목이 바로 '십자가와 성경 모독죄'였다. 곧이어 국왕을 화형에 처했다. 죽이면서 내세운 공식 '죄목'은 '이교도'와 '대역죄'였다.

 피사로가 잉카제국을 침략해 들어간 실제 목적은 '십자가'도 '성경'도 아니었다. 잉카제국의 황금이었다. 십자가를 내세우고 탐욕스럽게 황금을 챙기며 잉카제국의 왕을 비롯해 거주민들을 '예수'의 이름으로 잔인하게 학살했다.

 과연 아메리카 대륙에 살고 있던 인디언들은 예수의 가르침을 알기에는 두개골이 너무 작은 사람들이었을까?

 인디언들과 더불어 살았던 어니스트 톰프슨 시턴Ernest Thompson Seton은 단호히 부정한다. 《시턴 동물기Wild Animals I Have Known》로 잘 알려진 그는 어느 백인의 무덤 묘비명을 보고 충격을 받았다. 묘비에는 "한평생 그는 주께서 그의 손에 보내신 인디언 98명을 죽였다. 그는 삶이 끝나 그의 본향에서 주의 팔에 안겨 잠들기 전에 100명을 채우길 바랐다"고 쓰여 있었다.

 시턴은 '예수'를 내건 기독교 백인들이 폭력과 기만으로 인디언의 땅을 빼앗는 과정을 생생하게 지켜보면서 분노했다. 맘몬에 사로잡힌 백인들보다 오히려 인디언들의 삶과 철학에서 인류의 미래를 본 시턴은 《인디언의 복음The Gospel of the Redman》을 집필했다.

시턴은 "우리 문명은 실패작이다. 논리적으로 결론을 어떻게 내리든지 그 문명은 한 사람의 백만장자와 백만 명의 거지를 만든다. 그 문명의 재앙 아래 완전한 만족은 없다"고 비판하며 인디언들이야말로 "이 세상이 여태 보아온 것 중에 가장 영웅적이고, 가장 신체적으로 완벽하며, 가장 영적인 문명을 지닌 사람들"이라고 기록했다.

유럽에서 탐욕에 젖은 백인들이 몰려와 인디언들을 가르치겠다고 나서기 전에 수 세기에 걸쳐 인디언들은 자연의 영성과 소통하며 종교적인 삶을 살고 있었다. 인디언들은 기독교의 신을 내세운 선교사들에게도 배타적이지 않았다. 어느 백인 선교사가 신을 설교한 다음에 인디언 추장 '붉은 저고리'는 다음과 같이 답했다.

"형제여, 우리는 당신네 종교가 당신들의 선조들에게 주어졌고 아버지에게서 아들로 전해졌다고 들었다. 우리 또한 우리의 선조들에게 주어져서 그의 자녀인 우리들에게 전해진 종교가 있다. 우리는 그 방식대로 예배한다. 그것은 우리에게 받은 모든 은총에 감사하고, 서로를 사랑하며 하나가 되라고 가르치며, 종교를 두고 다투지 말라고 가르친다."

추장은 이어 선교사를 "형제"라고 부르며 "우리는 당신들의 종교를 말살하거나 그것을 빼앗기를 원하지 않는다. 다만 우리는 우리 자신의 종교를 지키기를 원할 따름"이라고 말했다. 그 제안에 백인 선교사는 살천스레 말했다.

"신의 종교와 마귀의 역사 사이에는 어떠한 교제도 있을 수 없고, 그렇기 때문에 손도 잡을 수 없다."

기독교 선교사는 자신의 종교는 '신의 종교'이고 인디언들의 종교는 '마귀 숭배'라고 확신했다. 하지만 시턴이 보기에 인디언은 백인보다 더 영적인 삶을 살고 있었다. 시턴이 인디언의 전설과 민담을 광범위하게 수집해 책으로 엮은 이유였다.

시턴이 증언하는 인디언들의 삶은 지금 보더라도 고결하다. 가령 인디언들에게 자연은 당시 기독교 문명이 전제하듯 '정복의 대상'이 아니라 '자기 몸의 일부이자 형제자매'였다. 인디언들은 생존에 꼭 필요한 만큼만 자연을 이용했고, 심지어 사냥감에게도 형제애를 지녔다. 그들이 들소나 사슴을 사냥한 뒤 용서를 구하는 기도의 노래를 들어보자.

"작은 형제여, 너를 죽여야만 해서 미안하다. 그러나 네 고기가 필요하단다. 내 아이들은 배가 고파 먹을 것을 달라고 울고 있단다. 작은 형제여, 용서해다오. 너의 용기와 힘 그리고 아름다움에 경의를 표하마."

인디언들의 종교적 생활에서 거룩함을 느낀 시턴은 백인의 문명은 실패라며 "명명백백하게 돈에 대한 광기가 그 모든 문제의 가장 큰 원인이다. 우리는 이 같은 것이 인디언들 사이에는 존재하지 않았다는 것을 알고 있다"고 강조했다.† 인디언들의 기도에 귀기울여보면 왜 시턴이 인디언들의 종교가 '신학보다 더 건전했다'고 단언했는지 실감할 수 있다.

> 조상의 위대한 영이여, 이것이 저의 기도입니다.
> 저로 하여금 당신의 음성과 인도를 느끼게 하옵소서.
> 저를 미워하는 사람에게도 제가 바른 사람이 되게 하시고,
> 언제나 친절한 사람이 되도록 저를 도와주소서.
> 저의 적이 약하고 비틀거리면 그를 용서할 수 있게 해주소서.
> 그가 항복하면 그를 약하고 곤궁한 형제로 도와줄 마음이 들게 해주소서.

기독교에 10계명이 있듯이 인디언에겐 12계명이 있었다. 마지막 계명을 읽어보자.

네 인생을 사랑하고 완성하라.
네 삶의 모든 것을 아름답게 하라.
너의 힘과 아름다움을 기뻐하라.

이 아름다운 사람들을 일러 유럽의 백인들은 '예수의 가르침을 알기에는 두개골이 너무 작은 사람들'이라며 어떤 양심의 가책도 없이 지배하고 학살했다.

유럽인들은 '미개인'에게 예수를 '선교'했다고 주장했지만, 정말 그들 스스로 그렇게 믿었을까? 만일 그렇다면 그들이야말로 '예수를 알기엔 두개골이 작은 사람들' 아니었을까?

아메리카 대륙에서 자자손손 살아온 사람들에게 어느 순간 나타난 기독교의 신은 누구였을까? 적어도 인디언들의 눈에는 자기밖에 모르는 사람들이 숭배하는 '침략의 신' 아니었을까. 그렇다면 정말이지 신을 모독한 사람은 누구였을까.

† 바로 그래서다. 시턴이 책을 출간하기 전에 원고를 유대인 랍비에게 보여주었을 때 "이것이야말로 유대교의 교의"라는 말을 들었다. 정교회의 주교는 "얼마간의 의식과 성례가 빠진 순수한 가톨릭교"라고 말했고, 개신교의 목사로부터도 "이것은 우리 장로교회가 가르치는 것과 정확하게 일치한다"는 평가를 받았다고 한다.

해방신학이 싹트다

아메리카 대륙만이 아니다. 기독교 '선교사'를 비롯해 그들을 따라온 백인 이주민들은 삼위일체 예수의 이름으로 지구 곳곳의 대지를 핏물로 적셨다.

그런데 피로 홍수를 이룬 바로 그곳에서 우리는 침략의 신과 전혀 다른 해방의 신을 만나게 된다. 기독교인의 침략을 받은 라틴아메리카는 그 뒤 300년 넘도록 에스파냐와 포르투갈의 식민지로 전락했다. 19세기에 들어 정치적 독립에 성공하지만, 이미 강대국으로 떠오르던 북아메리카의 미국에 경제적으로 예속되어간다. 그 결과로 나타난 높은 인플레이션, 노동자의 대량 실업, 막대한 외채, 경제적 불평등과 불균형, 부익부빈익빈의 사회적 불평등은 권력형 부패와 더불어 국민 대다수인 민중을 고통으로 몰아갔다.

그럼에도 라틴아메리카 전역에 퍼져 있던 가톨릭교회는 정치권력과 손을 잡고 기득권 세력만 대변함으로써 민중의 외면을 받았다. 가톨릭 성직자 사이에서 예수의 참뜻을 살리자는 움직임이 일어난 까닭이다.

'해방신학Liberation theology'은 바로 그렇게 싹터 올랐다. 제국주의의 오랜 침략과 잇따른 군부 정권 아래서 가난과 억압으로 고통받고 있는 절대다수의 해방을 기독교 관점에서 적극 해석하려는 시도다.

'해방신학Teología de la liberación'을 표제로 책을 낸 구스타보 구티에레스Gustavo Gutiérrez 신부는 "공정하지 못한 상황을 해결하여 더 자유롭고 더 인간적인 사회를 건설하려는 공동 노력의 체험에서 생긴 신학이 곧 해방신학"이라고 정의했다.

1960년대 라틴아메리카에서 시작된 해방신학은 가톨릭이 주도했지만 뜻있는 개신교 신학자도 참여함으로써 초교파적 운동으로 발전했다. 교회가 정치적·경제적·사회적 불평등과 부조리로부터 가난한 사람을 비롯한 '사회적 약자'를 해방하는 데 적극 나서야 한다고 주장했다. 특히 빈곤을 신의 뜻에 어긋나는 사회적 죄악으로 규정하고 이를 타파해야 한다고 강조했다.

해방신학은 뿌리를 성경에 두고 있다. 〈출애굽기〉가 그것이다. 모세가 '신의 뜻'을 받아 평생 노예로 살아가던 사람들을 해방한 출애굽의 사건에서 '해방자로서 신'을 발견한다.

3,000여 년 전의 역사적 사건만이 아니다. 가깝게는 제2차 바티칸 공의회(1962)가 '교회는 사람의 존엄성을 높이고 사회구조를 인간적으로 만들기 위해 노력해야 한다'고 명문화한 결정이 해방신학에 영향을 주었다.

공의회는 가난한 국가가 부자 국가에 종속되는 세계적 문제를 지적하고, 교회가 인류와 역사 앞에 공동책임을 져야 한다고 천명했다. 이를 밑절미로 콜롬비아 메데인에서 열린 제2차 라틴아메리카 주교회의(1968)는 가난한 사람에 대한 부자들의 제도화된 폭력에 맞서 교회가 새로운 대안이 되어야 옳다고 선언한다. 예수는 가난한 사람을 해방하려고 이 땅에 왔으며 그것을 이행하는 것이 기독교인의 임무라고 강조했다.

해방신학이 싹트는 데에는 역사적 배경과 함께 실천과 이론에서 두루 '기름진 토양'이 있었다. 이미 1950, 1960년대 라틴아메리카에는 빈민가나 농촌으로 들어가서 가난한 사람들과 더불어 일하며 생활해온 성직자들이 있었다. 그들은 빈곤이나 죄를 사회구조와 정치체제의 문제로 보았다. 구원은 영적 구제와 동시에 빈곤·억압·부정의를 가져오는 권력 구조로부터의 해방이어야 한다고 그들은 확신했다.

구조적인 가난으로 고통당하는 사람들의 믿음과 소망, 사랑이 해방신학을 빚어낸 셈이다. 해방신학은 그 점에서 여유로운 일상생활을 배경으로 형성된 미국이나 유럽 신학과 대조적이다. 전통적으로 교회는 자신의 주된 사명을 복음 전파를 통한 죄의 회심과 개인 영혼의 구원에 두었다.

물론, 해방신학도 회심과 구원의 문제를 외면하지 않는다. 다만, 라틴아메리카 상황에서 가장 긴급한 것은 억압당하는 사람들의 해방이고, 그것이 기독교의 정의이자 신의 뜻이라고 보았다.

해방신학이 이론적으로 형성되는 데에는 유럽의 '정치신학Political theology'이 영향을 끼쳤다. 제2차 세계대전을 몸으로 겪은 신학자들은 나치 독일의 등장과 유대인 대학살이 일어나기까지 독일의 교회와 신학이 무엇을 했는지 깊이 성찰했다. 그들은 독일 교회가 예수의 복음을 지나치게 개인주의적으로 이해해서 정치적인 보수 반동주의를 정당화했다고 비판하며 기독교의 정치적 책임을 주장했다.

요한 밥티스트 메츠Johann Baptist Metz는 예수의 십자가 죽음을 로마의 억압 구조에 대한 예언자적 항거의 죽음, 곧 정치적 죽음으로 해석했다. 메츠에 따르면, 십자가의 죽음은 일회적 사건이 아니라 '정의롭지 못한 정치체제를 위협하는 기억'이 되었다. 교회는 그 '위험한 기억'을 공유하며 형성되었고, 그것으로 살아가는 공동체이기 때문에 교회의 삶은 고난당하는 사람들과의 연대 속에서 잘못된 정치구조를 비판하고 저항하는 정치적인 삶이어야 한다. 위르겐 몰트만은 예수가 선포한 '신의 나라'는 정치적 요소를 그 안에 품고 있다면서 올바른 정치적 선택과 결단 또한 신앙의 본질이라고 강조했다.

해방신학은 유럽의 정치 신학을 라틴아메리카 상황에서 새롭게 해석했다. 처음부터 명확하게 가난한 사람 쪽에 섰다. 라틴아메리카의 정치경제적 상황에서 교회는 지배자와 피지배자 사이의 중간에 중립적 자세로 서 있을 수 없고, 가난한 사람을 편들어야 옳다고 보았다.

해방신학에 따르면, 가난한 사람을 위한 우선적 선택은 구약과 신약 전체를 관통하는 위대한 '성경적 정신'이다. 카인과 아벨의 이야기부터 〈요한계시록〉까지 성경 전체가 신이 사회적 약자와 억눌린 사람들을 '편애'한다는 '기사'로 가득 차 있다고 근거를 제시한다.

해방신학은 신이 가난한 사람들을 우선적으로 돌보기 때문에 가난한 사람들이야말로 진정으로 신을 이해할 수 있다고 본다.

죄 또한 개인성과 보편성을 강조해온 유럽·미국 신학과 달리 사회구조적 맥락의 틀로 이해한다. '죄'는 신이 본디 의도한 '자유와 평등, 사랑의 공동체'를 파괴하는 '악의 힘'을 가리킨다.

해방신학자들은 예수가 가난한 민중과 함께 살았고 그들을 사랑했으며, 신의 나라는 그들에게 먼저 온다고 가르친 사실에 주목했다.

예수가 선포한 '신의 나라'는 '해방과 자유의 나라'다. 바로 그렇기에 예수는 당시의 지배 세력과 마찰을 일으킬 수밖에 없었고, 십자가 죽음은 예상된 귀결이었다. 하지만 신은 예수를 다시 살림으로써 그가 전한 해방과 자유, '신의 나라'가 옳다는 것을 알렸다. 따라서 신은 예수를 따르는 사람들이 최후의 승리를 거두리라고 기대하면서 사회적 부정의와 억압에 저항하는 삶을 살기를 원한다.

그렇다면 해방신학에서 교회는 무엇일까? 신의 나라를 선포한 예수를 뒤따르는 공동체, 자유와 해방의 성령이 깃든 곳에서 자연스럽게 형성되는 공동체, 신의 나라를 이 땅에 구현해나가는 공동체이다.

기독교인이 된다는 것은 역사 속에서 해방과 자유에 참여하겠다는 뜻이다. 가난한 사람들의 '바닥 공동체base community'를 교회로 보는 해방신학의 관점은 권위주의적인 로마 가톨릭교회의 '서열 구조'와 사뭇 대조적이다.

구티에레스는 해방 운동이 "모범적인 창작"으로 이루어지려면 억압받는 민중이 스스로 수행해나가야 한다고 역설했다.

해방신학은 1970년대부터 라틴아메리카를 넘어 지구촌으로 퍼져갔다. 1980년대에 들어서서 로마 교황청은 해방신학이 지나치게 급진적이라며 '제동'을 걸고 나섰다. 하지만 해방신학을 기독교의 새로운 운동으로 적극 긍정하는 사람들은 '제2의 교회 개혁'으로 부르기도 한다.

나는 해방신학이 20세기에 싹트는 데엔 본디 아메리카 대륙에서 수 세기에 걸쳐 살아온 사람들의 종교적 영성 —시턴이 증언한 '인디언의 복음'—이라는 기름진 토양이 있었다고 판단한다.

21세기에 '사탄'과 싸운다는 '신의 군대'

앞에서 우리는 16세기 라스카사스 신부의 고발에 근거해 '선교'라는 이름으로 침략에 가담한 기독교를 짚었고, 20세기 후반 해방신학자들이 이야기한 '해방자 예수'를 살펴보았다. 400, 500년의 시차를 두고 같은 지역에서 나타난 '침략의 신'과 '해방의 신'은 과연 동일한 신일까?

아무도 그렇게 생각하지 않을 터다. 침략의 신은 명백한 과오였다. "군사적 정복만이 효과적인 선교 방법"이라고 주장하거나 "동물에 가까운 아프리카 흑인"을 노예로 삼자고 주장한 성직자들이 옳다고 볼 사람이 과연

21세기에 있을까? 당시와는 수백 년의 시차가 있고, 그 뒤 지구촌 곳곳에 민주주의의 큰 물살이 형성되었기에 이제 '침략의 신'은 없다고 볼 수도 있다.

하지만 안타깝게도 단정은 아직 이르다. 21세기에 들어서서도 공공연하게 '십자군'을 내세우는 세력이 활개 치고 있어서다.

2001년 9월, 조지 부시 미국 대통령은 아프가니스탄에 전쟁을 선포하며 "이번 전쟁은 새로운 종류의 악에 대항하는 투쟁이며, 테러를 응징하는 십자군 전쟁"이라고 연설했다. 부시의 연설 직후에 아랍 국가들이 "이슬람권 전체를 상대로 전쟁을 하자는 얘기냐"고 항의하자 곧 '유감'을 표명하긴 했다.

날마다 일어나면 곧장 성경부터 읽는다는 조지 부시의 '확신'은 곳곳에서 확인된다. 영국 BBC 방송과의 인터뷰에서 팔레스타인 공보장관은 2003년 6월 팔레스타인 자치정부 수반과 함께 부시 대통령을 만났을 때 나눈 이야기를 증언했다. 부시는 신이 "조지, 아프가니스탄으로 가서 테러리스트들과 싸우라"고 말해 "그러겠다"라고 대답했고, 신이 이어 "조지, 이라크로 가서 폭정을 끝내라"고 명령해 또 "그러겠다"라고 대답했다고 자랑스레 밝혔다.

비단 조지 부시만이 아니다. 미국의 엘리트들 생각이 어떤가를 생생하게 '증언'해주는 이야기는 하나둘이 아니다. 부시가 이라크를 침략하며 '신의 계시'를 운운하던 바로 그 시점에 미국 국방부 국제테러 담당 책임자로 임명된 윌리엄 제리 보이킨William Jerry Boykin 장군은 취임 다음 날 교회 예배에 참석해 군복을 입고 설교대에 올랐다. 그는 '설교' 중에 오사마 빈라덴Osama bin Laden, 사담 후세인Saddam Hussein, 김정일 세 사람의 사진을 꺼내들고 교인들에게 보여준 뒤 물었다.

"신사 숙녀 여러분. 이들이 왜 우리를 미워하는지 아십니까? 우리가 기독교 국가이기 때문입니다. 우리가 믿음의 집단이기 때문입니다. 우리의 근원이 유대·기독교 문명인 반면 적들은 사탄이기 때문입니다. 우리의 영적인 적인 그들에게 우리가 예수의 이름으로 맞설 때에만 패배시킬 수 있습니다."†

이어 교회에 온 '신사 숙녀 들'에게 거침없이 말했다.

"강조하거니와 우리가 지금 치르고 있는 전쟁은 영적인 전쟁입니다. 사탄은 우리 나라를 파괴하려고 합니다. 사탄은 신의 군대를 파괴하려 합니다. … 조지 부시가 대통령이 된 것은 유권자 다수가 그에게 투표했기 때문이 아닙니다. 신이 그를 대통령으로 임명했기 때문입니다."

자신은 군대의 상관으로부터 명령을 받는 것이 아니라 신으로부터 명령을 받는다고 공언한 미국의 국제테러 담당 장군. 그는 다른 교회에 가서는 소말리아 사진을 꺼내든다. 1993년 미군이 소말리아에서 비밀리에 군사작전을 벌이다가 블랙호크 헬기 두 대가 격추된 사건을 설명했다. 헬기에 타고 있던 미군 18명이 전사한 사건을 언급한 뒤 교인들에게 사진을 보여주었다. 작전이 실패한 뒤 소말리아 수도 모가디슈를 찍은 사진을 현상해보니 위쪽에 이상한 검은 점이 나타났다면서, 이는 소말리아인들이 사탄임을 증거하는 신의 계시라고 '증언'했다. 그는 이어 '신념'에 가득 차서 말했다.

"신사 숙녀 여러분, 이것이 우리들의 적입니다. 어둠의 세력이 거하는 곳입니다. 이 도시에 악마가 거하고 있음을, 그들이 우리의 적임을 알려주는 신의 계시입니다."

이어 소말리아 저항세력의 한 간부가 "알라가 나를 보호해주고 있다"고 털어놓았다면서 "여러분, 우리의 신이 그들의 신보다 위대합니다. 우리의 신은 진짜 신이시지만 그들의 신은 우상에 지나지 않습니다"라고 말했다.

어떤가? 사람의 역사는 쉽게 바뀌지 않고 반복된다. 부시의 '십자군' 발언과 국방부 '실세 장군'의 발언들을 냉철하게 짚을 필요가 있다.

상식적으로 판단해보라. 과연 그 장군의 '정신'은 정상일까?

21세기에 '정신이상자'가 미국 국방부의 핵심 자리를 거머쥔 모습을 짚어보면, 왜 백인들이 400, 500년 전에 '예수'와 '신'의 이름으로 아메리카 원주민들을 수천만 명이나 학살했는지 충분히 이해할 수 있다.

미국만이 아니다. 복지가 잘 갖춰진 북유럽의 노르웨이에서 2011년 7월에 총리 집무실을 겨냥한 폭탄 테러와 동시에 집권 노동당의 청소년 여름 캠프장에 무차별 총격 테러가 일어났다. 무려 76명이나 숨졌다. 범인은 물속으로 피한 청소년들도 정조준해 살해하는 야만을 저질렀다. 이슬람 세력의 범행으로 지레 짐작했던 '지구촌 사람들'은 범인이 금발의 백인이자 '기독교 근본주의자'라는 사실이 알려지자 더 충격을 받았다.

범인은 법정에서 이슬람교도로부터 서유럽을 구하고 싶었다며 무죄를 주장했다. 집권 노동당을 겨냥해 "모슬렘을 대거 수입했다"면서 "국가를 배신했다"고 비난했다. 그는 테러 전 인터넷에 올린 선언문에서 자신을 '기독교 근본주의자'로 밝히며 곧 저지를 끔찍한 범죄를 십자군에 비유

---

† 보이킨 장군의 "우리(미국)가 기독교 국가"라는 발언은 미국의 헌법 정신에 비춰보아도 정당하지 않다. 미국은 헌법에 정교 분리를 명문화하고 있다. 다만, 대통령 당선자가 취임할 때 성경에 손을 얹고 취임 선서를 하고, 백악관이 기도회 장소로도 애용되는 '친기독교 국가'이다.

했다. 십자군 전쟁을 시작하기 전에 "유럽 기독교 문명을 파괴하는 문화적 마르크스주의"를 없애야 한다는 주장도 늘어놓았다. 76명의 생명을 빼앗고도 "잔인하지만 필요한 일이었다"고 담담하게 말하는 '확신범'이다.

법정에 출두할 때 범인은 유니폼을 입고 싶다고 했다. 그가 말한 유니폼은 평소 선망해온 '성전기사단'의 제복이었다. 앞서 보았듯이 성전기사단은 1차 십자군 전쟁 직후 '예루살렘 순례자'들을 보호한다는 명분으로 12세기 초 결성된 조직이다.

세계교회협의회WCC 총무는 "기독교를 테러의 근거로 삼는 것은 신성모독"이라며 "기독교인은 이번 사건을 계기로 종교와 신념이 폭력을 정당화하는 것을 막아야 한다"고 논평했다. 노르웨이의 기독교 보수단체도 범인의 "폭력적 행동은 전혀 기독교적이지도, 보수적이지도 않다"고 강하게 부정했다. 세계복음주의연맹WEA도 "끔찍한 폭력이 그리스도의 이름으로 전달되는 것이 안타깝다"고 밝혔다.

기독교 단체가 야만적 범죄는 기독교와 무관하다고 밝힌 것을 십분 이해할 수 있다. 다만, "기독교를 테러의 근거로 삼는 것은 신성모독"이라거나 "폭력적 행동은 전혀 기독교적이지도, 보수적이지도 않다"는 말, "끔찍한 폭력이 그리스도의 이름으로 전달되는 것이 안타깝다"는 개탄은 그들이 역사적 진실을 얼마나 성찰하고 있을까에 의문을 갖게 한다.

기독교의 역사에서 노르웨이의 30대 백인이 저지른 범죄와는 비교할 수 없을 만큼 훨씬 잔혹하고 더 야만적인 범죄가 조직적으로 자행되어온 사실을 기독교인 스스로 직시할 필요가 있다.† 더구나 미국의 이라크 전쟁에서 볼 수 있듯이 '십자군'은 지금도 여전히 저 어두운 곳에서 '대량 살상 무기'를 들고 쏟아져 나올 채비를 갖추고 있다.

이슬람에 맞서 '십자군 성전'을 개인적으로 거행했다며 아무런 죄책감도 없는 30대 백인 '살인마'와, 이슬람의 신은 우상이라며 사탄과의 '성전'을 교회 설교대에서 버젓이 부르대는 미국 국방부의 '실세 장군' 가운데 누구의 광기가 더 위험한 걸까? 아무런 명분이 없는 미국의 이라크 침략 전쟁에서 얼마나 많은 사람이 목숨을 잃었는가를 차분히 되짚어볼 필요가 있다.

'침략의 신'과 '해방의 신'. 두 신 가운데 어느 신이 21세기는 물론, 새로운 천년기의 인류를 기다리고 있을지 진지하게 전망해야 할 이유가 여기에 있다. 기독교인이라면 더욱 그렇다.

† 이 책의 주제는 아니지만 다른 유일신 종교인 유대교와 이슬람교 또한 전쟁의 야만으로부터 자유롭지는 못한다. 특정 유일신 종교로 무장한 국가들은 대외적으로는 전쟁을 마다하지 않고 대내적으로는 독재를 펼 가능성이 높다. 근대 이후 민주주의 사회가 정교 분리를 선택한 것도 이 때문이다.

선교사는 '제국주의 침략의 앞잡이'였나?

모든 선교사가 침략의 앞잡이라고 말한다면 편향된 주장일 수 있다. 하지만 의도했든 아니든 제국주의 시대에 선교사들이 침략의 '전위'가 된 사례는 부지기수다.

가령 라스카사스 신부를 못마땅하게 여긴 에스파냐의 고위 성직자들은 국왕에게 "왕 역시 다섯 명의 노예를 받았기 때문에, 라스카사스의 주장대로라면 왕 또한 죄인"이라고 고발한다. 라스카사스를 '반역자'로 몰아 죽이려는 의도와 살기가 뚝뚝 묻어난다.

마침내 국왕의 명령으로 1550년 왕의 별장에서 라스카사스와 후안 세풀베다Juan Sepúlveda 신부 사이에 공개적 논쟁이 벌어진다. 당시 세풀베다는 '인디오에겐 영혼이 없으며, 그러므로 말살해도 좋다'는 주제로 책을 출간했다. 성직자이면서도 상당한 재산가였다.

세풀베다가 선공을 폈다. 원주민은 "저급한 인류이며, 그들이 우리에게 정복당한 것은 인신 공양과 우상숭배를 일삼았기 때문이다. 원주민은 선천적으로 미개하며, 이들에게는 오직 군사적 정복만이 효과적인 선교 방법"이라고 주장한다. 침략이 곧 선교임을 노골적으로 밝힌 셈이다.

라스카사스는 "인신 공양과 우상숭배는 아메리카 원주민만 해온 게 아니다. 그리스·로마뿐 아니라 고대 에스파냐에서도 우상숭배가 있었다. 또한 아메리카 원주민의 예술과 학습 능력은 오히려 유럽인보다 이성적이다. 이들에게 가장 효과적인 선교 방법은 가르침과 설득"이라고 반박했다.

세풀베다의 주장에 '정복자들'은 공감했지만, 논쟁의 자리에 참석한 다수는 성직자였다. 세풀베다의 논리가 지나치게 비종교적이었기에 많은 성직자들이 예상을 깨고 라스카사스의 손을 들어주었다. 물론, 그 성직자들도 최종 결론은 다음과 같이 내렸다.

"아메리카 원주민은 분명한 우리의 형제이다. 따라서 더는 그들의 노동력을 착취해서는 안 된다. 부족한 노동력은 동물에 가까운 아프리카 흑인으로 보충하면 된다."

그 결과, 기독교인들의 침략으로 고통에 잠긴 아메리카인을 대신하여 좁은 배에 아프리카인을 가득 실은 '노예 상선'이 대서양을 끊임없이 오가게 된다. 기독교 성직자들의 주장에 따라 아프리카 침략이 정당화된 꼴이다.

부시 '십자군'은 9·11 테러에 정당방위 아닌가?

부시의 아프가니스탄 '응징'은 알카에다의 9·11테러에 대한 '응징'이니 정당하다고 주장할 수 있다. 실제로 알카에다가 주도한 9·11 테러는 어떤 명분에서든 정당화될 수 없는 범죄이다.

다만, 아프가니스탄 정부가 테러에 개입한 것은 아니었다는 사실에도 주목할 필요는 있다. 그럼에도 아프가니스탄의 탈레반 정부가 빈라덴의 은신처를 제공했고 범인 인도를 거부했기에 미국이 전쟁을 일으킬 수밖에 없었다고 '양보'할 수 있다.

문제는 미국의 이라크 전쟁이다. 이라크에 전쟁을 선포하면서 당시 조지 부시 대통령이 내건 두 가지 명분은 '대량 살상 무기의 테러 위험성'과 '알카에다와의 연계'였다. 하지만 두 가지 명분 모두 사실이 아닌 것으로 최종 판명됐다. 대량 살상 무기는 이라크 어디에서도 발견되지 않았고, 후세인 정권과 알카에다와의 연관성도 드러난 게 없다. 미국 안에서 비판 여론이 거세지자 부시는 정보 책임자의 잘못으로 돌려 그를 해임하는 선에서 마무리 지었다.

하지만 전쟁을 일으킬 당시에 이미 적잖은 지식인들이 지적했듯이, 미국이 이라크를 침략한 실제 목적은 '석유 자원 확보'였다. 아무런 정당성 없이 남의 나라를 공격하는 것, 바로 그것이 국어사전적 의미의 '침략'이다.

조지 부시의 '십자군적 소명감'은 그가 대통령 재선에 나섰을 때 선거 자금을 모으는 데에도 적극 '활용'된다. 2004년 대선을 앞두고 부시 대통령의 선거운동본부 의장인 마크 래시콧 Marc Racicot은 2004년 4월 3일 선거자금 모집책들에게 보낸 편지에서 "부시 대통령은 어려운 시기를 강하고 변함없는 지도력으로 이끌어왔다. 우리 공화당의 대통령은 테러리즘에 대항해 전 세계적인 십자군 전쟁을 이끌고 있다"고 자화자찬한다.

문제의 심각성은 바로 그 '십자군 호소'가 21세기 미국의 '신사 숙녀 여러분'들에게 먹혀들어가는 데 있다. 부시는 보란 듯이 재선에 '성공'했다. 그리고 다 알다시피 그의 임기 말인 2008년 9월에 미국은 '금융 위기'를 맞으며 미국인은 물론, 전 세계인의 고통을 불러왔다.

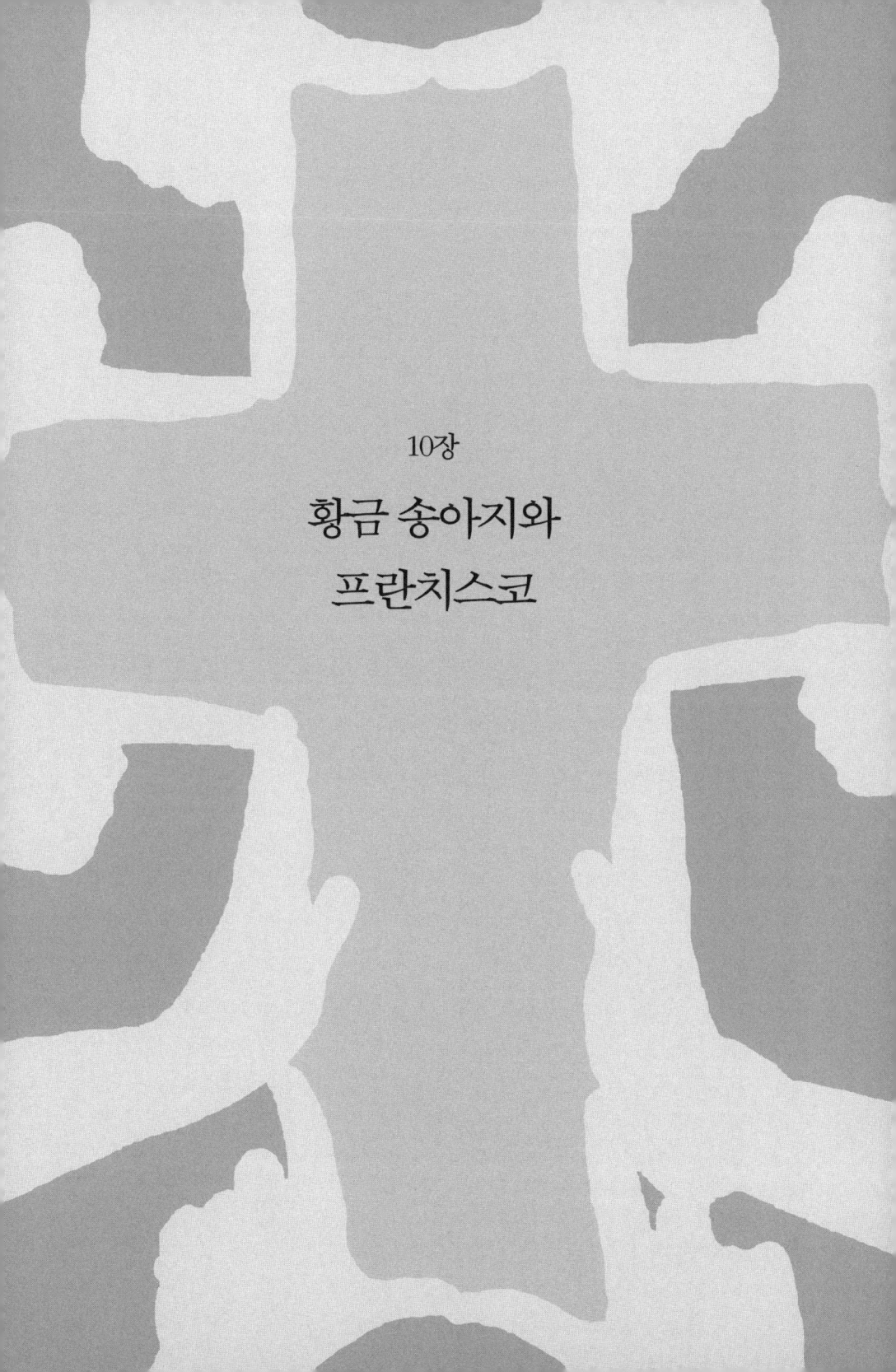

10장

황금 송아지와
프란치스코

지금까지 우리는 유대인들의 '구약 시대'를 간단히 톺아본 뒤, 예수의 출생 이후 2,000년에 걸쳐 '기독교'의 이름으로 이루어진 아름다운 믿음의 세계와 그 이름으로 저질러진 추악한 탐욕의 세상을 함께 짚어왔다.

독자가 기독교의 실체적 진실을 파악하려면, 예수가 누구인가를 탐색하려면 공식적인 교리 못지않게 그것이 실제 현실에서 어떤 모습으로 나타났는가를 들여다볼 필요가 있어서였다.

지난 2,000년 동안 기독교는 평화와 해방의 창문인 동시에 침략과 수탈의 창끝이었다. 둘 가운데 어느 쪽의 비중이 더 컸는가의 평가는 사람마다 다를 수 있다. 기독교인에게는 당연히 전자의 평가가, 비기독교인—특히 이슬람인—에게는 후자가 당연하게 와 닿지 않을까? 새삼 그 물음을 던지는 이유는 기독교인이든 아니든 더불어 있는 그대로 성찰하기 위해서이다.

근본주의에 매혹되는 사람들

서기 2000년을 맞을 때, 온 세계인이 환호했던 기억이 누구나 생생할 터다. 갈등과 대립의 지난 1,000년을 묻고 새로운 1,000년을 맞자는 덕담들이 지구촌의 거의 모든 나라 신문 지면과 방송 화면에 봇물처럼 쏟아졌다.

하지만 2001년 9월 11일 알카에다가 미국 항공기 네 대를 납치해 '자살 테러'를 벌임으로써 뉴욕을 상징하던 세계무역센터WTC 쌍둥이 빌딩이 붕괴하고, 워싱턴의 국방부 청사(펜타곤)도 일부 파괴되는 일이 일어났다. 미국 건국 이래 본토의 중심부가 외부 공격을 받은 것은 처음이었다. 세계무역센터 건물 안에서 일하던 사람들과 항공기 승객들을 비롯해 2,800~3,500명이 숨졌다. 미국은 '테러 근절'을 명분으로 아프가니스탄에 이어 이라크를 침략했다.

새로운 천 년의 첫 10년대 내내 '종교 전쟁'의 양상이 나타난 것은 안타까운 일이다. 물론, 모든 걸 '종교 탓'으로 돌리는 것은 사실과 다르고 옳지도 않다. 아프가니스탄과 달리 미국의 이라크 침략은 명백히 석유 자원 장악에 '본심'이 있었기 때문이다.

하지만 적어도 두 유일신 종교의 충돌이 200여 년에 걸친 십자군 전쟁 이후에도 끊임없이 이어져온 것만은 사실이다. 따라서 어느 나라, 어느 시대든 지배 세력이 권력을 강화하거나 경제적 이익을 추구하기 위해 종교를 명분으로 내세운다면, 종교인들은 자신들의 종교가 더는 '이용'당하지 않도록 경계할 필요가 있다.

영국 버밍엄 대학의 신학대 학장 앤드루 윙게이트Andrew Wingate 신부는 근본주의가 세계적으로 확산되고 있다면서 "(근본주의가) 깊은 생각을 원하지 않는 사람들에게 매력적"이라고 말했다. 그 이유도 또렷하게 제시한다. 불확실한 세상에서 젊은 세대는 확실성을 추구하는데 이들에게 간단하지만 그만큼 쉽고 명료한 '해답'을 근본주의가 주고 있다는 것이다. 기실 이는 한국에서 '일베'라는 사이트가 유행하는 이치이기도 하다.

노르웨이의 10대 청소년을 '사냥'하듯 살해한 30대 금발 테러범이 아무런 죄책감 없이 십자군을 들먹이며 자신을 '기독교 근본주의자'라고 '자부'한 사건을 주목할 필요도 여기에 있다.

사실 모든 종교에서 근본주의fundamentalism는 위험하다. 근본주의는 '본질적인 것의 절대적 진리'를 강조한다. 기독교의 성경이나 이슬람교의 《코란》에 담긴 문자 하나하나를 그대로 '신의 말씀'으로 믿는 사람들은, 조금이라도 자신과 다른 생각을 하는 사람에게 적대감을 드러내며 더러는 행동으로 옮겨 공격한다.

근본주의라는 말은 20세기에 나왔지만, 예수 이후 2,000년의 역사에서 보았듯이 자기가 믿는 신만 옳다는 사람들이 저지른 범죄는 세계사를 피로 물들여왔다. 예수를 죽이는 데 앞장선 유대교 성직자들부터 따지고 보

† 알카에다Al-Qaeda는 1979년 소련(지금의 러시아)이 아프가니스탄을 침략했을 때 '아랍 의용군'으로 참전한 사우디아라비아 출신의 오사마 빈라덴이 1988년 결성한 무장 조직이다. 알카에다는 아랍어로 '근거지'라는 뜻이다. 1991년 미국이 사우디아라비아의 이슬람 성지 메카와 메디나에 군대를 주둔시킨 뒤, 본격적으로 반미 운동을 전개했다. 대부호 집안 출신인 오사마 빈라덴이 조직은 물론 자금을 책임지고 '유대인과 십자군에 대항하는 국제 이슬람 전선'을 결성했다는 분석이 유력하다. 조직원은 3,000~5,000명으로 추정된다. 미국 뉴욕의 세계무역센터에 대한 테러로 미국에 쫓기던 빈라덴은 2011년 파키스탄 은신처에서 미군 특수부대의 총격을 받고 사망했다. 미국 정부는 빈라덴의 시신을 바다에 던졌다고 발표했다. 미국은 빈라덴을 사살하는 작전을 모두 동영상으로 촬영했으나 국가 기밀로 분류해 일반인들에게는 공개하지 않았다. 시민 단체의 공개 요구에 대해 미국 법원은 이를 공개하면 외국에 있는 미국인들이 위험해질 수 있다고 주장하는 정부의 손을 들어주었다.

면 '근본주의자'이다. 그들은 예수가 신을 모독했다며 죽여야 한다고 입을 모았다.

상대가 신을 모독했다고 살의 담긴 눈을 번득이는 종교인이 대체로 유일신을 믿는다는 사실에도 유의할 필요가 있다. 유일신이기 때문에 자신이 믿는 유일신을 위해서는 상대를 죽이는 일조차 신앙의 고백이 될 수 있다고 생각한다. 심지어 같은 유일신을 믿는 사람들 사이에서도 학살이 저질러져왔다. 기독교인이 '기독교'의 이름으로 다른 기독교인을 처형하는 야만이 역사에서 되풀이되어왔다. 여러 기독교로 나누어져 있는 현실에서, 자신의 기독교만 옳다는 생각으로 저지른 범죄들이다.

하지만 조금만 더 깊이 성찰해도 이해하기 어려운 일이다. 만일 자신이 믿는 신이 '유일신'이라는 확신이 정말 있다면, 상대가 '다른 신'을 믿더라도 너그럽게 포용할 수 있어야 옳지 않겠는가. 그런데 근본주의는 자신과 다른 종교를 지닌 사람을 인정하지 않거나 말살하려는 단순하고 극단적인 사람을 길러낸다.

세상을 기독교인(우리)과 불신자(적)로만 구별하는 근본주의자에게 '다름'은 곧 '틀림'이다. 이교도는 "개종되고 전향하고 치유되어야 할" 대상이자, "박멸해야 할" 질병이고 원흉이다. 신학을 전공한 미국의 저널리스트 크리스 헤지스Chris Hedges는 저서 《지상의 위험한 천국American Fascists》에서 그들의 언행은 "믿어라, 따르라, 그리고 행동하라"는 로마의 파시스트 무솔리니Mussolini와 아무런 차이가 없다고 날카롭게 지적한다.

우리 일상에서도 정도의 차이가 있을 뿐 근본주의자를 쉽게 만날 수 있다. 특히 기독교인이 되면서 자기가 '신의 선택'을 받았다고 확신하는 사람이 적지 않다. 교회에 나오는 젊은 세대에게 그런 이야기를 들려주는 목회자들이 실제로 제법 많다.

물론, 자기 인생을 어떻게 걸어가야 할지 방황하거나 좌절할 때 자신이 신의 선택을 받았다는 말은 큰 힘이 될 수 있다. 기독교에 사람들이 끌리는 결정적 이유 가운데 하나이다.

그런데 자신이 '신의 뜻'을 알았다고 '확신'하는 사람, 자신이 '신의 선택' 또는 '명령'을 받았다고 믿는 기독교인의 공통적 문제는 교만이고 오만이다. 개인적 차원이든 사회적 차원이든, 국가적 차원이든 국제적 차원이든 그런 오만은 다른 사람, 다른 국가의 불행을 불러오게 마련이다. 끝내는 자신의 불행으로 이어진다.

편견 없이 냉철하게 짚어보자. 자신이 신의 뜻을 파악했다고 자부하거나 신의 명령을 받았다고 확신하는 사람들, 어쩌면 바로 그들이야말로 '유일신'을 능멸하는 자들 아닐까?

신의 명령을 따른다며 이라크를 침략한 미국 대통령 조지 부시나 미국 자본주의 체제를 무너뜨리겠다며 세계무역센터 쌍둥이 빌딩을 폭파해 선량한 수천 명의 사람들을 죽음에 이르게 한 빈라덴이나 자신이 믿는 '신의 뜻'을 따랐다고 생각했다. 근본주의를 경계해야 할 명백한 이유다.

황금만능의 금송아지

근본주의는 '절대적 진리'를 강조하기 때문에 얼핏 보면 종교의 세속화에 반대하는 것으로 이해하기 십상이다. 하지만 우리는 근본주의가 주장하는 '신의 뜻'이 편협하다는 사실을 알아보았다.

십자군 전쟁의 이면에 경제적 이해관계가 짙게 깔려 있었듯이, 21세기 기독교 근본주의 신앙은 모든 것을 시장에 맡기는 시장만능주의와 이어져 있다. 대표적 보기가 다름 아닌 미국 조지 부시 정부(2001~2009)다. 그는 신의 명령에 따른다며 아프가니스탄에 이어 '대량 살상 무기의 테러 위험성'을 명분으로 이라크를 침략했다. 하지만 이라크 안에 대량 살상 무기는 없었고, 명분과 달리 미국의 패권을 항구적으로 유지하기 위한 석유자원 통제가 전쟁의 목표였다.

	미국의 조지 부시 정부는 1981년 레이건 집권 이후 지속되어온 신자유주의 정책을 그대로 추진해갔다. 금융을 중심에 두고 자본의 이윤 추구에 어떤 규제도 하지 않는 신자유주의 정책으로 미국은 물론 지구촌의 부익부빈익빈은 심화되었다. 더 많은 돈을 벌기 위한 경쟁이 당연한 윤리로 정착해가면서 황금만능주의가 퍼져갔다. 특히 1989년에서 1991년에 걸쳐 소비에트사회주의공화국연방(소련)과 동유럽의 공산주의 체제가 무너지면서, 미국의 시장만능주의(신자유주의)가 사실상 지구촌을 석권했다. '이데올로기의 종언'이라는 말이 나온 이유다.

	물론, 지구촌의 모든 지역이 미국의 시장만능주의 문화를 받아들인 것은 아니다. 미국식 자본주의가 불러오는 사회적 불평등과 성의 상품화에 종교적 비판이 거센 지역이 이슬람 문화권이다. 이슬람교는 미국식 자본주의 체제가 전 세계로 퍼져가면서 사람들 사이에 연대를 기반으로 한 공동체를 파괴하고 황금만능주의와 성적 쾌락주의를 퍼트린다고 비판한다.[†]

	기실 황금만능주의와 성적 쾌락주의에 대한 비판은 이슬람교만의 가르침이 아니다. 유대교, 기독교, 이슬람교에서 모두 숭상하는 모세의 분노에서도 확인할 수 있다. 출애굽기 32장 들머리를 읽어 보자.

"백성은 모세가 오래도록 산에서 내려오지 않자, 아론[††]에게 몰려와 청하였다. '어서 우리를 앞장설 신을 만들어주시오. 우리를 이집트에서 데려온 그 어른 모세는 어떻게 되었는지 모르겠습니다.' 아론이 그들에게 '너희 아내와 아들딸의 귀에 걸린 금고리를 나에게 가져오라' 하고 대답하자 백성이 모두 저희 귀에 걸린 금고리를 떼어 아론에게 가져왔다. 아론이 그들의 손에서 그것을 받아 수송아지 신상을 부어 만들자 모두들 외쳤다. '이스라엘아, 이 신이 우리를 이집트에서 데려내온 우리의 신이다.' 아론은 이것을 보고 그 신상 앞에 제단을 만들고 '내일 야훼 앞에서 축제를 올리자' 하고 선포하였다. 이튿날 그들은 일찍 일어나 번제를 드리고 친교제물을 바쳤다. 그러고 나서 백성은 앉아서 먹고 마시다가 일어나서 정신없이 뛰놀았다. 야훼께서 모세에게 말씀하셨다. '당장 내려가보아라. 네가 이집트에서 데려내온 너의 백성들이 고약하게 놀아나고 있다. 저들이 내가 명령한 길에서 저다지도 빨리 벗어나 저희 손으로 부어 만든 수송아지에게 예배하고 제물을 드리며 '이스라엘아, 이 신이 우리를 이집트 땅에서 데려내온 우리의 신이다' 하고 떠드는구나! 야훼께서 계속하여 모세에게 이르셨다. '나는 이 백성을 잘 안다. 보아라, 얼마나 고집이 센 백성이냐? 나를 말리지 마라. 내가 진노를 내려 저들을 모조리 쓸어버리리라. 그리고 너에게서 큰 백성을 일으키리라.'"

[†] 빈라덴이 지도한 알카에다가 미국의 세계무역센터를 폭파한 이유도 그 연장선에 있다. 그렇다고 해서 이슬람교와 빈라덴을 동일시하는 것은 옳지 않다. 빈라덴과 알카에다의 테러 조직이 이슬람교를 대표할 수는 없기 때문이다. 알카에다는 이슬람교 가운데 극단적 신앙, 근본주의 신앙을 지닌 사람들의 테러 조직이다. 테러로는 세상을 바꿀 수 없다.

[††] 모세의 형으로 동생을 도와 유대인의 출애굽을 이끌었다. 하지만 모세가 시나이 산에서 무서운 바람과 함께 야훼를 만나 계시를 받고 있을 때, 아론은 백성에게 우상숭배를 하도록 금송아지를 만들어주었다.

출애굽기에 기록된 모세와 신의 대화는 사람이 '금송아지'로 상징되는 황금만능주의에 얼마나 빠지기 쉬운가를 일러주고 있다. 모세가 없을 때 사람들은 신을 '금송아지'로 형상화하고 숭배했다. 신은 노여움으로 "모조리 쓸어버리리라"고 말한다. 모세의 애원으로 신의 노기는 수그러들었다. 신은 손수 십계명을 새긴 돌판을 모세에게 주었다. 모세가 그 돌판을 들고 산을 내려와 사람들에게 가까이 왔을 때 모두 금송아지를 둘러싸고 춤을 추고 있었다. 모세는 격분했다. 손에 들고 있던 돌판을 내던져 깨뜨렸다.

성경은 모세가 "그들이 만든 수송아지를 끌어다가 불에 태우고 빻아서 가루를 만들어 물에 타 이스라엘 백성에게 마시게 하였다"고 기록했다.(출애굽기 32:20)

황금, 돈을 숭배하는 문화는 출애굽 시기부터 이미 참된 믿음을 위협하고 있었다. 모세가 돌판을 던지는 모습은 그로부터 1,200년이 더 흘러 예수가 유대성전에서 장사를 하는 사람들의 좌판을 엎어버리는 풍경과 이어진다. 앞서도 언급했듯이 예수는 신과 맘몬을 동시에 섬길 수는 없다는 경고도 남겼다.

하지만 우리는 지금까지 이 책에서 예수 이후 기독교의 역사에서 '금송아지' 숭배가 곳곳에서 나타났다는 사실을 확인할 수 있었다. 십자군 전쟁 시기에 이교도들을 죽인다는 명분으로 출정해서 정작 같은 기독교 국가인 동로마제국의 콘스탄티노플을 약탈한 무리를 당장 떠올릴 수 있을 터다. 무엇보다 황금과 향락에 젖은 로마 교황들의 추악한 모습은 '신의 대리자'로 불리던 그들이 과연 누구의 대리자였을까를 의심케 했다. 아메리카와 아프리카에서 대대로 살아온 사람들을 기독교로 '교화'시켜준다며 노예로 착취한 이유 또한 황금, 곧 맘몬 숭배에서 비롯했다.

그럼에도 기독교 역사에선 모세와 예수를 이어가는 흐름도 도저하게 흘러왔다. 그 대표적인 기독교인이 성 프란체스코다.

청빈한 수도사 성 프란체스코

예수 처형 이후 다시 1,000년이 흘러 십자군 전쟁이 한창이던 시기에 지금의 이탈리아 중부 아시시에서 프란체스코Francesco d'Assisi가 태어났다. 부유한 상인의 아들로 태어난 프란체스코는 청소년 시절에 부를 만끽하며 세속적인 삶을 살았으나 스무 살에 회심해 평생을 가난하고 병든 사람들과 더불어 살았다.

스무 살의 프란체스코가 회심하게 된 계기로 여러 가지 이야기가 전해온다. 아시시 성문 밖에 허물어진 예배당에 들어갔다가 제단 위에 걸려 있던 십자가상에서 "내 집을 다시 세워라"라는 목소리를 들었다거나, 아시시 근처 동굴에서 기도하는 중에 예수의 환상을 보았다는 이야기가 있다. 로마를 순례하면서 가난을 몸소 체험하고, 누더기를 걸친 채 로마의 성베드로 대성당 앞에서 걸인들 틈에 섞여 구걸했다는 이야기, 평소에는 질색하며 멀리했던 문둥이에게 적선을 하고 그 손에 입을 맞추었다는 이야기도 전해온다.

분명한 것은 부유한 상인이었던 아버지를 거부하고 세속적 사치를 누리던 생활에서 벗어나 인생의 새로운 길을 선택했다는 사실이다. 십자군 전쟁이 8차례에 걸쳐 일어났지만 무역이 발달하고 경제적 부가 중요하게 여겨지던 시절에 프란체스코가 그 모두를 버리고 '청빈'의 길을 걸어간 것은

필리페 갈레, 성 프란체스코, 판화.

결코 쉽지 않은 결단이었다.

물질적 삶과 가족 관계를 접고 가난한 생활을 하면서 그는 허물어진 예배당을 복원하는 일에 나섰다. 그 과정에서 예수가 제자들에게 "전대에 금이나 은이나 동전을 넣어 가지고 다니지 말 것이며, 식량 자루나 여벌 옷이나 신이나 지팡이도 가지고 다니지 말아라"(마태복음 10:9~10)라고 한 당부가 감동으로 다가왔다.

그 뒤 거리에서 탁발하며 사람들에게 설교하는 삶을 살아갔다. 길거리를 떠도는 마른 체형에 작은 키의 프란체스코를 떠올려보기 바란다. 그의 수도사적 삶을 따르는 사람들이 함께 살아가겠다고 나서면서 어쩔 수 없이 생활 규율을 작성할 수밖에 없었는데 그것이 수도회의 출발점이었다. 당시 교회 자산에서 나오는 고정 수입으로 생계를 해결했던 성직자들과 달리 그들은 노동을 통해 생활을 꾸려갔고, 궁핍할 때는 성직자에게 금지됐던 탁발을 해 '탁발수사托鉢修士'(걸인 생활을 하던 제자들)로 불리기도 했다.

로마 교황청을 찾아가 승인을 요청함으로써 정식으로 출범한 '프란체스코 수도회'는 어떤 종류의 재산도 소유하지 않은 채 수도원을 중심에 두고 거리의 설교자로 생활했다. 수사들은 '주 예수 그리스도의 가르침에 순종하고 그의 발자취를 따라 걷는 것'을 삶의 목표로 삼았다. 이미 당시에도 뭇사람들이 프란체스코의 '아내'는 '청빈'이라고 칭송했다.

프란체스코가 추구한 것은 단순히 남에게 보이기 위한 가난이 아니었다. 그는 자아를 비워갔다. 예수가 '십자가'로 사랑한 인간을 우리가 사랑하지 않는다면 예수의 친구가 아니라며 깊은 형제애를 강조했다.

프란체스코는 사람만이 아니라 모든 피조물, 태양과 달까지 '형제'와 '자매'로 불렀다. 자신의 삶에 오랫동안 고통을 준 병에도 '누이들'이라는 별

명을 붙일 정도였다. 프란체스코는 고행을 할 때 그의 몸에 대해서도 '당나귀 형제'라 부르며 고통을 주는 것에 용서를 구했다. 프란체스코에겐 눈에 보이는 모든 자연이 신을 비추는 거울이자 신에게 올라가는 계단이었다.

　탁발수사들의 수가 늘어나면서 수도회는 특정 지역의 틀을 넘어섰다. 그가 열정적으로 설교에 나섬으로써 수도회는 빠르게 성장해갔고, 그는 오직 솔선수범과 간소한 생활 규율로 그들을 지도해나갔다. 1219년의 총회에는 에스파냐·이집트·아프리카·그리스·헝가리에서 5,000여 명이 참석했다. 1223년 교단의 인가를 받았으며 그를 따르는 여성 기독교인들은 클라라 Clare of Assisi를 중심으로 여성 수도원을 세웠다. 프란체스코는 필요할 때는 민감한 정치적 발언도 억제하지 않았다. 예루살렘을 회복하자는 '십자군'이 한창이던 시절에도 휩쓸리지 않고 '십자가' 정신의 진정한 회복을 부르짖었다.

　프란체스코와 그를 따르는 기독교인들에게 복음서는 명상을 위한 책이 결코 아니었다. 삶을 위한 행군 명령이었다. 그들은 예수의 가난한 집안 출생과 갈릴리에서의 방랑 생활, 십자가에서의 고난과 죽음을 추구해야 할 '가난의 전범'으로 삼았다. 그 가난의 실천은 인내하고 참아내는 '금욕주의'가 아니었다. 복음적 실천의 '즐거움'이었다. 프란체스코와 그 '도반'들의 삶을 동경하는 사람들이 기독교 역사에 연면한 흐름을 형성한 이유도 여기 있다.

　숨을 거둘 때까지 청빈으로 일관한 프란체스코는 사후 '성인'으로 시성됐다. 프란체스코는 미국 시사주간지 《타임》지가 2000년을 앞두고 지난 1,000년 동안 등장한 인물 가운데 가장 중요한 10명을 꼽을 때 종교인으로 마르틴 루터와 함께 선정될 만큼, 유럽 문명에 큰 영향력을 끼쳤다. 한국에서도 '성 프란체스코의 기도문'으로 잘 알려져 있다.

교황 프란치스코의 자본주의관

1200년대를 살아간 아시시의 프란체스코 이름이 21세기 들어 많은 사람들에게 익숙해진 이유는 같은 이름의 교황이 등장하면서다.

2013년 3월 로마 교황청은 베드로 초대 교황에서 시작한 266대 교황으로 아르헨티나 추기경 호르헤 마리오 베르골리오_{Jorge Mario Bergoglio}를 선출했다.

교황에 선출된 추기경은 선출 직후 언론인들과 만난 자리에서 "교황 선출 당시 내 옆에 상파울루 전임 교구장 클라우디오 움메스_{Cláudio Humme} 추기경이 있었는데, 가까운 친구인 그가 나를 포옹하며 '가난한 이들을 잊지 마세요!'라고 했다. 그 말이 내 안으로 들어왔고, 바로 '아시시의 프란체스코'가 생각났다"고 말했다. 평생 청빈한 삶을 살면서 가난한 이들에게 헌신한 '빈자들의 성인' 이름을 따 '프란치스코_{Francis} 교황'이 탄생한 순간이다.

'프란치스코'를 교황명으로 정한 것—한국주교회의는 한글 표기를 '프란체스코' 아닌 '프란치스코'로 결정했다—은 가톨릭 역사상 처음이다. 그동안 교황명은 '요한'이 가장 많아 요한 1세에서 21세까지 스물한 명에 이른다.

프란치스코 교황의 등장은 비단 '이름'에서만 새로운 것은 아니다. 프란치스코는 1,200년 만의 비유럽 출신 교황이다. 서기 731년 시리아 출신으로 교황에 오른 그레고리우스 3세_{Gregorius III} 이후 처음이다. 그레고리우스

3세의 지역도 당시 동로마제국이었던 사실에 주목한다면, 의미는 더 크다. 라틴아메리카와 북아메리카를 통틀어 아메리카 대륙 출신으로는 기독교 2,000년 역사상 최초의 교황이다.

　이는 단순한 사건이 아니다. 기독교의 중심이 더는 유럽이 아니라는 사실을 일러주기 때문이다. 선출에 참여한 추기경들 사이에서도 유럽 중심의 가톨릭교회로는 시대의 요구를 감당할 수 없다는 암묵적인 합의가 있었다고 한다.

　더 주목할 점은 역대 교황들과 달리 그가 가난한 노동자의 아들로 태어났다는 사실이다. 아르헨티나로 이민한 이탈리아계 철도 노동자 가정의 5남매 가운데 막내아들로 태어났다. 역사상 처음으로 진정한 '노동자 계층'의 교황이 탄생했다는 평가가 나온 이유다. 그는 아르헨티나 부에노스아이레스 교구를 이끌던 대주교 시절에도 시내버스를 이용하고 식사를 손수 만들어 먹는 청빈하고 겸손한 생활로 많은 사람들로부터 두터운 사랑을 받았다. 대주교가 된 뒤에도 관저에 머물지 않고 작은 아파트에서 생활하면서 '늘 사람들과 가까이 어울린 소박한 성직자'였다.

　교황이 된 뒤에도 스스로를 '교황' 대신 '로마 주교'라 부르며 교황에게 따르는 특권들을 모두 거부했다. 교황으로 선출된 날 성베드로 광장에 모인 군중과 인사한 뒤 추기경들과 함께 버스를 타고 저녁 만찬장으로 갔다. 신임 교황을 위해 기사가 딸린 리무진과 경호원이 대기하고 있었지만 사양했다. 교황의 공식 거처인 교황궁에 머물지 않고 일반 사제들이 오가는 바티칸의 게스트하우스에 숙소를 정했다. 관용차로도 값비싼 방탄차를 물리치고 소형차를 선택했다. 언제나 제기되었지만 용두사미로 끝난 교황청 개혁을 위해 민간인들이 참여하는 위원회도 구성했다. 그가 취임 뒤 첫 추기경 선임에서 19명 가운데 10명이 비유럽권 출신이듯이, 가톨릭의 유럽 중심주의를 넘어서려는 데도 적극적이다.

무엇보다 프란치스코 교황은 '가난한 사람들을 위한 교회'라는 그의 믿음을 차근차근 현실로 구현해가고 있다. 교황은 권고문〈복음의 기쁨Evangelii Gaudium〉을 선포함으로써 현대사회에서 가톨릭이 어디로 가야 옳은가를 또렷하게 담았다.

"저는 자기 안위만을 신경 쓰는 폐쇄적이고 건강하지 못한 교회보다 거리로 나와 다치고 상처받고 더럽혀진 교회를 더 좋아합니다."(49항)

틈날 때마다 가난과 불평등 문제 해결을 위한 교회 구실을 강조했다. 이탈리아에서 실업 문제가 가장 심각한 지역을 방문해 즉석 강론을 하면서 "주여, 우리에게 일자리를 주십시오. 우리에게 일자리를 위해 싸우는 법을 가르쳐주십시오"라고 기도했다. "내 설교가 어려움에 처한 이들에게 아무 의미가 없음을 잘 알지만 그럼에도 용기를 내라고 말하고 싶다. 여러분 마음 깊은 곳에서 용기가 솟아날 수 있도록 사목자로서 내가 할 수 있는 모든 일을 다하겠다"는 겸손함도 보였다.

교황은 '황금만능주의'에 대해서도 구체적으로 언급했다. 글로벌 경제 체제를 '돈에 대한 숭배'라고 비판하며 '규제 없는 자본주의는 새로운 독재'라고 천명했다.

"어떤 사람은 아직도 자유시장경제만이 경제성장을 보장하고, 그 성장이 세상을 더욱 정의롭고 평등하게 만들 것이라고 주장하지만 이런 것은 시장에 대한 너무 유치하고 순진한 믿음"이라면서 "이런 경제는 사람을 사회에서 쫓아낼 뿐 아니라 사용하다가 소모품처럼 버리고 죽이는 경제다. 이런 배척과 불평등의 경제는 안 된다고 말해야 한다."

"본디 돈이 사람에게 봉사해야 하는데, 현재 체제는 사람이 돈에 봉사하게 만든다."

교황은 2014년 6월 바티칸 회의에선 곡물에 투기하는 거대 국제 자본을 직접 거론했다. 국제 원자재 시장에서 투기 자본 때문에 곡물 가격이 오르면서 굶어 죽는 사람들이 늘어나는 현실을 '시대의 추문'이라고 날카롭게 비판했다.

프란치스코 교황의 파격적인 설교와 소박한 일상은 지구촌에 신선한 충격을 주고 있다. 물론, 모든 사람이 프란치스코 교황을 사랑하는 것은 아니다. 금송아지를 추앙하는 사람들, 맘몬 숭배자들에게 프란치스코는 불편한 교황이다. 이미 미국의 극우 세력을 대변하는 언론은 프란치스코 교황을 '사회주의자'로 몰아가는 '마녀사냥'에 나섰다. 우연일까. 바로 그 미국이 주도해나가는 세계 자본주의 경제의 중심인 월스트리트에는 커다란 '수송아지상'이 길 한복판에 사뭇 우람하게 자리 잡고 있다. 그 소를 만지면 돈을 번다는 '소문' 때문에 세계 각국에서 뉴욕을 찾아온 숱한 사람들의 손길로 '특정 부위'가 반짝이고 있다.

프란체스코의 기도, 아베 피에르의 사랑

"주여, 나를 평화의 도구로 써주소서 / 미움이 있는 곳에 사랑을 / 상처가 있는 곳에 용서를 / 분열이 있는 곳에 일치를 / 의혹이 있는 곳에 믿음을 / 절망이 있는 곳에 희망을 / 어둠이 있는 곳에 광명을 / 슬픔이 있는 곳에 기쁨을 심게 하소서 // 오 거룩하신 주여, 위로받기보다는 위로하며 / 이해받기보다는 이해하며 / 사랑받기보다는 사랑하게 하소서."

세계적으로 널리 알려진 프란체스코 기도문(평화의 기도 The Peace Prayer)이다. 그런데 프란체스코 연구의 권위자 로렌스 커닝햄 Lawrences Cunningham은 이 기도문이 20세기 초에 쓰였다고 주장했다. 그에 따르면 기도문은 1913년 프랑스에서 발간되던 작은 잡지에 익명으로 처음 게재됐다. 제1차 세계대전이 일어나고 1915년 가톨릭 주간지 발행인이 다른 기도문들과 함께 이를 교황에게 보내면서 널리 알려졌다. 1916년 프란체스코회 모금 행사 포스터에 프란체스코가 이 기도문을 들고 있는 모습이 등장하면서 그의 이름과 결합되기 시작했다. 포스터는 "이 기도문은 프란체스코회의 이상을 잘 요약하고 있으며 우리 시대의 긴급한 현안에 대한 응답을 잘 드러내고 있다"고 설명했다. 커닝햄 또한 기도문과 프란체스코 성인의 영혼이 잘 맞는다고 강조했다.

실제로 성 프란체스코가 몸으로 실천한 사랑의 길에 영감을 받은 사람들이 적지 않다. 20세기 프랑스인들로부터 '살아 있는 성자'로 존경받았던 아베 피에르Abbe Pierre 신부도 청소년 시절 수학여행 때 들른 아시시의 프란체스코 수도원에서 감명을 받아 성직자의 길로 들어섰다. 독일 나치에 맞서 레지스탕스에 가담했던 피에르는 신을 믿는 사람과 믿지 않는 사람 사이에는 근본적인 구분이 없다고 단언했다. 오직 '자기만 생각하는 사람'과 '타인과 공감하는 사람' 사이의 구분만 있을 뿐이다. 피에르 신부는 그 차이를 "타인의 고통 앞에서 고개를 돌리는 사람들과 타인들을 고통에서 구하기 위해 싸우는 사람들 사이의 구분, 사랑하는 사람과 사랑하기를 거부하는 사람들 사이의 구분"이라고 풀이했다. 평생을 빈곤과 불평등, 불의에 맞서 싸운 '투사 신부'였던 피에르는 '배부른 교회와 사치스러운 성직자들'을 질타했다. '묘비에 새기고 싶은 글'을 묻는 질문에 노년의 신부는 답했다. "나는 사랑하려고 몸부림쳤습니다."

94세에 선종한 피에르 신부는 '인생은 사랑하는 법을 배우는 과정'이라고 말했다. 그가 자신이 머물던 집을 고쳐 집 없는 빈민들의 안식처로 활용하면서 시작된 '엠마우스(성경에서 가난한 이들이 용기와 희망을 얻는 곳) 운동'은 오늘날 세계 40여 나라 360여 단체가 펼쳐가고 있다.

프란치스코 교황의 어록

"제가 바라는 교회는 '가난한 사람들을 위한 가난한 교회'입니다. 우리를 위해, 당신의 가난으로 우리를 부유하게 하고자 스스로 가난하게 되신 신에 대한 믿음, 곧 그리스도에 대한 신앙에 뿌리를 두고 있습니다."

"교황은 부자건 가난하건 똑같이 모두를 사랑합니다. 그러나 교황은, 그리스도의 이름으로, 부자들에게 가난한 사람을 도우라고 재촉해야 할 의무, 가난한 사람을 존중해야 할 의무, 가난한 사람을 북돋워야 할 의무를 갖고 있습니다. 교황은 금융과 경제 분야에서 사심 없는 연대와 사람 중심의 윤리에로의 전환이 이루어져야 한다고 호소합니다."

"주님께서 카인에게 물으셨다. '네 아우 아벨은 어디 있느냐?' 그가 대답하였다. '모릅니다. 제가 아우를 지키는 사람입니까?'(창세기 4:9) … 당신의 형제자매는 대체 어디에 있습니까? 카인과 아벨의 사연은 우리에게 '우애'의 의무를 일깨워줍니다. 또한 그 의무를 저버렸을 때 만나게 될 비극도 보여줍니다. … 우리의 이기적 행동이 저 많은 전쟁과 숱한 불의의 뿌리라는 점을 기억해야 합니다."

"여러분, 더 정의롭고 더 연대하는 세상을 만드는 일에 온 힘을 다해 투신하십시오! 세상 곳곳에서는 여전히 불평등과 차별이 벌어지고 있습니다. 누구도 이런 현실에 무감각해서는 안 됩니다! 각자 능력과 책임에 따라 사회의 온갖 불의를 종식시키는 데 협력하는 법을 알아야 합니다. 우리는 이기주의와 개인주의가 사회를 지배하는 현상을 자주 목격합니다. 하지만 이기주의와 개인주의 문화로는 더 살기 좋은 세상을 건설하고 유지할 수 없습니다. 절대 불가능합니다. 더 살기 좋은 세상을 위해서는 반드시 연대의 문화가 정착되어야 합니다. 연대의 문화는 다른 사람을 나와 무관하거나 경쟁하는 대상이 아닌 형제로 바라보는 것입니다. 우리 모두는 형제입니다!"

"여러분의 이상을 땅속에 묻어두지 마십시오! 위대한 이상에 투기하십시오! 마음을 넓게 열어주는 이상, 봉사의 이념에 투기하십시오! 그런 이념들은 여러분이 타고난 탤런트의 풍부한 결실을 만듭니다. 삶이란 우리 자신을 위해 욕심스럽게 간수하라고 주어진 것이 아닙니다. 선사하라고 주어졌습니다. 사랑하는 젊은이들이여, 통 큰 마음을 지니십시오! 겁내지 말고 위대한 것들을 꿈꾸십시오!"

"역류를 거슬러 헤쳐가기를 두려워하지 마십시오! 사람들이 우리한테서 희망을 앗아가버리려고 할 때에, 썩어빠진 그런 가치들을, 쉰 음식 같은 가치들을 우리에게 부과하려고 할 때에 역류를 거슬러 헤쳐가십시오! 쉰 음식은 몸에 나쁩니다. 저런 가치들은 우리에게 해롭습니다. 역류를 거슬러 헤쳐가야 합니다."

"왜 이토록 많은 사람들이 동정심을 잃었는가? 함께 울어주는 능력을 잃었는가? 남의 고통에 익숙해졌다. 그들의 고통이 우리한테 아무런 감흥이 없어졌다. 우리의 관심 밖이다. 우리의 일이 아니다. … 그러니 기도하자. 가슴의 소리에 귀 막고, 자기만족에 겨워 살아가는 모든 이들을 용서해 달라고."

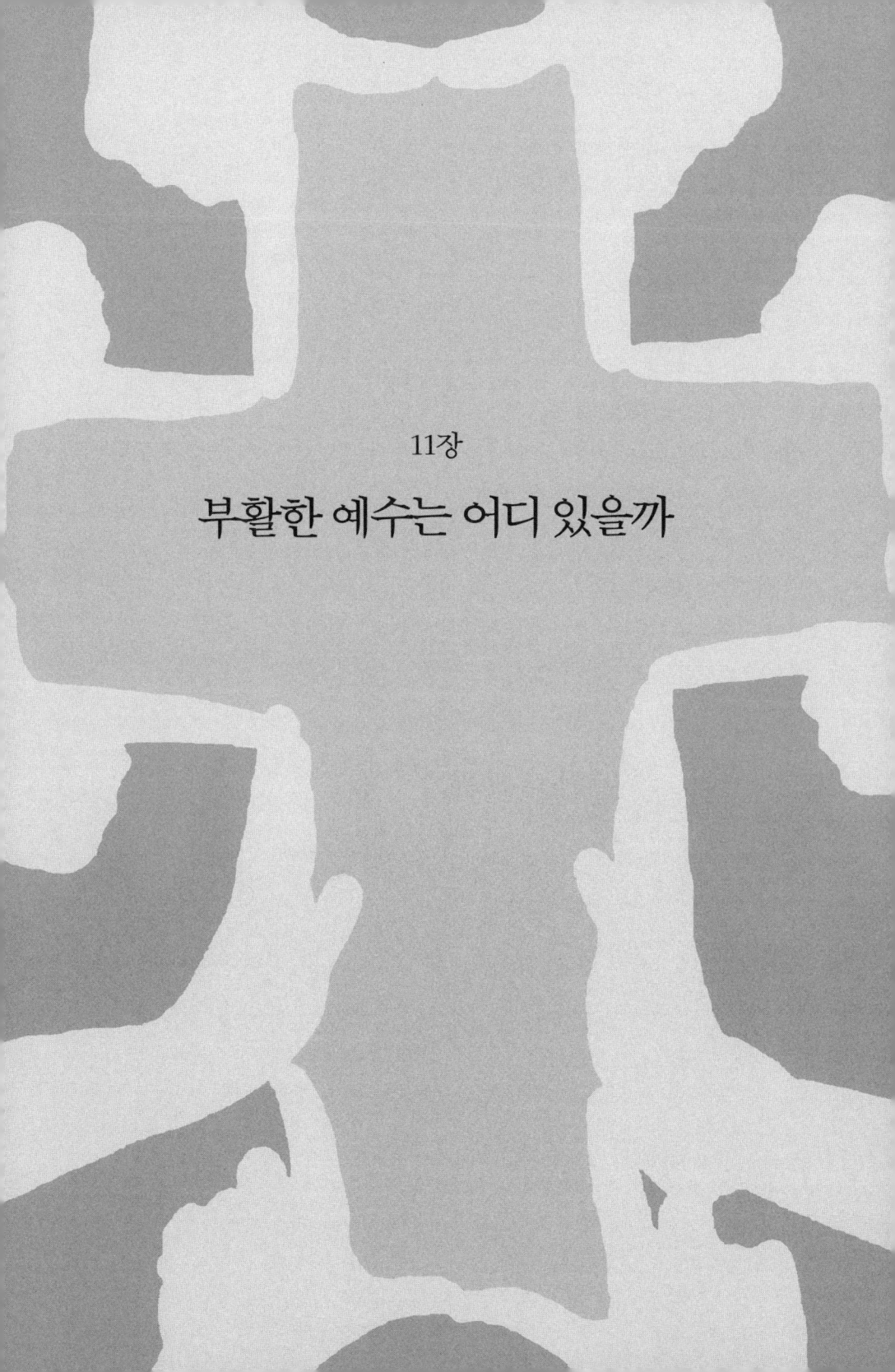

11장

부활한 예수는 어디 있을까

미국 월스트리트(월가) 길 복판에 늠름하게 서 있는 '수송아지상'(황소상). 그곳에 황소 동상이 서 있는 이유는 성경의 의미와는 물론 다르다. 황소가 싸울 때 뿔을 위로 치받기 때문에 '주식 상한가'를 상징하는 조형물로 세워졌다.

하지만 기독교 인구가 대다수인 나라에서 황소상이 월가를 상징하는 풍경을 어떻게 이해해야 할까. 한국의 '월가'라고 하는 서울 여의도에도 한국금융투자협회 건물 앞에 황소상이 있다. 그 여의도에는 한국을 대표하는 '대형 교회'도 있다.

새로운 독재와 '우애의 나라'

예수의 '대리인'으로 추앙받는 교황—물론, 개신교는 동의하지 않지만—이 지금 우리가 살고 있는 세상을 '독재'라고 규정한 사실은 21세기 예수와 만나는 길에서 우리 스스로를 성찰하게 한다. 프란치스코 교황은 한 점 망설임 없이 현대인들이 우상을 숭배하고 있다고 비판한다.

"우리는 새로운 우상을 만들어냈다. 구약의 황금송아지 숭배(출애굽기 32:15~34)가 오늘날 돈 숭배와 어떠한 인간적 목표도 갖지 않는 정체불명의 경제 독재 속에서 새롭고 냉혹한 이미지를 갖고 다시 나타난 것이다."

실제로 2008년 미국의 금융 위기로 세계 경제는 장기 침체 국면에 들어서 있다. 하지만 교황은 경제 침체보다 더 중요한 게 있다고 본다. 다름 아닌 '사람'이다.

"전 세계적 금융 및 경제 위기는 금융과 경제의 왜곡이 최고점에 도달했음을 보여주는 것처럼 보인다. 무엇보다도 오늘의 금융과 경제는 사람을 전혀 고려하지 않는 것처럼 보인다. 오늘의 금융과 경제는 사람을 오직 무엇인가를 필요로만 하는 존재로, 곧 소비만 하는 존재쯤으로 격하시키고 있다. 더 나쁜 것은 사람 그 자체를 사용하고 내다버릴 수 있는 소비재쯤으로 여긴다는 점이다."

교황은 21세기를 지배하고 있는 정치경제 체제의 본질을 정확하게 꿰뚫고 있다. 아마도 유럽이 아닌 라틴아메리카에서 목회 활동을 했기 때문에 가능했을 성싶다. 실제로 신자유주의 체제 아래서 부익부빈익빈은 무장 커졌다. "가난한 이들에게 보물인 연대의 정신은 반생산적인 것으로, 금융과 경제 논리에 반하는 것으로 간주된다. 소수의 수입이 급격하게 증가하는 가운데 다수의 수입은 곤두박질치고 있다. 이런 불균형은 시장의 자유와 금융 투기의 자유를 절대시함으로써, 결국 공동선을 증진해야 할 책임을 갖는 국가의 적절한 통제의 권리를 부정하는 그런 이데올로기에서 나타난 결과이다." 교황이 말하는 이데올로기가 바로 신자유주의이다.

교황은 그것을 에둘러 표현하지 않는다. "눈에 띄지 않고 때로는 공공연한 새로운 독재가 구축되었다. 이 독재는 돌이킬 수 없는 방법으로 그 자체의 법과 지배력을 일방적으로 행사한다"고 정곡을 찌른다.

독자들 가운데는 정치와 경제를 언급하는 것이 기독교나 예수와 어떤 연관이 있는지 의문이 들 수 있다. 교황 자신도 그런 시선이 있다는 것을 잘 알고 있다. 정치와 경제를 언급하는 것이 왜 '신의 뜻'과 이어져 있는지를 프란치스코는 다음과 같이 설득한다.

"현실을 자세하고 완전하게 분석하는 것이 교황의 임무는 아니지만, 저는 모든 공동체가 시대의 징표를 무엇보다도 꼼꼼하게 탐구하기를 권고한다. 이것은 사실 막중한 책임이다. 실제 어떤 현실을 효과적으로 다루지 않는다면 비인간화의 과정을 밟을 수 있는데, 그렇게 되면 다시 되돌리기가 매우 어려울 것이다. 우리는 어떤 것이 신의 계획과 충돌하는 것인지 분명하게 구별해야만 한다. 그것은 선한 정신의 움직임을 선택하고 악한 정신의 움직임을 거부하는 것을 포함한다."

신의 뜻—이 책 초대의 글에서 언급한 '하나님의 뜻'—을 거부하는 움직임, 기실 그것은 기독교 역사에서 일찍감치 정립되어온 '신의 나라'를 가로막는 짓이다. 모든 사람이 신 앞에 자유롭고 평등하게 사랑을 나누는 세상이 신의 나라라면 21세기의 새로운 독재는 명백히 대척점에 있기 때문이다. 교황이 "어떤 것이 신의 계획과 충돌하는 것인지 분명하게 구별해야만 한다"고 강조한 이유이기도 하다.

새로운 독재가 신을 어떻게 부정하는지 교황의 권고를 들어보자.

"권력과 소유의 의지는 무한 확장되었다. 이런 태도 뒤에 숨어 있는 것은 윤리의 거부, 일종의 신 부정이다. … 이런 태도를 갖는 금융인들, 경제학자들, 정치인들은 신을 경영할 수 없는 존재로 생각한다. 그들은 신을 경영할 수도 없으며, 더 나아가 위험한 존재로 여기는데, 신은 사람을 완전한 자기완성에로, 어떤 형태의 예속으로부터의 독립에로 부르시기 때문이다."

교황이 보기에 우리가 살고 있는 세상은 "눈에 보이지는 않지만, 일방적이고 무자비하게 자기식 법과 규칙을 부과하는 독재" 치하에 놓여 있다. "현재 인류가 겪고 있는 극심한 경제 위기도 결국 신으로부터, 이웃으로부터 멀어져 탐욕스럽게 물질만 추구한 결과"라고 본 프란치스코는 "평화의 근본도, 평화로 가는 유일한 길도 '우애'를 재발견하는 것"이라고 힘주어 말한다.

프란치스코 교황이 강조하는 '우애' 또는 '형제애'는 다름 아닌 예수가 가르친 사랑과 맞닿아 있다.

사회주의 혁명과 '구세주 예수 대성당'의 부활

인류 역사를 톺아보면 '우애의 나라'를 건설하는 데 가장 적극적이었던 사람들은 19세기 유럽의 공산주의자들이었다. '공산주의'를 선언한 카를 마르크스Karl Marx는 자본주의 체제에서 자본가와 노동자는 계급으로 나뉘어 있기 때문에 두 계급 사이에 우애는 불가능하다고 분석했다. 따라서 프랑스 혁명이 내세운 자유, 평등, 우애를 구현하려면 자본주의와 다른 사회를 만들어야 하며 노동계급의 혁명이 필요하다고 호소했다.

마르크스가 종교를 '민중의 아편'으로 비판한 이유도 그 연장선이다. 노동자를 비롯한 민중으로 하여금 죽은 뒤 '천당'에 가는 환상적 행복에 잠기도록 함으로써 불행한 현실과 고통을 잊도록 해주기 때문이다. 두루 알다시피 아편을 먹으면 곧바로 고통이 가시지만 그것은 잠시일 뿐이다. 약효가 떨어지면 다시 고통이 찾아오고, 되풀이해서 아편을 복용하면 '아편중독'으로 몸이 망가진다.

결국 공산주의자들에게 기독교는 '지배계급이 민중을 지배하고 착취하는 도구'에 지나지 않았다. 기독교 성직자들은 대다수 민중에게 법과 질서를 잘 지키고 착하게 살면 죽은 뒤 천국에 갈 수 있다고 설교하는데, 그 법과 질서는 지배계급이 만든 것으로 그들의 재산과 이권을 수호한다고 보았기 때문이다.

종교를 민중의 아편으로 비판한 마르크스는 무신론자였다. 마르크스가 무신론을 확신하는 데는 철학자 포이어바흐 Ludwig Feuerbach 의 영향이 컸다. 어린 시절 꿈이 목사였던 포이어바흐는 1841년에 발표한 저서 《기독교의 본질 Das Wesen des Christentums》에서 신이 인간을 창조한 게 아니라, 인간이 신을 창조했다고 '선언'해 유럽 지성계에 큰 파문을 일으켰다.

포이어바흐는 인간이 신을 창조하는 과정을 심리적, 역사적으로 설명했다. 현실세계에서 자신과 세상에 만족을 느끼지 못하는 인간이 상상력, 소망, 이기심을 동원해 '신'이라는 이상적인 존재를 만들어놓고 그로부터 '위안'을 받으려 한다고 보았다.

포이어바흐는 "신을 의식하는 것은 인간의 자아의식이며, 신을 인식하는 것도 인간의 자아인식이다. … 신은 인간의 내면이 드러난 것"이라고 풀이했다. 신이란 인간의 소망이 대상화한 존재이며, 신이 있다는 환상 속에서 인간은 만족감을 느낀다는 주장이다. 따라서 신은 인간의 행복 욕구에서 비롯된 '고정관념'이라고 결론 지었다. 인간이 만들어낸 그 신이 오히려 인간을 지배하는 현상을 '소외'라고 설명했다. 소외는 진정한 자기로부터 동떨어진 삶을 살아가는 걸 뜻한다.

포이어바흐는 신이 인간학적으로 포착되고, 종교가 인간적·자연적인 한 그것은 종교의 진실한 본질이라고 보았다. "그러나 신이 신학적으로 포착되고, 종교가 비인간적·비자연적일 때, 그것은 종교의 진실하지 않은 본질"이라고 단언했다.

신이 인간을 창조한 게 아니라, 인간이 신을 창조했다는 포이어바흐의 주장에 마르크스는 공감했다. 하지만 인간이 결심하면 종교적 소외에서 벗어날 수 있다고 포이어바흐처럼 속단하지는 않았다. 마르크스는 신이 만들어지는 원인을 제거하지 않으면 신이 인간을 지배하는 소외를 벗어날 수 없다고 강조했다. 마르크스가 종교를 아편이라고 한 이유가 여기에 있다.

마르크스는 사람들이 신을 믿는 이유는 현실이 고통스럽고 견뎌내기 힘들어서라고 보았다. 따라서 민중이 삶에서 고통받지 않으면, 다시 말해서 사회경제적으로 민중의 삶이 안정되면 자연히 '진통제'로서의 아편은 복용하지 않게 된다.

하지만 종교가 단순히 민중의 아편이 아니라는 사실은 바로 그 마르크스 사상을 현실에 구현하겠다며 혁명을 일으켜 세운 소련의 붕괴에서 입증됐다.

1917년 러시아혁명으로 집권한 공산주의자들과 그들의 지도자 레닌Vladimir Ilich Lenin은 기독교(정교회)의 뿌리를 뽑겠다고 공언했다. 러시아는 서기 988년 정교회가 국교로 공표된 이후 1,000년 가까이 러시아인들의 삶에 깊숙이 영향을 끼쳐왔다. 공산주의자들은 종교가 민중의 아편이라는 신념에 차 있었다. 실제로 러시아 황제들과 오랜 세월 '밀착'해왔던 정교회의 재산을 모두 국유화했고, 교회가 운영하는 학교와 신학교도 몰수해 세속 교육기관으로 전환시켰다. 교회가 주관해온 혼인 관련 업무도 행정관청의 관할 아래 두었다.

정교회 일부 성직자들은 '살아 있는 교회'를 결성해 소비에트 정권과의 협력도 모색했다. 하지만 정교회 일부의 노선 전환도 큰 효과는 얻지 못했다. 권력 집중에 성공한 스탈린의 '반교회 정책'은 지속되었고, 교회와 수도원들이 줄줄이 폐쇄되었다. 농업 집단화 과정에서 성직자들은 토지를 소유하고 있었기에 부농으로 탄압받았다. 1936~1938년 스탈린Joseph Stalin은 '대숙청 기간'에 고위 성직자들을 처형하기도 했다.

그런데 정교회에 대한 소련 공산당의 태도는 독일 히틀러의 침략을 받은 뒤 누그러진다. 소련군이 패전을 거듭할 때, 애국심을 고취하는 방안으로 정교회의 협조가 필요했기 때문이다. 정부로부터 탄압만 받고 있던 교회는 스탈린이 내민 손을 기꺼이 잡았다. 그 결과, 소련은 교회 탄압을 중단하고 예배의 자유를 허용했다. 대신 정교회는 '국방 성금'을 모아 정부에 기부했다. 제2차 세계대전이 끝나면서 정교회의 지위는 다시 흔들린다. 극단적인 탄압만 사라졌을 뿐이다.

러시아 수도 모스크바의 '구세주 예수 대성당'은 러시아 정교회의 운명을 고스란히 간직하고 있다. 러시아혁명 이후 소비에트사회주의의 상징은 모스크바의 '붉은 광장'이었다. 혁명의 지도자 레닌을 비롯한 사회주의 혁명가 120여 명이 잠들어 있는 곳이기도 하다.

본디 붉은 광장 옆에는 러시아가 프랑스 나폴레옹 군대의 침략을 막아낸 직후에 승전을 기념하기 위해 대리석으로 세운 정교회의 '구세주 대성당'이 있었다.

하지만 스탈린은 성당을 폭파했다. 소련공산당은 1960년 그 자리에 대규모 원형 수영장을 만들었다. 지름 130미터에 2,000여 명이 함께 이용할 수 있는 노천 수영장으로 '사회주의 수도' 모스크바의 '명물'이었다. 겨울이 긴 러시아에서 1년 내내 더운 김이 올라오는 대규모 노천 수영장은 종교를 민중의 아편으로 본 공산당 지도자들의 '야심적 기획'이었다.

그러나 소련의 몰락 뒤 노천 수영장은 헐렸다. 그 자리에 다시 정교회 교회가 들어섰다. 다시 세워진 교회 이름은 '구세주 예수 대성당'이다. 높이 105미터로 웅장한 교회의 지붕은 '황금 돔'이다.

종교를 민중의 아편으로 비판한 마르크스 사상을 진리로 받아들인 레닌, 황제와 결탁했던 정교회 재산을 몰수해 노동자와 농민에게 분배했던 레닌의 묘 옆에서, '구세주 예수' 교회가 사회주의를 대신하는 정신적 지주로 '부활'한 셈이다.

정교회는 고르바초프 Mikhail Gorbachev 가 페레스트로이카를 추진하던 1988년에 기독교 전파 1,000년을 맞으면서 급속도로 확산되었다. 당시 소련공산당은 1,000년 행사를 교회 내부의 일이라며 사회적 의미를 과소평가했다. 하지만 1,000년 행사는 폭발적인 열기를 분출했으며 그 후 10년 사이에 1,000여 개의 교회가 잇따라 문을 열었다. 수도원은 19개에서 480개로 늘었다. 모스크바만 국한하더라도 교회 수가 46개에서 10배로 늘어났다. 정교회 총대주교 알렉세이 2세 Alexy II 는 이를 가리켜 '신의 기적'이라고 자부했다.

1999년 러시아의 기독교를 취재하러 모스크바에 갔을 때, 당시 '구세주 예수' 대성당(교회)은 완공을 앞두고 있었다. 경제적 난국을 겪고 있었지만, 러시아인들은 천문학적 자금이 들어가는 교회 건립에 대체로 긍정적이었다.

러시아 국영방송 기자인 마샤는 "국민 헌금으로 러시아 정신의 상징을 만든 것"이라고 자랑스러워했다. 모스크바국립언어대학을 졸업한 아그네사는 "굶어 죽어가는 사람이 있는데 무슨 짓인가라는 비판도 있으나 본래 있었던 자리에 복원하는 건 당연한 일 아니냐"고 반문했다. 러시아인들이 왜 정교회에 그처럼 집착하느냐고 묻자 아그네사의 답은 명쾌했다.

"절망하지 않고 살아가는 데 힘을 주니까요."

그 대답을 들었을 때, 오랜 의문이 풀렸다. 비단 러시아인들만이 아니라, 한 인간이 인생에서 절망을 느끼거나 삶의 방향을 잃었을 때, 기독교를 포함한 모든 종교는 힘을 줄 수 있다.

그런데 이미 그 시기에 정교회에 비판적인 담론이 나오고 있었다. 익명을 요구한 정교회의 젊은 신부는 "정교회는 과거뿐만 아니라 현재에도 전체주의와 짙은 거래 의혹이 있다"며 정교회가 각종 이권 사업에 관여한다고 말했다. 더구나 정교회는 고르바초프의 몰락을 가져온 옐친Boris Yeltsin을 지원했고, 1996년 대선에서도 초반에 부진을 면치 못했던 옐친의 당선에 적극 도움을 주었다. 러시아 정교회는 2012년 대선에서도 재선에 나선 블라디미르 푸틴Vladimir Putin을 '러시아에 안정을 가져올 보증인'이라며 지지했다. 2008년 타계한 알렉세이 2세를 이은 키릴Kirill 총대주교는 "소련 해체 이후 러시아는 혼돈의 상태였으나 신과 현명한 지도자들의 도움으로 빨리 회복할 수 있었다"며 "러시아가 나아가야 할 방향을 제시해준 푸틴에게 감사하다"고 말했다. 러시아가 자본주의 체제로 편입되면서 모스크바 한복판에 웅장한 황금 돔의 '구세주 예수 대성당'은 부활했지만, 과연 그 성당 이름에 적힌 '예수'도 부활했는가에는 의문이 든다. 푸틴이 자본주의 국가 러시아의 독재자라는 비판을 받고 있기에 더 그렇다.

러시아에 '우애의 나라'를 이루려는 공산주의 혁명이 실패하고 모든 지구촌이 자본주의 체제로 '통합'된 지금, 그렇다면 프란치스코 교황이 경고한 '새로운 독재'에 맞서 우리는 어떻게 우애를 구현해갈 것인가.

북유럽 사람들이 말하는 기독교 고갱이

새로운 독재의 세상에서 탈출하는 방안을 모색할 때, 눈여겨 살펴볼 사회는 북유럽의 복지국가 체제다.

미국의 종교사회학자인 필 주커먼Phil Zukerman은 덴마크와 스웨덴에 14개월 동안 머물면서 150여 명을 심층 인터뷰했다. 주커먼이 북유럽 사람들 탐구에 나선 것은 그의 상식으로는 이해할 수 없는 현상을 발견했기 때문이다.

먼저 주커먼은 북유럽 국가들에는 미국처럼 기독교 근본주의적 열정 같은 분위기가 거의 없다는 사실을 발견한다.† 그런데 신에 대한 믿음이 문명사회의 기반이라고 확신하는 미국인보다 오히려 북유럽 사람들이 복지, 교육, 건강, 인권, 평등, 범죄율, 부패지수, 자살률과 같은 모든 분야에서 더 건강하고 행복한 삶을 살고 있었다. 북유럽 국가들은 유엔이 내놓은 〈인간개발보고서〉의 여러 항목에서 경제적 평등, 일인당 국민소득, 기대수명, 아동 복지, 양성평등, 정치가와 공무원의 청렴도, 범죄율에서 모두 최상위권이다.

주커먼은 자신의 탐구 결과를 책 《신 없는 사회 Society Without God》에 담았다. 주커먼은 신이 없는 사회가 행복하다거나, 신을 맹목적으로 믿는 사회는 불행하다는 수준의 이야기를 하는 게 결코 아니다. 주커먼은 평균적인 북유럽 사람들이 기독교 근본주의자와 다른 태도를 세 가지로 간추린다.

첫째, 합리적 회의주의이다. 북유럽 사람들은 초월적 존재가 우주를 창조했다는 창조론을 쉽게 받아들이지 못한다. 다윈과 그 이후의 과학자들이 사람의 생명과 우주의 탄생을 과학적으로 설명해주고 있기 때문이다. 기독교 근본주의자는 부활을 믿는 기독교만이 죽음의 공포에서 사람을 구원할 수 있다고 강조하지만, 합리적 회의주의자는 죽음을 자연현상으로 차분하게 받아들인다. 자신이 알지 못하는 세계를 믿음으로써 위안을 찾는 사람들을 이해할 수 없다고 말한다.

주커먼이 인터뷰한 사람들은 "삶이 끝나면 모든 게 끝나는 게 확실하다. 옛날에 우리 생물 선생님은 언제나 우리 몸을 구성하는 화학물질들의 가치가 덴마크 돈으로 4크로네†† 정도라면서 최대한 빨리 그 돈을 갚아야 한다고 말씀하셨다"라거나 죽음은 "내 몸이 분해돼서 자연의 자연스러운 순환의 일부"가 되는 것이라고 담담하게 말했다. 죽음이 다가올수록 두려워

---

† 물론, 북유럽에도 앞서 살펴보았듯이 10대를 상대로 한 노르웨이 테러범 같은 근본주의자가 없는 것은 아니지만, 미국과 견주어 근본주의는 예외적이라 할 정도다.
†† 덴마크 화폐 1크로네 Krone는 한국 돈 195원 안팎이니 4크로네면 1,000원이 채 안 된다. 미국 일리노이 대학 해부학 교수 할리 먼센 Harley Monsen은 사람의 몸이 칼슘 2.25킬로그램, 인산염 500그램, 칼륨 252그램, 나트륨 168그램에 소량의 마그네슘과 철, 구리로 되어 있고, 체중의 65퍼센트는 산소, 18퍼센트는 탄소, 10퍼센트는 수소, 3퍼센트는 질소로 되어 있다며 모든 물질의 값을 셈하면 89센트(한국 돈 950원 안팎)라고 주장했다.

하며 자기 인생에 죄책감을 느끼는 사람은 오히려 기독교에 의지하는 사람들이다. 기독교인 상당수가 죽음을 맞는 과정에서 '천국'에 가지 못할까 걱정한다. 그런데 주커먼이 만난 대다수 북유럽 사람들은 다른 모든 생명체처럼 사람의 삶도 죽음과 함께 끝이라는 생각을 자연스럽게 여겼고, 그에 따라 현재의 삶을 충실하게 살아간다. 현실을 직시하며 '지금, 여기'를 마음껏 누린다.

둘째, 이상적 세속주의이다. 주커먼이 어느 북유럽인에게 "삶이 끝나면 모든 게 끝이라고 생각한다면 사람의 삶이 무슨 의미가 있는가" 질문했을 때 다음과 같은 대답을 듣는다.

"인생의 의미? 나는 지상에서 내게 주어진 시간을 누렸다. 그 시간을 최대한 잘 보내는 것이 나의 의무다. 정말이지 훌륭한 세월을 보냈다."

"삶의 의미라는 건 그냥 나와 내가 좋아하는 사람들이 행복하게 잘 사는 것 같다."

"의미야 모든 곳에 있다. 자신의 의미는 자기가 만들어내는 것이다. 그걸 할 수 없다면 먼저 자기 인생을 정비해야 한다."

주커먼은 평범한 사람들의 그 답에 짙은 감동을 받았다. 인생의 의미를 "내게 묻는다면 생이 즐거웠다고 말하겠다. 원칙적으로 삶은 모두가 받은 기분 좋은 선물"이라고 차분하게 말하는 북유럽인, 삶의 궁극적 의미에 심각하게 고민하지 않으면서도 순간순간 최선을 다해 살아가는 사람들과 대화하면서 주커먼은 인생의 '궁극적인 의미를 안다는 것'이 과연 얼마나 중요한 일인지 의문을 품었다.

종교학자들 주장처럼 죽음에 대한 두려움과 삶의 궁극적인 의미에 대한 사색이 사람의 본성이며, 이것이 종교를 지탱하는 원동력일까? 주커먼이 우리 모두에게 던지는 질문이다.

셋째, 공동체를 지향하는 개인주의이다. 회의적이고 세속적이지만 북유럽 사람들은 자신들이 속한 공동체에 무관심하지 않다. 거기에는 세계 최고 수준의 복지국가라는 '자부심'이 깔려 있다. 덴마크와 스웨덴 사람들은 신과 같은 초월적인 존재가 두려워 '착한 일'을 하는 것이 아니라, 자신이 살고 있는 공동체를 잘 유지하기 위해 사회에 참여하고 공동체 윤리를 따른다.

삶의 궁극적 의미를 어느 개인의 실존적 차원에서만 보지 않고 다른 사람들과의 관계에서 찾는다. 죽음 앞에 사람은 더없이 무력하다는 사실을 다른 사람에게도 투영함으로써 우리 모두가 연약한 존재라는 공동체 의식 속에 서로가 서로를 지켜주는 생활방식을 만들어왔다.

주커먼이 미국—종교적 열정이 넘치는 나라, 예수와 신을 찬양하는 스티커를 붙인 자동차가 세 대에 한 대꼴인 나라, 예배와 기도를 권고하는 광고판이 도심 곳곳에 서 있는 나라, 라디오와 텔레비전에 나온 목사들이 죄악에 물든 세상을 개탄하고 이교도를 저주하는 나라, 학교에서 진화론을 가르쳐서는 안 된다고 주장하는 단체들이 여전히 기세등등한 나라, 범죄율 증가가 사탄 때문이라고 경찰서장이 태연하게 말하는 나라, 자연재해에 기도로 대처하라고 주지사가 호소하는 나라, 대통령이 기도로 신에게 조언을 구한 끝에 이라크를 침략하는 나라, 신이 없는 나라는 부도덕과 사악함이 판칠 것이라고 주장하는 나라—에 던지는 다음과 같은 질문은 곧바로 한국 사회에도 적용될 수 있다.

"구성원들이 성경을 많이 사랑하는 사회가 도덕적이라고 보아야 하는가, 아니면 빈곤을 사실상 퇴치한 사회가 도덕적이라고 보아야 하는가? 많은 구성원이 정기적으로 교회에 나가는 사회가 윤리적이라고 보아야 하는가, 아니면 어린이와 노인, 고아의 복지를 위해 전문적인 보살핌을 제공해주는 사회가 윤리적이라고 보아야 하는가?"

개신교인 루터교의 전통 속에서 오래 살아왔던 대다수 북유럽 사람들은 성경이 신의 말씀을 그대로 적은 책이라거나, 예수가 처녀에게 태어났고 죽은 뒤 부활했다는 기독교의 '핵심 교리'를 더는 믿지 않는다. 다른 사람에게 친절을 베풀고 가난한 사람과 병든 사람을 돌보고 착하고 도덕적인 사람이 되는 일, 그것이 북유럽 사람들이 말하는 기독교의 고갱이다.

그렇다고 북유럽 복지국가들을 우리가 무조건 좇아야 할 이유는 없다. 서로 놓인 조건도 다르다. 우리는 한국의 실정에 맞는 '우애의 나라'를 만들어가야 옳다. 그것이 이 땅에서 추구해야 할 '사랑의 길' 아닐까.

부활한 예수는 승천했을까

지금까지 2,000년에 걸친 기독교 역사를 톺아보았다. 예수와 더불어 1대 교황 베드로부터 266대 교황 프란치스코까지 살펴보았고, 그사이에 마르틴 루터의 '교회 개혁'이 근대사회와 어떻게 맞물려 있는가도 짚어보았다.

여기까지 함께한 독자는 이제 차분히 자문해보았으면 한다.

예수는 부활했다고 기독교인들이 말하는데, 그렇다면 지금 어디에 있을까, 예수는.

하늘로 올라가 있을까? 그리고 단 한 번도 내려오지 않은 걸까?

우리에게 사랑을 가르친 예수가 부활한 뒤 지금까지 2,000년 넘도록 하

렘브란트 하르멘스존 반 레인, 세 십자가, 1653.

늘에서 신 옆에 가만히 앉아 있다고 생각해도 좋을까? 그렇지 않다면 부활한 예수를 우리는 어디서 만날 수 있을까?

짐작한 독자도 있겠지만, 이미 예수는 자신을 어디서 만날 수 있는가를 분명하게 일러주었다. 앞에서 '예수는 누구인가'를 물었을 때 이미 인용한 '신의 말씀'에 나온다. 예수를 만날 수 있는 곳을 명확하게 일러준 마태의 기록을 다시 또박또박 옮긴다.

"너희는 내가 굶주렸을 때에 먹을 것을 주었고, 목말랐을 때에 마실 것을 주었으며, 나그네 되었을 때에 따뜻하게 맞이하였다. 또 헐벗었을 때에 입을 것을 주었으며, 병들었을 때에 돌보아주었고, 감옥에 갇혔을 때에 찾아주었다"고 예수는 말했다. 그런 일이 없었다고 의아해하는 제자들에게 예수는 말했다. "분명히 말한다. 너희가 여기 있는 형제 중에 가장 보잘것없는 사람 하나에게 해준 것이 바로 나에게 해준 것이다."

예수가 "분명하게" 말해주었는데도 부활한 예수를 어디서 만날 수 있는지 모르겠다면, 그것은 만날 의지가 없는 사람 아닐까.

아직도 미심쩍어하는 사람에게 예수의 말을 마저 들려주고 싶다. 예수 또한 되풀이해서 다음과 같이 강조했기 때문이다.

"이 저주받은 자들아, 나에게서 떠나 악마와 그의 졸도들을 가두려고 준비한 영원한 불 속에 들어가라. 너희는 내가 주렸을 때에 먹을 것을 주지 않았고, 목말랐을 때에 마실 것을 주지 않았으며, 나그네 되었을 때에 따뜻하게 맞이하지 않았고, 헐벗었을 때에 입을 것을 주지 않았으며, 또 병들었을 때나 감옥에 갇혔을 때에 돌보아주지 않았다."

그들이 "주님, 주님께서 언제 굶주리고 목마르셨으며, 언제 나그네 되시고 헐벗으셨으며, 또 언제 병드시고 감옥에 갇히셨기에 저희가 모른 체하고 돌보아드리지 않았다는 말씀입니까?"라고 항변할 거라고 예상한다고도 말했다. 이어 준엄하게 이미 '심판'했다.

"똑똑히 들어라. 여기 있는 형제들 중에 가장 보잘것없는 사람 하나에게 해주지 않은 것이 곧 나에게 해주지 않은 것이다."(마태복음 25:31~46)

유럽 신학자들은 기독교의 미래를 어떻게 보나?

기독교는 서아시아에서 싹텄지만 세계적 종교로 커나간 곳은 유럽이다. 그곳에서 오늘날의 현대 문명이 발전했다. 유럽의 기독교계는 21세기를 어떻게 전망하고 있는지 20세기가 끝나는 해에 영국 버밍엄 대학을 찾아가 신학대 학장 앤드루 윙게이트와 나눈 이야기이다.

손석춘_ 유럽에서 기독교는 쇠퇴기를 맞고 있다. 젊은 세대로 갈수록 교회에 나가지 않고 문을 닫는 교회도 늘어나고 있다. 원인을 무엇이라고 생각하나?

윙게이트 학장_ 개인주의적 전통이 강한 탓이다. 청소년들에게 부모들이 신앙을 강요하지 않는다. 신앙에 충실했던 옛 세대들이 자연적으로 소멸하면서 전체적으로 기독교인이 줄어들고 있다. 교회 자체가 세속화 현상 속에서 사회구조의 한 부문으로 왜소화한 것도 큰 원인이다. 이에 따라 청소년 대다수가 과거와 달리 이상을 추구하기보다는 실용적 관심에 몰입하고 있다.

손_ 종교 자체도 세속화하면서 현대인은 상품이라는 새로운 우상을 섬기고 있다. 이에 대한 기독교의 대응 방안은 무엇인가?

학장_ 여러 갈래의 대응이 이루어지고 있다. 주말을 이용해 수도원 생활을 함으로써 소비사회로부터 떨어져 살아가려는 현상이 대표적이다. 물질사회 속에서 나름대로 그 사회를 인간화하려는 노력도 있다. 그러나 이런 노력들이 유감스럽게도 상업주의 물결 속에서 결실을 맺지 못하고 있는 것이 현실이다.

손_ 종교가 세속화하는 한편 정반대로 근본주의 경향도 나타나고 있다. 어떻게 보면 서로 통하는 현상인데 양극화 현상을 어떻게 읽어야 하나?

학장_ 근본주의는 깊은 생각을 원하지 않는 사람들에게 매력적이다. 불확실한 세계에서 젊은 세대들은 좀 더 확실성을 추구하게 마련인데 근본주의가 이들에게 큰 호소력이 있는 것이다. 그러나 이는 올바른 방향은 아니다.

손_ 영국은 자본주의의 '발원지'이다. 사회주의 몰락 이후 전 세계가 자본주의 체제로 편입됐다. 21세기 자본주의의 미래를 어떻게 전망하나? 그와 관련해 기독교인의 과제는 무엇인가?

학장_ 자본주의는 우리 모두에게 한 길만을 강조하는데 이는 잘못된 것이다. 자본주의는 우리 환경을 파괴했고, 지나치게 개인주의적으로 흘러 많은 문제점을 드러내고 있다. 기독교인은 소외된 사람들과 삶을 나눌 수 있는 공동체로 가는 새로운 길을 열어가야 한다.

정교회는 21세기를 어떻게 전망할까?

세계적으로 기독교 3대 종단의 하나인 정교회는 로마 가톨릭처럼 중앙 집중을 이루지 않고 있다. 가장 활발한 활동을 펴는 곳은 러시아다. 러시아 정교회의 총대주교 알렉세이 2세가 현직에 있을 때, 모스크바로 찾아가 '새로운 천 년의 기독교'를 주제로 인터뷰를 했다. 대주교는 인간의 본성에 있는 신성을 강조했다. 콘스탄티노플 함락 이후 모스크바가 '정통 교회'의 맥을 이어왔다고 자부한다.

손석춘_ 정교회가 사회주의 몰락 이후 급속도로 늘어나고 있다. 마르크스는 종교를 민중의 아편이라고 말했는데 어떻게 생각하나?

대주교 알렉세이 2세_ 전혀 근거 없는 주장이다. 어떤 아편이 인간에게 두려움을 극복할 힘을 줄 수 있는가. 마약은 가까운 사람에 대한 동정심을 일으키고, 헌신과 봉사를 가능케 하고, 창조물의 완성으로서의 사랑을 가능케 하지 못한다. 종교는 오히려 마약에 대해 가장 성공적인 투쟁을 하고 있다.

손_ 사회주의 몰락 뒤 러시아는 소련이라는 초강대국에서 주변국으로 지위가 크게 떨어졌다. 러시아의 미래를 어떻게 전망하나?

대주교_ 나는 러시아를 외형적 힘으로 강대국이라고 한 번도 생각하지 않았다. 러시아는 위대한 예술과 전통의 나라다. 따라서 나는 당신의 평가에 동의하지 않는다. 러시아는 세계에서 독특한 위치가 있다. 그리고 그 임무는 아직 완수되지 않았다. 러시아를 이해하기 위해 경제적 지표나 군사적 지표를 분석할 필요는 없다.

손_ 인류 차원에서 21세기와 새로운 천 년을 맞는 정교회의 비전은 무엇인가?

대주교_ 20세기는 인류에게 숱한 고난과 수많은 희생을 가져다주었다. 전체주의의 무익한 시도가 있었다. 오직 인간의 본성 안에 있는 신성을 드러냄으로써 인류의 나은 미래를 기대할 수 있다.

손_ 21세기 인류는 무엇을 꿈꿀 수 있을까? 그 꿈에 정교회는 무엇을 할 수 있는가?

대주교_ 러시아 정교회는 지난 세기에 고난과 시험 속에서 예수 그리스도에 대한 믿음을 지켜왔다. 교회는 전 세계에 구세주의 말씀의 진실함을 보여주었다. 우리는 21세기에 러시아뿐만 아니라 모든 인류가 번영할 것을 믿는다. 나는 민족적 자부심이 다른 세계에 대한 폐쇄나 적대가 아니라 사랑과 개방으로 모든 민족과 문화에 봉사할 것으로 믿는다. 고난받고 오래 참은 민족은 지금보다 더 많은 참여를 할 것이다.

예수는 어떻게 기도하라고 가르쳤나?

기독교 신앙에서 기도는 중요하다. 실제로 교회 안팎에서 많은 이들이 기도를 한다. 과연 누구에게 어떤 기도를 하는 게 옳은지 궁금한 사람들이 적지 않을 터다. 예수가 살아 있을 때도 그게 궁금했던 제자가 있었다. 예수에게 어떻게 기도하는 게 좋은가를 물었다. 예수는 "이렇게 기도하라"며 기도문을 일러주었다. 〈마태복음〉을 보면 예수가 직접 기도하는 방법을 또박또박 가르쳐준다. '주기도문'이 그것이다.

"하늘에 계신 우리 아버지, 온 세상이 아버지를 신으로 받들게 하시며 아버지의 나라가 오게 하시며 아버지의 뜻이 하늘에서와 같이 땅에서도 이루어지게 하소서. 오늘 우리에게 필요한 양식을 주시고 우리가 우리에게 잘못한 이를 용서하듯이 우리의 잘못을 용서하시고 우리를 유혹에 빠지지 않게 하시고 악에서 구하소서. (나라와 권세와 영광이 영원토록 아버지의 것이다. 아멘.) (마태복음 6:9~13)

기독교인이라면 익히 아는 기도이다. 그런데 〈마태복음〉의 주기도문 바로 앞에는 주목할 만한 예수의 가르침이 있다. "너희가 기도할 때에 외식하는 자와 같이 하지 말라"고 경고한다. '외식外飾'은 겉으로 꾸미는 일이다.

구체적으로 덧붙여 설명한다. "사람에게 보이려고 회당과 큰 거리 어귀에 서서 기도"하지 말라고 거듭 강조한다. 회당은 성당, 교회다. 다른 사람들 눈에 띄게 기도하는 사람들을 경계한 예수는 이어 "너는 기도할 때에 네 골방에 들어가 문을 닫고 은밀한 중에 계신 네 아버지께 기도하라"고 가르친다.

그런데 한글로 번역된 성경의 주기도문은 히브리 성경의 원문과 차이가 있다. 한글 성경의 "죄지은 자를 사하여준"의 히브리어는 "빚을 탕감해준"이다. 여기서 빚을 탕감해주라는 구체적 의미는 모세가 전한 '신의 말씀'에 이미 또렷하게 나타난다.(신명기 15) 빚을 탕감해주라는 말씀 뒤에 "가난한 사람이 있거든 너희는 인색한 마음으로 돈을 움켜잡거나 그 가난한 형제를 못 본 체하지 말라. 손을 펴서 그가 필요한 만큼 넉넉하게 꾸어주어라"(15:7~8)라고 '명령'한다. 이어 "너희가 사는 땅에서 가난한 사람이 없어지지는 않을 것이다. 너희가 사는 땅에는 너희 동족으로서 억눌리고 가난한 사람이 어차피 있을 것이다. 그러므로 이렇게 너희 손을 뻗어 도와주라고 이르는 것이다"(15:11)라고 거듭 강조한다.

예수가 제자에게 "이렇게 기도하라"며 가르쳐준 기도문에는 명확하게 "빚을 탕감해주라"는 의미가 담겨 있다. 그것을 한글 성경은 "죄를 사하여"라고 '번역'했다. 의식했든 아니든 예수가 직접 가르친 기도문까지 왜곡한 셈이다. 히브리 성경 '원문'으로 주기도문을 읽어야 예수가 살아서 강조한 '사랑'의 뜻이 더 또렷하게 다가오지 않을까.

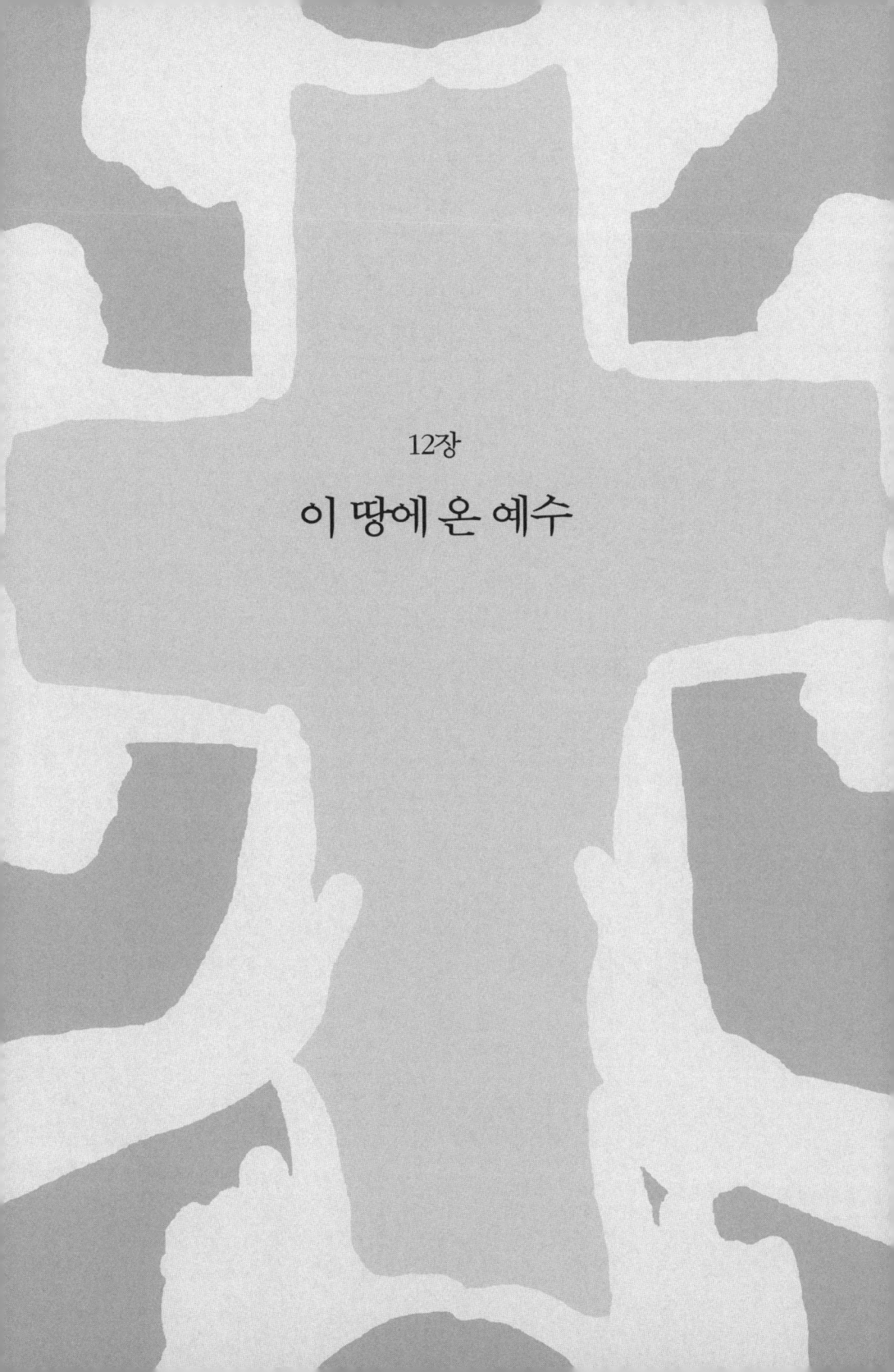

12장

이 땅에 온 예수

말구유에서 예수가 태어난 곳은 아시아 대륙의 서쪽 끝이다. 그 대륙의 동쪽 끝에 한국인이 살고 있다. 한국인과 예수의 만남은 늦어질 수밖에 없었다. 예수의 탄생 이후 지난 2,000년 동안 대다수 한국인의 선조들은 불교의 영향을 받고 있었다. 물론, 조선왕조는 유학에 기반을 두고 있었지만, 유학은 종교라기보다 사상에 더 가깝다. 더구나 조선왕조의 사대부들은 유학을 배웠지만, 대다수 민중에게 영향을 준 것은 불교였다. 기독교와의 첫 만남은 16세기 후반이었다.

조선왕조와 기독교의 만남

1590년대에 조선의 선비 이수광은 사신으로 중국(청나라)에 갔다가《천주실의天主實義》를 구입했다. 그것을 국내에 소개하면서 기독교가 처음 알려졌다.

《천주실의》는 당시 중국에 거주하던 로마 신부 마테오리치 Matteo Ricci 가 한자로 쓴 가톨릭 교리서로 한자 뜻 그대로 옮기면 '하느님에 대한 참다운 토론'이다. 처음에는 서학(서양 학문)으로 선비들 사이에 연구되었지만, 점차 종교로서 기독교(가톨릭)를 받아들이는 사람들이 나타났다.

1784년 이승훈이 중국 베이징에서 세례를 받아 조선인으로 첫 가톨릭 신자가 된다. 조선에서 가톨릭은 《천주실의》에 소개된 '천주'(하느님)를 따라 천주교로 불렸다. 외국 선교사가 들어와 전도하는 과정 없이 선비들 사이의 연구와 토론으로 천주교가 자리 잡았다는 점에서 다른 나라와 큰 차이가 있다.

당시 천주교는 양반계급 가운데 '재야'에 머물던 남인 선비들에게 주자학에 갇힌 조선왕조의 개혁 방안으로 다가왔다. 모든 사람이 천주의 자녀라는 평등사상은 신분제도의 문제점을 체감하고 있던 선비와 평민, 천민들에게 큰 울림을 주었다. 실학을 집대성한 다산 정약용이 천주교에 기울었던 이유도 여기에 있지 않았을까.

무엇보다 중인이나 평민 들은 자신들이 양반과 동등한 자격으로 천주를 예배할 수 있다는 사실에 감동을 느꼈다. 가부장적 질서에 억압되었던 여성에게도 천주교는 매력적이었다. 같은 이유로 권력을 쥔 양반계급이 보기에 천주교의 확산은 위험하게 다가왔다.

1794년 청나라 신부 주문모 周文謨 가 국내에 들어오고 천주교에 대해 국왕 정조의 관용적 태도는 교세 확장에 큰 도움이 되었다. 하지만 정조가 죽고 '세도 정권'이 들어서면서 상황은 급변했다. 노론을 비롯한 집권 세력은 정치적 반대 세력인 남인과 백성 사이에 퍼져가는 진보적 움직임을 좌시할 수 없다고 판단했다. 1801년 어린 순조가 왕위에 오르고 섭정을 한 정순

왕후는 사교邪敎와 서교西敎의 근절령을 내렸다. 그 사건으로 정조의 총애를 받았던 정약용은 유배를 가고 개혁적 선비들이 처형당했다. '신유박해辛酉迫害'로 주문모 신부를 비롯해 교인 100여 명이 처형되고 400여 명이 유배되었다.

신유박해 당시 천주교의 지도자 가운데 한 사람인 황사영의 편지가 발각되어 조선왕조로부터 지속적인 탄압을 받게 된다. 황사영은 신유박해의 전말과 대응책을 흰 비단에 빼곡히 적어 청나라 베이징에 있는 주교에게 보내려고 했다. 흔히 '황사영 백서 사건'으로 불리는데 편지 내용이 지배 세력에게 충격을 주었다. 박해 상황과 순교자들에 대해 적은 것은 별 문제가 없었지만, 문제는 조선교회를 재건하고 신앙의 자유를 획득할 수 있는 방안에 대해 언급한 대목이다. 황사영은 청나라 황제에게 조선도 서양인 선교사를 받아들이도록 강요할 것을 요청했을 뿐만 아니라, 조선을 청나라의 한 성省으로 편입시켜 감독하게 해달라고 간청했다. 더구나 서양의 배 수백 척과 군대 5, 6만 명을 조선에 보내어 신앙의 자유를 허용하도록 조정을 굴복하게 하는 방안을 제시했다.

백서를 입수해 내용을 본 조선왕조 지배 세력은 더는 천주교와 공존할 수 없다고 판단했다. 황사영을 처형했음은 물론, 대대적으로 탄압하게 된 결정적 이유다. 탄압 속에서도 1844년 김대건이 조선인 최초로 신부가 되지만 그를 비롯해 국내에 들어온 외국인 신부들도 처형(순교)당했다. 초대의 글에 언급한 '삼성산 성지'는 김대건을 신부의 길로 이끈 프랑스 신부를 비롯해 새남터에서 처형된 '성인' 세 명이 묻혔던 곳이다.

1882년 조선왕조가 미국과 국제조약을 맺으면서 비로소 가톨릭은 신앙의 자유를 확보할 수 있었다. 이때 개신교(프로테스탄트)도 들어왔다. 1885

년 언더우드Horace Horton Underwood와 아펜젤러Alice R. Appenzeller 목사가 정식으로 선교 사업을 시작했다.

흥미롭게도 천주교와 개신교 모두 조선왕조가 위기를 맞을 때 들어온 사실을 발견할 수 있다. 이수광이 《천주실의》를 갖고 들어올 때 조선은 임진왜란壬辰倭亂으로 사회 전체가 흔들리고 있었고, 개신교가 들어올 때는 '제국주의 열강시대'였다. 개신교는 의료, 교육, 사회 사업에 적극 나서면서 서민들 사이에 퍼져갔다.

하지만 조선왕조가 무너지고 일본 제국주의의 식민지가 되면서 기독교는 어두운 역사를 맞았다. 일본의 신도†가 들어오면서 기독교에도 신사참배를 요구했기 때문이다. 기독교는 처음에 저항했지만 결국 참배를 받아들였다.

천주교(가톨릭)는 1936년 5월 로마 교황청의 훈령을 받고 신사참배를 했다. 교황청 포교성은 "신사는 황실 존경과 애국 용사 존경을 나타내는 애국심의 발로이며 자발적인 것"이라는 성명을 내고 신사참배를 허용했다.

한국 교회의 '장자 교단'인 장로교도 1938년 9월 10일 평양 서문밖교회에서 총회를 열고 신사참배를 다음과 같이 공식 결의했다.

"우리들은 신사가 기독교시에 위반되지 않는 본지本늘를 이해하고 신사참배가 대국적으로 보아 국가의 의식인 것을 자각하고 이에 신사참배를 선서함. 신사참배를 솔선하여 이행하며 더 나아가 국민정신총동원운동에 참가하여 시국 하의 총후 황국신민으로서의 적성赤誠을 다하기를 기함."

천주교와 개신교의 일본 신사참배를 '강요'에 의한 것으로 볼 수도 있다. 하지만 적극적 친일을 한 기독교인들이 있었다는 사실도 분명히 기억해둘 필요가 있다. 오욕의 역사를 되풀이하지 않기 위해서다.

조선인으로서 구약에 관한 논문을 최초로 쓴 양주삼 목사는 '신동아 건설과 반도인 기독교도의 책임' 제하의 글에서 사도 바울이 로마 시민이었던 사실을 들어 "반도인들은 대일본제국의 신민이 된 것을 영광스럽게 여기고 자랑할 것"이라고 주장했다. 양 목사는 "바울이 유대인이면서도 협소한 민족주의를 버리고 로마제국의 시민임을 자랑스럽게 여겼고, 또 이름도 로마식으로 창씨개명한 것처럼 조선 기독교도들도 당연히 그렇게 해야 한다"고 강조했다. 아울러 "바울이 헬라어를 사용하고 신약성경도 헬라어로 기록했던 것처럼 우리도 국어인 일본어를 반드시 사용해야 한다"고 부르댔다.

기독교대한복음교회 교단을 창립한 최태용 목사는 '조선기독교회의 재출발' 제하의 글에서 "조선을 일본에 넘긴 것은 신神"이라며 "우리는 신을 섬기듯이 일본 국가를 섬겨야 한다"고 주장했다. 이어 "우리가 다해야 할 국가적 의무와 지성至誠은 이를 일본 국가에 바쳐야 마땅할 것"이며 "우리는 가장 사랑하는 것을 일본국에 바치도록 신에게서 명령받고 있는 것"이라고 강조했다.

'신의 뜻'이 기독교 지도자들에게 얼마나 뒤틀릴 수 있는가를 보여주는 생생한 보기다. 여기서 그치지 않는다. 조선예수교장로회는 일제의 중국 침략 전쟁이 한창이던 1940년 '전승축하회' 604회, '무운장구기도회' 8,953회, 시국 강연 1,355회를 열고 1941년에는 비행기와 배를 '국방 헌금' 명목으로 바쳤다.

† 일본의 전래 민간신앙이다. 신도神道는 자연, 조상, 영웅, 역대 일본 왕을 비롯해 여러 신을 섬기는 다신교이다. 신사는 바로 그들을 '모신 곳'이다. 이른바 '천황제'와 함께 당시 군국주의 침략 정책의 이데올로기로 활용됐다.

천주교 최초의 한국인 주교 노기남은 '오카모토'란 일본 성으로 경성교구장(현 서울교구장)에 취임할 때 "우리는 충량한 황국신민이 되어야 한다"며 "공연한 비판이나 한탄을 말고 일치협력하며 묵언 복종하라"고 부르댔다. 당시 경성교구는 일본 제국주의를 위해 전몰장병의 위령을 위한 기원성제 2만 9,622회, 시국 강연회와 좌담회 1만 1,592회를 열었고 '미영(미국과 영국) 격멸 비행기 200대 헌납 운동'을 펼쳐 비행기 248대를 살 수 있는 헌금을 바쳤다.

한국 기독교의 오늘과 예수

일제강점기를 지나 기독교 인구가 대대적으로 늘어나는 결정적 계기는 1945년 9월 미군이 군정을 펴면서이다.

분단된 남쪽에 대한민국 정부가 들어서고 '독실한 기독교인' 이승만이 초대 대통령이 되면서 기독교, 특히 개신교는 조직적 지원을 받게 된다.

이승만은 나라의 근원이 교회에 있다고 공공연하게 주장했다. 지금의 기준으로 본다면, 종교의 자유를 보장해야 할 민주주의 사회에서 대통령으로서 용납될 수 없는 발언이다. 하지만 이승만은 단순한 발언에 그친 게 아니라 그것을 국가정책에 반영해갔다. 박근혜 정부가 국사편찬위원장으로 임명한 유영익은 이승만이 "역사상 처음으로 기독교 정권을 창출"하고 기독교를 '장려'했다고 주장할 정도다.

20세기 후반 한국 기독교는 동아시아 국가들 가운데 단연 돋보일 만큼 가파르게 성장했다. 일본이나 중국 어느 나라도 한국처럼 기독교 인구가 많지 않다. 각각 자신의 전통문화나 종교 사상을 지켜가고 있다.

한국에 기독교 인구가 급성장한 것은 미군이 38선 남쪽에 진주했고, 대한민국 건국 이후에도 미국 개신교의 정치적·경제적·문화적 영향력이 지대했기에 가능했던 일이다. 교회를 나가면, 작게는 초콜릿을 얻어먹을 수 있었고, 크게는 미국 유학의 길이 열렸다. 유학을 다녀온 뒤에 개신교의 '인맥'은 '입신양명'의 튼튼한 '줄'이었다.

꼭 그런 이유에서만은 아니겠지만, 대한민국은 세계적으로 유례없을 만큼 빠른 속도로 기독교인이 늘어났다. 그런데 교파 분열 또한 유례없을 만큼 많다. 한국 교회를 '교파 전시장'이라고 부를 정도다. 교회 내부에서 자성의 목소리가 나오는 이유다.

더구나 여러 교파들로 갈라져 있으면서도 미국 개신교의 영향을 깊이 받아 대체로 근본주의 신앙을 '고수'하고 있기 때문에 뜻있는 기독교인들 사이에 큰 우려를 자아내고 있다. 한국 기독교의 성장은 유럽과 미국에서 기독교 인구가 줄어드는 가운데 일어난 현상이기에 그만큼 더 세계 기독교의 주목을 받았다. 미국은 건국 이래 기독교인이 절대다수였지만, 신자가 시나브로 줄어들어 2012년을 기점으로 국민의 절반 이하(48퍼센트)로 떨어졌다.

세계의 흐름과 달리 급성장해오던 한국 개신교도 2000년대에 들어서서 확장이 멈추며 줄어들기 시작했다. 개신교 일부가 '해외 선교'로 방향을 돌리기 시작한 이유다. 모두 그런 것은 아니겠지만, 더러는 '산업화' 현상마저 나타나고 있다. '교회 성장주의'는 대형 교회만의 '신념'이 아니다. 지하실이나 옥상에 자리한 수많은 '개척교회'들의 꿈이다.

천주교 인구는 늘어나고 있어 전체 기독교 인구 비율은 현상을 유지하고 있다. 개신교, 천주교 인구를 합치면, 기독교는 한국 최대의 종교임에 틀림없다. 정치, 경제, 사회의 엘리트 가운데 기독교인이 많아 앞으로도 큰 변화는 없을 전망이다.

기실 문제는 '양'에 있지 않고 '질'에 있다. 이미 미국과 유럽에선 퇴조가 뚜렷한 '근본주의' 신앙이 한국 기독교의 주류이기 때문이다.

한국 개신교가 지닌 근본주의 신앙의 문제점은 곳곳에서 불거지고 있다. 대형 교회의 한 '원로 목사'는 2011년 3월 일본 대지진 직후에 언론과의 인터뷰에서 "하나님을 멀리하고 우상숭배, 무신론, 물질주의로 나가는 일본 국민에 대한 하나님의 경고"라고 주장해 물의를 일으켰다. 서울 강남의 '유력 목사'는 "우상과 귀신이 많은 나라" 일본이 지진을 통해 "체질 개선을 하게 될 것"이라고 주장했다. 이에 앞서 2004년 12월 또 다른 '원로 목사'는 "쓰나미로 8만 5,000명이 사망한 인도네시아 아체라는 곳은 3분의 2가 이슬람교도이고 반란군에 의해서 많은 그리스도인들이 죽임을 당했고 학살당한 곳"이고 "3, 4만 명이 죽은 인도의 첸나라는 곳은 힌두교도들이 창궐한 곳인데, 많은 그리스도인들이 죽고 예배당이 불탔다"고 '풀이'했다.

한국 개신교가 '세계적 규모'라고 자랑하는 대형 교회에선 실제로 '세계적 사건'이 곰비임비 일어나고 있다. 여의도순복음교회, 사랑의교회, 금란교회, 사랑제일교회, 삼일교회에서 잇따라 불거진 '타락 상'은 기독교인 내부에서도 심각한 우려를 자아내고 있다.

특히 여의도순복음교회는 단일 교회로서 세계 최대 규모를 '자부'한다. 하지만 조용기 원로목사와 그의 장남 조희준 전 국민일보 회장 모두 '교회 공금 유용' 혐의로 재판을 받아 사회적 지탄을 받았다. 부자 모두 '불륜' 논란에 휘말렸기에 더욱 그렇다.

　기실 개신교 목사들의 황당한 설교는 하나둘이 아니다. 대표적 보기로 사랑제일교회 전광훈 목사를 들어보자. 이른바 '우익 기독교 정당' 창당을 주도한 전 목사는 2,000여 명의 목사들을 상대로 '성령의 나타남'이라는 주제의 강연(2005년 1월)에서 "이 성도가 내 성도 됐는지 알아보려면 두 가지 방법이 있다. 옛날에 쓰던 방법 중 하나는 젊은 여집사에게 빤스 내려라, 한번 자고 싶다 해보고 그대로 하면 내 성도요, 거절하면 똥이다"라고 말했다.†

　앞서 초대의 글에서 살펴본 목사, 교회 주일예배에서 "세월호 사고 난 걸 좌파, 종북자들만 좋아하더라. 추도식 한다고 나와서 막 기뻐 뛰고 난리

---

† 　'적잖은 독자에게 추잡하게 다가올 수 있는 이야기를 굳이 전하는 이유는 교회의 현실을 있는 그대로 보자는 뜻이다. 전광훈 목사는 그의 발언이 《뉴스앤조이》 단독 보도를 통해 알려지고 파문이 일자 MBC 라디오 〈손석희의 시선 집중〉에 출연해 "그런 표현이 청중들과의 상호 이해, 공감을 바탕으로 했기 때문에 문제되지 않는다"며 언론이 왜곡 보도를 했다고 주장했다. 이에 대해 박성자 기독교여성상담소 소장은 "전 목사 발언은 언어폭력일 뿐만 아니라 여성을 멸시하는 것"이라며 "이런 말을 해도 목사들이 문제 삼지 않는 것이 문제"라고 개탄했다. 전 목사는 《한겨레》 기자와의 해명 인터뷰(2011년 9월 27일 자)에선 "어떤 목사가 여집사와 불륜 관계에 있었다. 그 목사가 검찰에 불려가 조사를 받는 과정에서 '나는 책임 없습니다. 집사님이 꼬셔서 … 나도 피해자입니다'라며 모든 책임을 성도에게 돌렸다더라. 나는 그 목사의 잘못을 설명하는 과정에서 '성도들이 목사 좋아하는 것은 선이 없다. 성경책을 보면 성도들이 사도 바울에게 눈까지 빼준다. 생명도 바친다. 우리 교회 집사님들은 나 얼마나 좋아하는지 내가 빤스 벗으라면 다 벗어. 목사가 벗으라고 해서 안 벗으면 내 성도 아니지. 그런다고 해서 집사들에게 책임을 지우면 되겠느냐'라고 말했다. 이런 맥락에서 한 발언"이라고 주장했다. 전 목사는 '인감도장 가져오지 않으면 내 성도가 아니다'라는 발언도 같은 선상에서 나온 것이라고 주장했다. 그는 "사도 바울에게 생명까지 바치는 성도들이 인감도장 못 가져오냐. 그러나 성도들이 인감도장 가져온다고 해서 그걸 목사가 악용하면 되냐. 내 취지는 성도 중에 집 바치고 통장 바치는 사람이 있는데, 그걸 들고 미국으로 도망가는 목사들도 있어, 그들을 책망하기 위함이었다"고 말했다. 전 목사는 자신의 설교에 대한 비판에 대해 "내가 대한민국 정체성을 들고 문제 삼으며 종북주의자들을 비판하니 그들이 나를 폄훼하는 것"이라고 주장했다. 전 목사는 2013년 3월에는 "전교조 안에 성을 공유하는 사람이 1만 명 있다. 그들은 매 수업시간 5분 동안 6·25를 북침이라고 가르치고 있다"라고 사실과 다른 이야기를 설교해 명예훼손 혐의로 고소돼 벌금 500만 원 처분을 받았다. 전광훈 목사는 이 책을 쓰는 지금 이 순간도 사랑제일교회 담임목사로 활동하고 있다.

야"라고 말한 바로 그 목회자다. 사랑, 그것도 '제일'을 이름으로 내건 대형 교회에서 '예배' 시간에 막말을 '설교'한 전광훈 목사에게 세월호 참사 난 걸 좋아한 "좌파, 종북자들"이 누구인지 단 한 사람이라도 이름을 대보라면 댈 수 있을까?

세월호 참사가 선박 규제 완화에서 비롯됐다는 진실을 나누고 근본적 대책을 촉구하는 시민사회의 움직임에 '마녀사냥의 색깔'을 칠하는 목사들을 보면, 어쩔 수 없이 서양 중세시대의 야만적인 마녀사냥을 떠올리게 된다. 게다가 전 목사는 이미 오래전부터 교회를 통해 '정치'에 나섰다. 2007년 4월 마산에서 열린 영성수련원 집회에선 "만약에 이번 대선에서 이명박 안 찍는 사람은 내가 생명책에서 지워버릴 거야. 생명책에서 안 지움을 당하려면 무조건 이명박 찍어. 알았지?"라고 말했다. 2014년 6월 15일 교회 설교에선 박원순 서울시장의 당선과 관련해 "서울 시민들도 정신이 다 돌았어. 김일성이 오고 남로당의 박헌영이 서울시장 선거 나와도 당선될 분위기가 됐다고. 왜 이렇게 국민들이 멍청해"라고 개탄했다.

전광훈 목사를 보기로 설명했지만 개신교 목사들, 특히 지도자를 자처하는 사람들의 문제점은 하나둘이 아니다. 그 결과가 아닐까. 기독교윤리실천운동(기윤실)이 2014년 2월 발표한 〈2013 한국 교회의 사회적 신뢰도 여론조사〉 결과는 놀랍다. 한국 교회에 대한 우리 사회의 신뢰도는 19.4퍼센트에 지나지 않는다. 한국 교회를 '신뢰한다'는 응답자가 10명 가운데 2명이 채 안 되는 셈이다. 심지어 교인들조차 교회 신뢰도는 절반 이하(47.5퍼센트)로 나타났다. 개신교 교인 두 사람 가운데 하나는 교회를 신뢰하지 않는다는 뜻이다.

하지만 대형 교회를 한국 기독교의 전부로 진단하는 것은 옳지 못하다.

명토 박아 증언하거니와, 한국 기독교에는 예수의 길을 따라 걷는 헌신적인 성직자들이 적지 않았고 지금도 그렇다.

'해방의 신'을 이 땅에 구현하려는 가톨릭 신부들과 '예수 살기'를 온몸으로 실천하는 개신교 목사들이 있다. 고난받는 민중이 곧 예수라고 보는 '민중신학'의 흐름, 군부독재에 이어 새로운 독재와 싸워가는 정의구현사제단의 도저한 흐름으로 예수는 이미 우리에게 성큼 다가와 있는지도 모른다.

자신의 영성에 가만히 새겨볼 세 마디

누구에게나 첫 만남은 중요하다. 첫 단추를 잘못 끼우면 모두 어긋날 수밖에 없다. 기독교도 마찬가지이다. 누구를 통해, 무엇으로, 어떻게 처음 예수를 만났는지 성찰이 꼭 필요한 까닭은 종교가 개개인의 인생에 깊은 영향을 끼치기 때문이다.

지금까지 보았듯이 기독교는 단일 종교가 아니다. 크게는 가톨릭, 정교회, 개신교가 있고, 개신교 안에 헤아릴 수 없을 만큼 많은 교파가 있다. 기독교가 아니라 '기독교들'이라고 하는 게 더 정확한 표현이라고 한 이유다. 같은 교파라 해도 목사나 신부의 성향에 따라 예수를 이해하는 넓이와 깊이, 높이에 큰 차이가 난다.

한국에 들어온 기독교도 여러 갈래로 나눠져 있다. '기독교들' 가운데 내가 어떤 기독교, 어떤 교회와 만났는지 '조감'해보아야 할 까닭은 명쾌하다. 자칫 내 신앙생활이나 예수 이해가 특정 '교파의 우물'에 갇힌 '개구리'

알브레히트 뒤러, 최후의 심판, 1833.

꼴 되기 십상이기 때문이다.

  독실한 신앙생활을 어렸을 때부터 해나갈 때 위험성은 더 커진다. 모태 신앙은 더 말할 나위가 없다. 자신의 인생 전부가 우연히 처음 만난 '특정 교회의 우물'에 갇힐 수 있어서다. 내가 지금 다니는 교회가 정말 '참 기독교'라고 생각해도 과연 좋을까라는 질문이 꼭 필요하다. 우물에 갇혀 있는 존재가 도저하게 흐르는 강물의 세계를 알 수는 없다. 하물며 바다는 상상할 수도 없을 터이다.

  대형 교회 목사들의 발언에 아무런 문제의식을 느끼지 못하는 기독교인이 옆에 있다면, 시시비비를 가리기는커녕 보수와 진보의 시각 차이로 편리하게 넘겨버리는 교인이 있다면, 이 책을 그 사람과 꼭 같이 읽고 토론해주기를 당부한다. 그 사람은 물론, 그들이 '교파의 우물'에 가둔 예수를 자유롭게 풀어주어야 옳기 때문이다.

  자신의 종교가 수많은 기독교들 가운데 무엇인가를 정확히 짚어보는 게 중요한 까닭은, 신앙이 굳어진 다음에는 자신의 종교를 객관적으로 바라보기 어려워서다. 자신의 신앙과 조금만 다른 이야기를 하면 방어적이 되거나 심지어 이단시하고 적대적인 사람들은 이미 한국에도 차고 넘친다. 그들은 모든 사안을 '보수'와 '진보'의 틀로 나누어 바라봄으로써, 무엇이 진정한 복음인지, 또 무엇이 진정한 '하나님 뜻'인지 성찰하지 않는다.

  세련된 말을 할 뿐 실제 설교 내용은 '예수천국 불신지옥'을 외치는 '지하철 선교 논리'와 전혀 다르지 않은 '성직자'가 의외로 많은 현실 앞에 예수는 얼마나 고통스러워할까?

  여기까지 꼼꼼하게 읽은 독자들은 그 질문에 스스로 답을 쓸 수 있으리라고 믿는다. 독자 스스로 예수를 만나 대화를 나눠야 할 이유다.

기독교인이든 아니든 예수와의 커뮤니케이션은 자기 성숙에 큰 도움이 된다. 물론, 뒤틀린 커뮤니케이션은 성숙에 큰 걸림돌이다. 예수를 만나 대화하기 전에 자신의 영성에 가만히 던져보면 좋을 성경의 세 구절을 소개한다.

신은 사랑이다. 사랑으로 살아가는 사람은 신 안에 살며 신도 그 사람 안에 살고 있다.(God is love. Whoever lives in love lives in God, and God in him.)(요한1서 4:16)

내가 너에게 새로운 계명을 준다. 서로 사랑하라. 내가 너를 사랑한 것처럼 너희도 서로 사랑하라.(A new command I give you: Love one another. As I have loved you, so you must love one another.)(요한복음 13:34)

주님이 너에게 무엇을 요구하는가? 정의롭게 행동하고 자비를 사랑하며 신과 함께 겸손히 걸어가라.(What does the LORD require of you? To act justly and to love mercy and to walk humbly with your God.)(미가 6:8)

이제 긴 이야기에 마침표 찍을 때가 되었다. 성경이 증언하듯이 예수가 지상에서 가르친 고갱이는 사랑이다. 가장 쉬운 언어로 가장 깊은 사랑을 온몸으로 깨우쳐준 예수는 아름답다.

기독교 2,000년 역사에는 예수가 일러준 사랑을 실천하는 데 헌신한 '은자'들이 밤하늘의 뭇별처럼 총총 빛나고 있다.

한국 기독교로 좁혀도 예수의 길, 사랑의 길을 올곧게 걸어가는 신부와 목사를 알고 있기에 얼마든지 '증언'할 수 있다. 반면에 '성직'을 '장사'로 여기는 '목회자'들도 분명히 있다. 그런 목회자들이 대다수라고 증언하는 기독교인들이 적지 않다.

예수가 죽음으로 보여준 '사랑'의 고갱이는 온전히 가르치지 않으면서, 교회만 나오면 '하나님의 선택'을 받은 것이라거나 '천국행 티켓'을 확보한 것이라고 때로는 은밀한 유혹을, 때로는 은근한 협박을 서슴지 않는 교회는 없는지 둘러볼 일이다. 아니, 그보다 더 먼저 할 일이 있다. 바로 자신을 돌아보는 일이다.

정직하게 자문해보자. 가난한 사람, 몸이 불편한 사람, 외로운 사람들, "가장 보잘것없는 사람"들에게 나는 지금 어떤 눈길을 보내고 어떻게 행동하고 있는가? 그 물음을 깊이 성찰할 때, 바로 그 순간에 부활한 예수를 만날 수 있다.

방언은 성령의 증거인가?
사탄의 증거인가?

한국 개신교는 '방언'이 많다. 어느 목사가 공언했듯이 "한국의 정상급 / 유명 목회자 / 부흥강사 들을 비롯해 수많은 교계 인사와 사역자들"이 방언을 하고 있다.

방언은 무엇일까. 한국의 대형 교회에는 방언을 '성령이 임재한 외적 증거'라고 가르치며 적극 권장하는 목사들이 적지 않다. 개척교회에서도 설교 중에 직접 방언을 하는 목사가 있다. 그들에게 방언은 '성령의 증거'이고 '신과의 교제'이다.

하지만 방언을 '사탄의 증거'라고 비판하는 목사들도 있다. 성령의 참뜻을 왜곡한다는 뜻이다. 미국 반석장로교회 정이철 목사는 "교회를 말씀에서 벗어나게 만드는 가장 효과적인 사탄의 무기는 거짓 은사이다. 신자들이 마귀가 풀어놓은 거짓 은사의 세계에 빠져들면 건전한 '신앙의 틀'이 급속하게 변형된다. 그리고 동시에 엄청난 확신, 헌신, 열정이 일어난다.

그래서 미혹의 영이 일으키는 거짓된 은사를 분별하는 싸움은 그 어떤 문제보다 어렵고 고약하다. 바른말을 해주어도 깨닫기는커녕 오히려 '성령 훼방'을 들먹이는 경우가 다반사"라고 말한다.

정 목사는 "방언이라고 오도되는 옹알거림 현상은 무슬림, 힌두교, 모르몬교, 불교, 샤머니즘, 최면 실습 등의 다양한 다른 종교들에서도 나타난다"면서 기독교에서 방언은 1900년대 초 미국의 이단들에 의해 시작되었다며 실증적 자료들을 제시한다.

방언의 정당성을 적극 주장하는 사람들이 곧잘 인용하는 성경 구절이 있다. "믿는 자들에게서 이런 표적이 따르리니 곧 저희가 내 이름으로 귀신을 쫓아내며 새 방언을 말하며 뱀을 집으며 무슨 독을 마실지라도 해를 받지 아니하며 병든 사람에게 손을 얹은즉 나으리라 하시더라"(마가복음 16:17~19)가 그것이다.

하지만 여기서 방언은 예수의 가르침을 전파하는 과정에서 전혀 배우지 않은 외국어를 성령의 역사하심으로 즉시 구사하면서 복음을 설명하는 은사였다고 풀이한다. 아무도 알아들을 수 없는 '옹알거림'이 아니라는 것이다.

정 목사는 예수가 말한 '방언'이 현대의 옹알거림을 뜻한다면, 독사를 맨손으로 잡아도 거뜬해야 옳지 않겠느냐고 반문한다. 실제로 2014년 2월에 참사가 일어났다. 옹알거리는 소리를 성경의 방언이라고 믿는 미국 목사 제이미 쿠츠Jamie Coots가 독사를 맨손으로 잡았다가 물려 죽었다. 동일한 실험이 2012년에도 있었다고 한다.

기독교 역사를 돌아보면 방언은 성경이 완성되기 전에 복음 계시를 보충하였던 임시적인 '계시 은사'로 해석되어 그 뒤 자취를 감추었다. 그러다가 미국에서 1900년 초에 등장한 게 사실이다.

방언이 '성령의 증거'인지 아니면 '사탄의 증거'인지에 대해 굳이 단정할 필요는 없다. 방언을 인정하지 않는 사람들에게도 '사탄'이라는 말에는 거부감을 느낄 수 있기 때문이다.

다만 성경에 근거한 개신교 신학자들의 절대다수가 '옹알거림'의 방언을 인정하지 않는다는 사실은 유념할 필요가 있다. 가톨릭은 물론 개신교의 대다수 교파와 교회 들도 그렇다.

물론, 국내에는 방언을 성령의 증거로 주장하는 미국 목회자들의 책도 번역되어 출간된다. 미국 교회에 막연한 동경을 지닌 사람들, 특히 사대주의에 사로잡힌 기독교인들에게는 '효과'가 클 수밖에 없다. 그 책을 탐독하는 개신교인들은 당연히 방언이 마치 기독교의 시대적 흐름으로 이해하기 십상이다. 하지만 명백한 오해다.

판단과 선택은 자유이지만 '방언 기도'를 하는 한국의 개신교인들은 세계적 흐름과 동떨어진 신앙생활을 하는 셈이다.

성령과 영성이 '한국 교회 스타일'인가?

"주여~ 주여~"

"중남미에도 '한국 교회 스타일' 성령 바람" 제하의 신문기사 첫 문장이다(국민일보 2012년 11월 12일 자). 기사는 "서울에서 1만 4,800킬로미터 떨어진 지구촌 반대편 중남미에 '한국 교회 스타일' 성령의 바람이 불었다"면서 여의도순복음교회 이영훈 담임목사가 콜롬비아와 볼리비아에서 중남미 복음화를 위한 '성회'를 개최한 사실을 보도했다. 이 목사는 "우리는 지금 성령의 시대에 살고 있으며 성령의 강력한 임재를 체험하기 위해선 갈보리 십자가 밑에서 긍정적으로 믿고 생각하고 꿈꾸고 말해야 한다"면서 "절대 부정적 말에 귀 기울이지 말고 하나님의 위대한 기적, 축복을 꿈꾸라"고 당부했다고 한다. 그는 "어제나 오늘이나 내일이나 동일하신 예수님은 지금 우리와 함께 계시며 위대한 기적을 행하신다"면서 '성령의 역사'를 다시 강조했다. 기사는 이 목사가 "전 세계적으로 싸이의 '강남스타일'이라는 노래가 대세지만 전 세계 교회는 여의도순복음교회 스타일의 기도가 대세"라며 참석자들과 함께 "주여"를 외치며 "뜨겁게 기도하는 시간을 가졌다"고 보도했다.

물론, 우리는 이 기사를 편집한 국민일보의 '소유주'가 다름 아닌 여의도 순복음교회라는 사실을 감안하고 읽어야 한다. 하지만 비단 순복음교회만이 아니다. 한국 교회는 유난히 성령을 강조한다.

그렇다면 성령과 영성은 무엇인가. 방언을 긍정하는 미국 복음주의 목회자 존 비비어 John Bevere 는 "성령은 예수님과 같다. 아버지를 알면 예수님을 알 수 있고, 예수님을 알면 성령을 알 수 있다"고 주장한다. 그는 성령이 우리가 신과 더 깊은 교제로 들어갈 수 있는 능력을 준다고 강조한다.

비비어의 글에서도 엿보이듯이 성령 Holy Spirit 은 삼위일체의 한 위격이다. 구약에서 '성령'으로 번역되는 히브리어는 루아흐 ruach 인데, '바람'과 '숨결'을 뜻한다. 예수는 성령을 '보혜사 保惠師'라고 지칭했다.

"내가 아버지께 구하겠으니 그가 또 다른 보혜사를 너희에게 주사 영원토록 너희와 함께 있게 하리니 그는 진리의 영이라 세상은 능히 그를 받지 못하나니 이는 그를 보지도 못하고 알지도 못함이라 그러나 너희는 그를 아나니 그는 너희와 함께 거하심이요 또 너희 속에 계시겠음이라." (요한복음 14:16~17)

여기서 볼 수 있듯이 성령은 '또 다른 보혜사 another Counselor'이고 '진리의 영 the Spirit of truth'이다. 예수가 성령을 '또 다른 보혜사'라고 한 데서 우리는 예수가 '보혜사'를 자임했다고 풀이할 수 있다. 보혜사의 헬라어 '파라클레토스 paracletos'는 상담자 Counselor 의 뜻과 함께 '위로하시는 분 Comforter'과 '도우시는 분 Helper'의 의미를 함축하고 있다. 예수가 성령을 소개하며 선택한 '보혜사'는 인간의 연약함을 꿰뚫고 있어서라고 풀이할 수 있다. 예수는 그 보혜사가 우리 안에 있다고 간곡히 일러주었다.

바로 그렇기에 영성 spirituality 은 다른 것이 아니다. '예수 그리스도의 인도와 성령의 도움으로 형성되며, 그리스도교 신앙에 입각한 신관과 세계관, 윤리관, 가치관을 모두 포함'하는 개념이다.

따라서 성령과 영성은 "주여~"를 되풀이해 부르대거나 옹알거림에서 찾을 수 있는 게 아니라 예수가 가르친 진리를 실천하는 현장에서 찾을 수 있다.

예수가 성령을 '진리의 영'이라 부르고 '보혜사'라 한 것은 '가난한 이웃을 사랑하라'는 진리의 실천이 인간에겐 얼마나 어려운가를 간파했기 때문으로 볼 수 있다. 딱히 특정 교파의 교회만의 문제가 아니라 작금의 한국 교회가 '성령과 영성'에 얼마나 가까운가를 냉철하게 짚어보아야 할 이유도 여기 있다.

나가는 글

예수가 당신에게 던지는 질문

지금까지 우리는 역사적 예수를 찾고 그 이후 2,000년에 걸친 기독교사에 나타난 예수의 모습을 톺아보았다. 독자 가운데는 그것으로 예수를 만났다고 하느냐고 힐난할 수 있을 터다. 옳다. 만일 2,000년 전 지상에 실존했던 예수와 그의 이름으로 전개된 역사를 짚어보며 "만났다"고 주장한다면 싱거운 사람 되기 십상이다.

하지만 나는 이미 이 책에서 내가 만난 예수를 증언했다. 갸우뚱할 독자를 위해 더 또렷하게 쓴다. 기자 시절부터 정기적으로 시사 칼럼을 신문에 기고해온 나는 2014년 3월에 서울 석촌동의 세 모녀 자살 사건을 고통스럽게 적었다. 집주인에게 줄 월세를 넣은 하얀 봉투가 유서처럼 남아 뭇사람의 가슴을 적신 비극이었다. '가장'이 병으로 숨을 거둔 뒤, 생계를 책임진 어머니마저 드러누우면서 세 모녀는 살아갈 길이 막막했다.

나는 그 먹먹한 참극 앞에서 서울 인근의 '부평 참극'을 떠올렸다. 칼럼은 물론 책†을 쓰면서도 상세히 소개한 사건이다. 2003년 7월에 가난과 빚에 절망한 30대 여성이 세 자녀를 고층 아파트에서 떨어뜨리고 투신했다.

아이들이 마지막 순간까지 살려달라고 애원했다는 이웃의 증언이 지금도 내 무딘 감성을 때린다. 그 참극이 벌어진 뒤 10년 넘도록 이 나라에는 저마다 국민을 섬긴다는 대통령이 들어섰다. 당시 집권 초기였던 노무현을 비롯해, 국민성공 시대를 약속한 이명박에 이어 국민행복 시대를 공약한 박근혜가 대통령이 되었다. 하지만 아무것도 나아진 게 없다.

어린 세 자녀를 죽이고 자살한 30대 여성은 연립주택 단지에서 주민들로부터 '천사표'로 불렸다. 비단 '천사' 여성과 자녀들만이 아니다.

두 참극 사이에 이 땅에선 나무에 목을 맨 '가장'들이 있다. 경기도 고양에서 아내와 붕어빵 노점상을 하던 가장은 단속반에게 아내가 폭행당하고 생계가 막연해진 다음 날 공원 나무에 목을 맸다. 일용직 건설 노동일을 하면서 병든 아들과 단둘이 살던 또 다른 가장은 아들이 자기 때문에 기초생활수급자로 지정되지 못하자 자기가 사라지니 아들이 '혜택'을 받을 수 있게 해달라는 유서를 남기고 여의도에서 나무에 목매 자살했다. 공원의 나무에 매달린 두 '아버지'의 마지막 모습에서 우리는 오늘의 '십자가'를 발견할 수 있지 않을까.

그 참극들을 꾹꾹 눌러 써갈 때, 내 마음속에 든 생각은 고백하거니와 '우리가 다시 죽인 예수'였다.

여기서 다시 마태 기자가 기록한 '예수의 당부'를 읽어보자. 예수는 '최후의 심판'에서 곧 영원히 '저주받을 자'들에게 그 이유를 들려준다.

"너희는 내가 주렸을 때에 먹을 것을 주지 않았고, 목말랐을 때에 마실 것을 주지 않았으며, 나그네 되었을 때에 따뜻하게 맞이하지 않았고, 헐벗었을 때에 입을 것을 주지 않았으며, 또 병들었을 때나 감옥에 갇혔을 때에 돌보아주지 않았다."

예수의 '서릿발 심판'에 곧 '저주의 불구덩이'로 영원히 들어갈 사람들이 앞을 다투며 항변한다.

"주님, 주님께서 언제 굶주리고 목마르셨으며, 언제 나그네 되시고 헐벗으셨으며, 또 언제 병드시고 감옥에 갇히셨기에 저희가 모른 체하고 돌보아드리지 않았다는 말씀입니까?"

몹시 억울해하는 그들에게 예수는 단호히 말한다.

"똑똑히 들어라. 여기 있는 형제들 중에 가장 보잘것없는 사람 하나에게 해주지 않은 것이 곧 나에게 해주지 않은 것이다."(마태복음 25:42~46)

그렇다. '천사표'로 불릴 만큼 사랑하던 세 자녀를 고층 아파트 꼭대기에서 던지며 삶을 마감한 그 사람, 먹고사는 돈을 감당할 수 없어 함께 자살한 지하방의 세 모녀, 바로 그들이 예수가 말한 '가장 보잘것없는 사람'이다. 아니, 바로 부활한 예수다, 아니 이 땅의 우리가 다시 죽인 예수다.

예수의 가르침대로 기자로서 쓴다. 그 사람에게 우리가 해주지 않은 것이 곧 예수에게 해주지 않은 것이다. 그 사람이 바로 예수다.

2,000년 전 부활한 예수는 우리 삶의 주변에 "가장 보잘것없는 사람"으로 와 있다. 그것이 내가 만난 예수, 나의 '간증'††이다.

---

† 손석춘, 《무엇을 할 것인가》, 시대의창, 2014.
†† 아직도 미덥지 않게 볼 독자들을 위해 2004년 성탄절 직후에 쓴 칼럼 "2004 세밑 '예수'의 죽음"을 소개한다(《오마이뉴스》, 2004년 12월 29일 자). "시린 겨울 밤. 문밖을 본다. 빨간 십자가들이 곰비임비 반짝인다. 기독교가 급성장한 공화국. 대한민국이다. 세밑이면 더하다. 십자가 아래마다 기쁨과 축복이 넘친다. 예수. 기독교인의 구세주. 그는 조롱과 학대 속에 살해되었다. 평생을 노동자로 일했다. 목수였다. 문제는 고난이, 예수의 고통이, 오늘 이 땅에서 끊임없이 벌어진다는 데 있다. 김춘봉. 마흔아홉 살. 남해에 태를 묻었다. 스무 해 넘도록 한 일터에서 삶을 바쳤다. 한진중공업. 가난한 노동자로선 어림잡기 힘든 천문학적 순익을 기록했다. 그런데도 '희망퇴직'을 강요했다. 그리고 2004년 12월. 20대, 30대, 40대를 온전히 바친 일터에서 목을

예수의 당부는 간곡함을 넘어 더없이 곡진하다. "내 계명은 이것이다. 내가 너희를 사랑한 것과 같이, 너희도 서로 사랑하여라"라고 당부한 예수는 "내가 너희에게 명한 것을 너희가 행하면, 너희는 나의 친구이다.(You are my friends if you do what I command.)"(요한복음 15:14)

그랬다. 예수는 '신'으로 모셔지길 원하지 않았다. 이 책을 쓰고 있는 나는 물론, 읽고 있는 당신까지 모두 친구가 되길 열망했다.

어떤가. 과연 우리는, 아니 나는, 부활한 예수 앞에 '친구'를 자임할 수 있을까?

아니다. 부활한 예수는 내게 준엄하게 물었고, 지금도 묻고 있다.

이 책에서 이미 소개했듯이 부활한 직후 예수가 던진 물음이다. 그 물음을 다시 꾹꾹 눌러 쓴다.

"네가 정말 나를 사랑하느냐?"

베드로만 예수를 배신한 것은 아니다.

예수의 이름 아래 전개된 2,000년 기독교사에서 얼마나 많은 배신이 있었던가, 기독교의 이름으로. 저 거친 '하나님의 뜻'으로.

예수는 왜 베드로에게 세 번이나 반복해 물었겠는가.

"네가 정말 나를 사랑하느냐?"

하여, 다시 쓴다.

예수는 베드로를 용서했다. 다만, 무조건 용서하지 않았다. "네가 나를 사랑하느냐?"고 세 번 물어 대답을 듣는 과정을 거쳐 용서했다. 그 용서는 베드로로부터 새로운 다짐을 받는 '언약'이기도 했다.

예수는 언약을 받은 뒤에 베드로에게 결연히 말한다. 그 말을 오늘의 숱한 '베드로'에게 옮겨 쓴다. 이 책의 마지막 문장을 쓰는 지금 이 순간에도 어김없이 찾아와 내게 묻고 있는 예수를 '증언'하며 또박또박 쓴다.

"나를 따르라."

멨다. 그렇다. 눈물과 분노를 삼키며 쓴다. 그곳 난간에 목을 맬 때까지 얼마나 외로웠을까. 지천명을 앞둔 노동자는. 얼마나 대한민국이 서러웠을까. '부탁도 하고 애원도 해보았지만 모두 허사다. 계약 만료일이 되면 쫓아내겠지. 다시는 이런 비정규직이 없어야 한다. 나 한 사람 죽음으로써 다른 사람이 잘되면…. 비정규직이란 직업이 정말로 무섭다.' 하지만 '피 묻은 유서'는 어느새 잊혀간다. 신문과 방송의 외면과 축소 탓이다. … 2004년이 열릴 때 '비정규직 차별철폐' 유서를 남기고 몸을 불태운 박일수. 그리고 세밑에 목을 맨 김춘봉. 지금 이 순간도 숱한 비정규직 노동자들이 고통받고 있다. 오늘 우리 사회의 고통을 온몸으로 받아안은 비정규직 노동자, 저 수많은 김춘봉이 바로 예수 아닐까. 하여, 묻는다. '예수'를 살해한 자, 오늘 누구인가. 비정규직 문제를 살천스레 정규직 탓으로 돌리는 저 부자 신문과 천박한 재벌, 그리고 정치권력이 '공범' 아닌가." 이 칼럼 '2004 세밑 예수의 죽음'을 쓰며 나는 한겨레신문사 논설위원 정규직에 사표를 냈고 2005년 1월 1일부터 2년 동안 비정규직으로 일했다. 예수의 죽음, 아니, 예수의 부활과 예수 살해는 지금도 곰비임비 이어지고 있다.

기독교 연표

기원전 2000년경 아브라함 Abraham 이 야훼 신앙 형성.

기원전 13세기 모세 Moses 가 이끈 유대 민족의 이집트 탈출(출애굽 사건), 40년 동안 광야 생활 후 가나안에 정착.

기원전 11세기 유대인의 지도자 사울이 펠리시테인(팔레스타인은 '펠리시테인의 나라'라는 뜻)들과 싸워 가나안 땅을 차지하고 이스라엘 왕국 세움.

기원전 10세기 솔로몬 왕 이후 이스라엘 왕국은 북쪽의 이스라엘 왕국과 남쪽의 유대 왕국으로 나뉨.

기원전 722년 이스라엘 왕국이 아시리아 Assyria 왕에 의해 멸망함.

기원전 586년 유대 왕국은 바빌로니아 왕에 의해 멸망함.

기원전 587~기원전 538년 바빌로니아가 유대 왕국을 정복하고 유대인을 바빌론에 포로로 사로잡은 '바빌론 유수'. "죄를 회개하고 야훼께 돌아가자"는 신앙 회복 운동의 열매로 유대인은 유대교를 민족종교로 정립해감.

기원전 4년 또는 기원 로마제국 식민지 유대인 땅에서 예수 탄생.

64년 로마제국의 기독교인 박해 시작.

67년 기독교를 정립한 베드로와 바울 순교.

313년 로마 황제 콘스탄티누스 1세 Constantinus I 의 '밀라노 칙령 Edict of Milan'으로 300여 년 동안 박해받아온 기독교가 공인됨.

325년 니케아 공의회 Council of Nicaea 에서 '니케아 신조 Nicene Creed'를 채택함으로써 아버지인 신과 아들인 예수의 관계를 동질적이라고 규정함.

330년 로마제국 콘스탄티누스 황제가 콘스탄티노플을 '새로운 로마'로 정하고 수도를 옮김.

367년 알렉산드리아의 주교 아타나시우스 Athanasius 가 떠돌던 책자들 가운데 27권을 선정해 '신약성경'으로 확정.

381년 콘스탄티노플 공의회에서 삼위일체론 정립. '하나의 본질, 세 위격'인 성부·성자·성령은 서로 구별되지만 각각의 영원성과 능력은 동등하다고 결론 내림.

392년 로마 황제 테오도시우스 1세 Theodosius I. 기독교를 로마제국의 '국교'로 선포.

395년 테오도시우스 황제가 죽으면서 제국을 양분하여 동로마를 큰아들 아르카디우스 Arcadius, 서로마를 작은 아들 호노리우스 Flavius Honorius 에게 각각 물려줌으로써 동로마와 서로마로 갈라짐.

476년 게르만족 용병대장 오도아케르 Odoacer 가 로마 함락. 서로마제국 멸망.

610년 무함마드 Muhammad 가 동굴에서 천사를 만나 계시받음으로써 이슬람교 탄생.

1054년 기독교 교회가 동서로 분열. '보편적' 교회라는 뜻의 '가톨릭'은 로마 교황을 중심으로 한 로마 가톨릭으로, 콘스탄티노플을 중심으로 한 동쪽 교회들은 자신들이 '정통적'이라는 뜻에서 '정교회 Orthodox Churches'로 갈라섬.

1077년 '카노사의 굴욕 Humiliation at Canossa'. 하인리히 4세 Heinrich IV와 교황 그레고리우스 7세 Gregorius VII가 성직자 인사권을 놓고 정면충돌해 교황이 황제를 파문하자 황제가 교황을 찾아가 용서를 구한 사건. 이후 하인리히는 왕권을 안정시킨 뒤 로마를 침공해 교황 그레고리우스 7세를 내쫓음.

1095년 교황 우르바누스 2세 Urbanus II가 공의회 연설을 통해 이교도와의 성전을 호소. '십자군' 탄생.

11세기 말~13세기 말 8차례에 걸친 십자군 전쟁.

1453년 오스만투르크 제국이 콘스탄티노플 점령. 동로마제국 멸망.

1517년 마르틴 루터 Martin Luther가 비텐베르크 교회 문에 교황의 '면죄부 판매'를 비판하는 95개조 논박문 게시. 교회 개혁이 불붙기 시작함. 로마 교황청은 루터를 정죄하고 파문.

1524년 루터의 영향을 받아 자유롭고 평등한 '신의 나라를 갈망한 유럽의 농민들이 종교 권력과 세속 권력이 결합한 중세의 지배질서에 맞서 봉기. 하지만 기대와 달리 루터는 농민들을 '악마'로 규정. 루터와 함께 교회 개혁에 나섰던 뮌처 Thomas Müntzer 신부는 루터를 비판하며 농민들 쪽에 서서 봉기에 참여. 농민 10만 명이 학살되고 뮌처 신부도 참수당함.

16~17세기 유럽 전역에서 마녀사냥이 극성을 부림.

1532년 유럽을 넘어선 기독교 전파. '십자가'의 이름으로 잉카제국의 왕과 주민 학살.

16세기 루터가 불 지핀 교회 개혁 이후 가톨릭과 독립된 개신교(프로테스탄트)가 퍼져나감. 처음에는 유럽에서, 그 뒤 아메리카에 이어 전 세계로 확대. 개신교가 퍼져나가면서 장로교, 회중교, 침례교, 감리교 등 여러 종파로 분화 또는 분열. 특히 영국 왕 헨리 8세 Henry VIII는 로마와 결별하고 왕이 교회의 '수장'을 겸임,

'영국 국교회'(성공회)를 세움.

1590년대 조선의 선비 이수광이 중국에서 가톨릭 교리서인 《천주실의_天主實義_》를 국내로 들여옴.

1618~1648년 유럽 가톨릭과 개신교 사이에 '30년 전쟁'이 벌어짐.

1784년 이승훈, 조선인 최초로 세례받음.

1885년 미국 선교사들이 조선에 들어와 개신교 선교. 개신교가 들어올 때 '기독교'로 부름으로써 이미 들어와 있던 기독교인 천주교와 전혀 다른 종교처럼 오해를 낳음.

1945년 일본 제국주의가 패망하고 미군이 38선 남쪽에 들어오면서 기독교, 특히 개신교 인구가 폭발적으로 늘어남.

1984년 로마 교황청이 한국에서 순교한 103명을 성인_saint_으로 추대. 한국은 이탈리아, 에스파냐, 프랑스 다음으로 성자가 많은 나라 됨.

2013년 세계교회협의회_WCC_ 총회가 부산에서 열림. 세계 345개 교단이 참여한 총회는 모든 교회에 '정의와 평화로의 순례_Join the Pilgrimage of Justice and Peace_'를 요청하고 폐막.

2014년 교황 프란치스코_Francis_ 방한.

찾아보기

ㄱ

가브리엘 37, 50
가톨릭(교회) 7, 20, 33, 42, 43, 45, 51, 52, 98, 100, 102, 116, 128, 152, 170, 173, 175~178, 181, 187, 190~195, 199, 200, 203~206, 215, 219, 224, 226, 229~232, 235, 241, 249, 250, 254, 279~281, 283, 310, 318~320, 327, 334, 346~348
《가톨릭교회의 통일》 115
개신교 7, 16~20, 33, 38, 42, 43, 51, 52, 98, 100, 175, 177, 181, 187, 191~194, 199, 202, 204, 206, 210, 224, 229~232, 235, 249, 251, 291, 304, 319, 320, 322~327, 332, 334, 347, 348
겔라시우스 163
〈견인의 은사에 대하여〉 139
《고백록》 136
구세군 교회 205, 206
구세주 (예수) 대성당 294, 297~299
구스타프 2세 250
구티에레스, 구스타보 163
그레고리우스 1세 163
그레고리우스 3세 279, 280
그레고리우스 7세 147, 148, 164, 347
그리스 정교회 191
《기독교인의 자유》 175
기드온 221
김대건 319

ㄴ

네스토리우스(파) 42, 123~125
니케아 공의회 119, 120, 122, 128, 346
니케아 신조 120, 122, 123, 208

ㄷ

다리우스 76
다신론(교) 25, 28, 29, 39, 321
대분열 188, 191, 208
《대조표》 117
데키우스 104
도미티아누스 103
동로마제국 135, 148, 149, 153, 155, 163, 167, 188, 190, 191, 208, 274, 280, 346, 347
디오클레티아누스 104, 111

ㄹ

라스카사스 239~244, 254, 260, 261
러시아 정교회 191, 196~311
레미, 니콜라스 228
레오 10세 169, 173, 191, 192
로마 교황청 42, 52, 149, 150, 163, 173, 174, 220, 254, 277, 279, 320, 346~348
로마제국 57, 58, 60, 75~77, 82, 100, 102~108, 111, 114, 115, 120, 125, 126, 135~137, 141, 143~145, 191, 225, 321, 345, 346

루이 7세 155
루이 9세 156, 164
루터, 마르틴 170, 172~177, 179~182, 187,
 191, 200, 202, 206, 215~217, 219~222,
 224~226, 230, 233, 234, 278, 304, 347
루터교(파) 194, 202, 230
리처드 1세 156

ㅁ

마르크스, 카를 294~296, 298, 310
마르키온(주의) 115~118
막센티우스 111
맘몬 132, 246, 274, 282
메츠, 요한 밥티스트 252
면죄부 169, 170, 172, 173, 191, 192, 215,
 217, 347
몰트만, 위르겐 78, 252
무함마드 38, 39, 41, 47~49, 149, 346
뮌처, 토마스 215, 217, 219~222, 225, 234,
 347
밀라노 칙령 112, 346

ㅂ

바다 공동체 254
바오로 6세 191
바티칸 공의회 193, 195, 251
발레리아누스 104
베스트팔렌 조약 231
보니파키우스 8세 164
보르자, 로드리고 165
보르자, 체사레 166
보름스 협약 152
〈복음의 기쁨〉 281

부스, 윌리엄 206
부시, 조지 W. 255~257, 262, 263, 271, 272
브라마 28
브라운, 로버트 204
비비어, 존 336
비슈누 28
비잔틴 148~153, 156, 157, 167, 190
빅토르 3세 148

ㅅ

사벨리우스주의 119
사보나롤라, 지롤라모 166
샤를마뉴 대제 144, 145
서로마제국 135, 142, 144, 148, 163, 188,
 346
성 프란체스코 275, 277~279, 283, 284
성결교 194, 205, 206
세일럼 235, 236
슈워츠, 토니 23
스미스, 존 204
스토르흐, 니콜라우스 217
시바 28
시턴, 어니스트 톰프슨 246~249, 254
식스투스 4세 169
《신 없는 사회》 301
신사참배 320
신성로마제국 145, 147, 148, 150~152,
 155, 157, 173, 174, 176, 188, 202, 216,
 226, 230, 231
《신의 나라》 140~142, 161, 163
십자군 전쟁 41, 148, 150~158, 162~164,
 167, 226, 229, 232, 255, 258, 263, 268,
 272, 274, 275, 347

ㅇ

아나스타시우스 163
아리우스(파) 119, 120, 122, 123, 125
아베 피에르 150, 151, 283, 284
《아베스타》 44
아비뇽 유수 163, 164
아우구스티누스 136, 137, 139~142, 144, 161, 163
아우구스티누스 수도회 170
아우렐리우스, 마르쿠스 107
아타나시우스 120, 122, 198, 199, 346
아테나고라스 191
아후라마즈다 29, 44, 45
알렉산데르 6세 165~167, 169, 172, 244
알렉세이 2세 298, 299, 310
알렉시우스 1세 149
에드워드 6세 203
엘리아데, 미르체아 26
엘리자베스 1세 204
오도아케르 135, 346
오리게네스 116
오토 1세 145
요한 12세 145
요한 23세 193
우르바누스 2세 148, 149, 154, 347
웨슬리, 존 205
위그노 203
위클리프, 존 201
윙게이트, 앤드루 268, 308
유스티누스 116
유일신 25, 28~31, 35~39, 41, 43~45, 47, 49, 58, 78, 81, 103, 108, 114, 128, 131, 132, 259, 268, 270, 271

이반 3세 190
이수광 317, 320, 348
이슬람(교, 교도) 29~31, 38, 39, 41, 47~50, 58, 81, 116, 132, 148, 149, 151~157, 167, 190, 208, 255, 257, 259, 267, 269, 272, 273, 324, 346
이승훈 318, 348
이집트 정교회 191
인노켄티우스 3세 156
인노켄티우스 8세 169
《인디언 파괴에 대한 짧은 보고서》 243
《인디언의 복음》 246, 254
《인디언의 역사》 244

ㅈ

장로교(회) 194, 203, 249, 320, 347
정교회 7, 187, 190~194, 206, 249, 196~311, 327, 346
정약용 318, 319
정치신학 252
제국의회 176
조로아스터교 29, 30, 37, 41, 44~46, 59, 106
조선예수교장로회 321
주문모 318, 319
주커먼, 필 300~303
《지상의 위험한 천국》 270

ㅊ

천주교 42, 43, 51, 52, 116, 191, 194, 318~320, 322~324, 348
《천주실의》 317, 318, 320, 348
출애굽(탈애굽) 19, 26, 27, 32~34, 251,

273, 274, 345
침례교 194, 204, 205, 347

ㅋ

카노사의 굴욕 147, 163, 164, 347
카를슈타트, 안드레아스 215, 216
카예타누스 173
칼릭스투스 3세 165
칼뱅(주의) 178, 179, 182, 183, 203, 205
칼케돈 공의회 124
커닝햄, 로렌스 283
콘라트 3세 155
콘스탄티누스 104, 111, 112, 114, 115, 119, 120, 125, 162, 188, 346
콜럼버스 240, 241, 244
퀘이커교(도) 210~211
크리스티안 4세 231
클라라(아시시) 278
클레르몽 공의회 148
클레멘스 3세 147, 148, 164
키릴 299
키프리아누스 104, 115, 116

ㅌ

타키투스 105
테르툴리아누스 127, 128
테오도시우스 1세 115, 135, 346
테오도시우스 2세 124
테첼, 요하네스 172, 173
틴들, 윌리엄 200, 201

ㅍ

파스칼, 블레즈 24

파트리키우스 136
페르디난트 1세 230
페르디난트 2세 230, 231
페르디난트 3세 231
펜, 윌리엄 210
포이어바흐 295, 296
폭스, 조지 210
폰 보라, 카테리나 180, 225
프란체스코 수도회 277, 283, 284
프로테스탄트(프로테스탄티즘) 52, 175, 177, 178, 183, 187, 192, 194, 202, 319, 347
《프로테스탄티즘의 윤리와 자본주의 정신》 289
프리드리히 1세 145, 156
프리드리히 2세 156
프리드리히(3세) 173, 175, 216
피렌체 선언문 164
피사로, 프란시스코 246
피에르(은자) 150, 151, 283, 284
피우스 2세 165
필리프 2세 156
필리프 4세 163

ㅎ

하인리히 3세 145
하인리히 4세 145, 147, 148, 150, 347
해방신학 193, 250~254
《해방신학》 250
헤지스, 크리스 270
헨리 8세 203, 347
황사영 319
회중교 204, 347
후스, 얀 219